Moscow in Flames

Grigory Danilevsky

Сожженная Москва

Григорий Данилевский

Moscow in Flames

ISNB: 978-1-60444-882-5

Сожженная Москва

ISNB: 978-1-60444-882-5

СОЖЖЕННАЯ МОСКВА

ЧАСТЬ ПЕРВАЯ

НАШЕСТВИЕ НАПОЛЕОНА

> - Вот башни полудикие Москвы
> Перед тобой, в венцах из злата,
> Горят на солнце... Но, увы...
> То - солнце твоего заката!
>
> Байрон. «Бронзовый век»

I

Никогда в Москве и в ее окрестностях так не веселились, как перед грозным и мрачным двенадцатым годом.

Балы в городе и в подмосковных поместьях сменялись балами, катаньями, концертами и маскарадами. Над Москвой, этой пристанью и затишьем для многих потерпевших крушение, именитых пловцов, какими были Орловы, Зубовы и другие, в то время носилось как бы веяние крылатого Амура. Немало любовных приключений, с увозами, бегством из родительских домов и дуэлями, разыгралось в высшем и среднем обществе, где блистало в те годы столько замечательных, прославленных поэтами красавиц. Москвичи восторгались ими на четвергах у Разумовских, на вторниках у Нелединских-Мелецких и в Благородном дворянском собрании, по воскресеньям - у Архаровых, в остальные дни - у Апраксиных, Бутурлиных и других. Был конец мая 1812 года. Несмотря на недавнюю комету и на тревожные и настойчивые слухи о вероятии разрыва с Наполеоном и о возможности скорой войны, - этой войны не ожидали, и в обществе никто о ней особенно не помышлял.

В богатом московском доме шестидесятилетней бригадирши, княгини Анны Аркадьевны Шелешпанской, у Патриарших прудов, был многолюдный съезд столичных и окрестных гостей. Праздновались крестины первого правнука Шелешпанской. Прабабку и родителей новорожденного приветствовали обильными здравицами и пожеланиями всяких благ.

За год перед тем, в такой же светлый день апреля, в селе Любанове, подмосковной княгини, состоялась свадьба ее старшей внучки, веселой и живой Ксении Валерьяновны Крамалиной, с секретарем московского сената, служившим и при дирекции театров, Ильей Борисовичем Тропининым. Торжественно празднуя крестины правнука, княгиня имела и другую причину радости и веселью: ее вторая внучка, степенная и гордая Аврора Крамалина, также, по-видимому, наконец вняла голосу сердца. В доме княгини со дня на день ожидали ее помолвки с гостившим в отпуску в Москве «колонновожатым» (т. е. свитским) Васильем Алексеевичем Перовским, который сильно ухаживал за Авророй и был угоден княгине. Базиль Перовский был представлен Авроре - на последнем из зимних московских балов у Нелединских - мужем ее сестры, Ильей Тропининым, своим давним приятелем, товарищем по пансиону и по университету.

Гости княгини начинали разъезжаться. Уехал шестериком, цугом, старец Мордвинов, с распущенными по плечам пушистыми сединами; уехал в желтой венской коляске веселый князь Долгорукий, «prince Calembour»[1], как его звали; в английском тильбюри, в шорах, - виновник встречи жениха и невесты, Нелединский-Мелецкий; на скромных городских дрожках - издатель «Русского Вестника» Сергей Глинка и другие. Приемные и обширный, обсаженный липами двор княгини опустели. Остались ее родные и несколько близких знакомых, в том числе почтивший княгиню заездом и особым вниманием старинный приятель ее покойного мужа, новый московский главнокомандующий граф Растопчин. Это был высокий ростом, еще крепкий на вид мужчина лет пятидесяти, с оживленными, умными черными глазами, узенькими бакенбардами, большим открытым лбом и громкою, подчас крикливою речью. Он ранее других гостей узнал от княгини, что поклонник ее второй внучки - тайный сын украинского магната, тогдашнего министра просвещения. Другим княгиня до времени об этом умалчивала.

Прощаясь с хозяйкой, Растопчин с улыбкой указал ей на Перовского, в новеньком стянутом мундире почтительно стоявшего в стороне, и вполголоса заметил:

- Напрасно, однако, княгиня, ваша внучка медлит; женишок хоть куда: кончили бы, да тогда ему, с богом, хоть и к месту служения.

- Что вы, граф! Из-за чего же торопиться? - ответила княгиня. - Aurore[2]

---

[1] «Князь Каламбур» (франц.).
[2] Аврора (франц.).

2

так еще молода; ведь ей невступно восемнадцать: не перестарок еще, в девках не засидится... Все, мой хороший, в руках божиих. Да на днях уж и пост, и отпуск этого молодца на исходе. Обещает снова приехать после успенья, в конце августа, коли будем живы... Тогда сватовство; тогда, если суждено, сыграем и свадьбу.

- Зовите, княгиня, мы - ваши гости! - сказал Растопчин. - Только не затянулось бы дело для счастливцев... Слышали, чай, толки о войне?

- Э, батюшка граф, где еще тот Наполеон! - ответила княгиня. - До нас ему далеко... надеемся же мы больше на московских чудотворцев да на ваше искусство, граф.

Растопчин озабоченно оглянулся на присутствующих, надел перчатки и уже хотел откланяться, но, нахмурясь, опять сел возле княгини.

- Разве что знаешь нового? - тихо спросила Анна Аркадьевна. Растопчин молча кивнул ей головой. Княгиня обмерла. - Да говори же, дорогой, говори! - прошептала она, растерянно ища в ридикюле флакон со спиртом и поднося его к своему носу.

- Здесь не место, - ответил ей граф, - заеду завтра. - Нет, родной, сегодня вечером; не мори ты меня, дуру попову; ведь знаешь - я трусиха.

- Но у вас гости, наверное, будет бостон, а я, вы знаете, до карт не охотник.

- Ах, не нападай ты на карты, говорю тебе; помни слова Талейрана: кто не привык играть в карты в молодости, готовит себе печальную старость. Итак, до вечера; приму тебя одна. - Постараюсь.

II

Граф Растопчин сдержал слово. В тот же вечер княгиня приняла его в своей молельне. Эта комната, как знал граф от других, служила ей запасною спальней и, вместе, убежищем во время летних гроз. Растопчин с любопытством окинул взглядом убранство этой комнаты. Оконные занавески в ней, обивка мебели, полог, одеяло, подушки и простыня на кровати были из шелковой ткани, а кровать - стеклянная и на стеклянных ножках. Даже вывезенный княгинею из Парижа и здесь висевший портрет Наполеона был выткан в Лионе на шелковом платке. Растопчин застал княгиню на кровати. Две горничные держали перед нею собачку Тутика, на которого третья примеряла вышитую гарусом попонку. Взяв Тутика и отпустив горничных, Шелешпанская указала графу кресло.

3

Высокая, в пудреных буклях и белая, точно выточенная из слоновой кости, княгиня Анна Аркадьевна была представительницей старинного, угасавшего в то время княжеского рода, в котором не она одна славилась смелым умом и властною красотой. Матери, указывая на нее дочерям на балах, обыкновенно говорили: «Заметила ты, ma chere[3], эту высокую, худую старуху? Она недавно из Парижа. Будешь идти мимо, присядь, а не то и ручку поцелуй. Пригодится».

Растопчин в молодости видел и на опыте узнал обольстительное владычество знатных барынь XVIII века, в том числе и княгини, за которою на его глазах все так ухаживали. Его тогда не удивляло общее сознательное и благоговейное покорство этим законодательницам моды. Теперь он над ними, в том числе и над княгинею Шелешпанскою, в душе посмеивался.

Он трунил над тем, что княгиня, жившая долго в Париже. доныне пудрилась «a» la neige»[4], причесывалась «a trois marteaux»[5] и носила платья модных цветов - «couleur saumon»[6] и «hanneton»[7]. Граф по поводу некогда пылкой, но стойкой и чопорной княгини даже выразился однажды, что у Данте в его «Аду» забыто одно важное отделение, где светские грешницы ежечасно мучатся не сознанием своих грехов, а воспоминанием того, как в жизни не раз они могли негласно и незаметно согрешить и не согрешили - из трусости, гордости или простоты.

Некогда поклонница Вольтера, Дидро и мадам Ролан, княгиня теперь, на старости лет, заслышав над домом даже слабый удар грома, без памяти спешила в свою молельню, зажигала у образов лампады и свечи, наскоро надевала на себя все шелковое и ложилась под шелковое одеяло, на шелковую постель. Не помня себя от ужаса, она кричала на главную свою экономку, горничных и приживалок, чтоб запирали все ставни и двери, приказывала им опускать на окна шелковые гардины и, лежа с закрытыми глазами, то и дело вздрагивая, повторяла: «Свят, свят! Осанна в вышних!» - пока кончались последние раскаты грозы.

«Любит, старая, жизнь, - подумал, усевшись против княгини, Растопчин, - да как ее и не любить! Пожила когда-то. Теперь она одна, состояния много... А тут надвигается гроза! Нет, матушка, не спасут, видно, никакие стеклянные кровати и никакие шелки».

- Что же, дорогой граф, - держа на коленях собачку, встревоженно, по-

---

[3] Дорогая (франц.).

[4] До белизны снега (франц.).

[5] В три локона (франц.).

[6] Светло-розового цвета (франц.).

[7] Цвета майского жука (франц.).

4

французски, обратилась к гостю Шелешпанская, - неужели правда быть войне?

По-русски княгиня, как и все тогдашнее общество, только молилась, шутила либо бранилась с прислугой.

- Мы с вами, Анна Аркадьевна, наедине, - начал граф, - как старый приятель вашего мужа и ваш, смею повторить, всегдашний поклонник, скажу вам откровенно, дела наши нехороши... Бонапарт покинул Сен-Клу и прибыл по соседству к нам, в Дрезден; его, как удостоверяет «Гамбургский курьер», окружают герцоги, короли и несметное войско.

- Да ведь он только и делает, что воюет; в том его забава! - возразила княгиня. - Может быть, это еще и не против нас...

- Увы! государь Александр Павлович также оставил Петербург и поспешил в Вильну. Глаза и помыслы всех теперь на берегах Двины...

- Но это, граф, может быть диверсия против наших соседей? Все не верится.

- Таких сил Бонапарт не собрал бы против других. У него под рукой, - газеты все уже высчитали, - свыше полумиллиона войска и более тысячи двухсот пушек; один обоз в шесть тысяч подвод.

Княгиня понюхала из флакона и переложила на коленях спавшую собачку.

- И вы думаете, граф? - спросила она со вздохом. Граф Федор Васильевич скрестил руки на груди и приготовился сказать то, о чем он давно думал.

- Огненный метеор промчался по Европе, - произнес он, - долетит и в Россию. Я не раз предсказывал... Мало останавливали венчанного раба, когда он, без объявления войны, брал другие государства и столицы; увидим его и мы, русские, если не вблизи, то на западной границе наверное.

- Кто же виноват?

Растопчин промолчал.

- Но наше войско, - сказала княгиня, - одних казаков сколько!

- Благочестивая-то, «не бреемая» рать, бородачи? - произнес Растопчин по-русски. - Полноте, матушка княгиня, не вам это говорить: вы так долго жили в Европе, столько видели и слышали.

Польщенная княгиня забыла страх. Ей вспомнился Париж, тамошние знаменитости, запросто бывавшие у нее.

- Моя парижская знакомая, мадам де Сталь, представьте, граф, - произнесла она, - уверяет, будто Бонапарт - полный невежда, грубиян и отъявленный лжец. Не чересчур ли это? Я не так начитанна, как вы, что вы на это скажете?

- Сущая правда, - ответил, склонясь, Растопчин. - Наполеон и Меттерниха считает великим государственным человеком только потому, что тот лжет ловко и хорошо. Я давно твержу, но со мной не соглашаются, Бонапарт - низменная, завистливая душонка, ни тени величия. По воспитанию - капрал; настоящее образование почти не коснулось его. Он ругается, как площадная торговка, как солдат; ничего дельного и изящного не читал и даже не любит читать.

- Но мадам Ремюза, я у нее видела его... она хоть пренапыщенная, а умница и в восторге от него...

- Еще бы, дочь его министра! О, это новый Тамерлан... Ему чужды высокие движения сердца и узы крови, а вечная привычка притворствовать и рисоваться вытравила в нем и остатки правды. Да что? По его собственному признанию, обычная мораль и всеми принятые приличия - не для него! А недавно он выразился, что он - олицетворение французской революции, что он носит ее в себе и воспроизводит; что счастлив тот, кто прячется от него в глуши, и что, когда он умрет, вселенная радостно скажет: уф!

- Но за что же, за что он против нас? - спросила встревоженно княгиня.

- Уж сильно его баловали в последнее время, а потом отказали в сватовстве с великой княжной Екатериной Павловной: вот за что. А ведь он гений; по приговору газетчиков и стихоплетов - неизбежная судьба услужливой Европы... Как можно было так поступить с гением? Вот он теперь и твердит перед громадой Европы: Россия зазналась; отброшу ее в глубь Азии, дам ей пережить участь Польши. По совести, впрочем, сказать, я убежден: мы не погибнем.

- Неужели? - обрадованно спросила княгиня. - Утешь меня!

- Вот что, матушка Анна Аркадьевна, скажу я вам, - произнес опять по-русски Растопчин. - Наша Россия - тот же желудок покойного Потемкина: она в конце концов, попомните меня, переварит все, даже и Наполеона...

- Что же, граф, делать нам теперь?

- Что делать? - произнес Растопчин. - Никому я этого, княгиня, еще не говорил и не скажу, а вам, извольте, открою: скорее и без замедления уезжайте из Москвы. Сюда французам не дойти, а все-таки...

- Куда же ехать?

- А хоть бы в вашу коломенскую или, ещё лучше, подалее, в тамбовскую вотчину. Повторяю, французам не дадут, может быть, перейти и границу, но здесь, княгиня, будет неспокойно, - вполголоса заключил Растопчин, - не в ваши лета это переносить. Начнутся вооружения, сбор войск, суета...

Княгиня молитвенно взглянула на белый, мраморный, итальянской работы, бюст спасителя, стоявший в молельне среди ее семейных, старых, потемневших образов.

- Не понимаю! - сказала она, разведя руками. - Неужели же в

первопрестольной столице, среди угодников и чудотворцев божьих и под вашим начальством, граф, мы не будем в безопасности?

«Ишь, храбрая! - подумал Растопчин. - Грозы боится, а Бонапарта не трусит, даже его шелковый портрет привесила у себя!»

- Как знаете, княгиня, - ответил граф, вставая и откланиваясь, - мое дело было вас предупредить. Я вам поведал по секрету мое личное мнение. Дождались наши вольнодумцы с величанием Бонапарта!.. Злость берет, как подумаешь. На Западе вольнодумствуют сапожники, стремясь стать богачами, а у нас баре колобродят и мутят, чтобы во что бы то ни стало стать сапожниками... И все это - их вожак Сперанский.

- Ну, вы все против Сперанского. Что он вам? - спросила княгиня.

- Что он мне? а вот что... Его хвалили, но это - чиновник огромного размера, не более, творец всесильной кабинетной редакции. Канцелярия - его форум, тысячи бумаг - и превредных - его трубы и литавры. И хорошо, что его упрятали и что он сам теперь стал сданною в архив бумагою, за номером... Ну, да вы не согласны со мной, прощайте.

Растопчин поцеловал руку княгини и направился к двери.

- Да, - сказал он, остановясь, - еще слово... Мое утреннее предсказание о господине Перовском, искателе руки вашей внучки, сбылось, к сожалению, ранее, чем я ожидал.

- Боже мой, что такое?

- Я застал дома указ - всем штаб- и обер-офицерам, где бы они и при чем бы ни были, без малейшего замедления отправиться к своим полкам. Вызываю его на завтра, да пораньше. Могу ему дать, если попросит, два-три дня для сборов, не более.

Княгиня протянула руку к звонку и, растерявшись, не могла его найти.

III

Утром следующего дня Перовский узнал о вызове всех офицеров к полкам.

Не столько разнились между собой оживленная и полная, в веснушках, с золотистыми локонами и голубыми глазами Ксения и задумчивая, черноволосая и сухощавая Аврора, сколько были несхожи видом и нравом близкие друг другу с детства Илья Тропинин и Базиль Перовский.

В ранние годы Базиль был увезен из Почепа, украинского поместья своего отца, в Москву, где под надзором гувернеров и дядьки-малоросса сперва был помещен в пансион, потом в Московский университет и,

7

кончив здесь ученье, уехал в Петербург на службу, которой ревностно и отдался. Хорошо начитанный, он знал в совершенстве французский и немецкий языки и любил музыку. Будучи смел и честолюбив и увлекаясь возвышенными военными идеалами, он питал, как и многие его сослуживцы, тайное благоговение к общему тогдашнему кумиру, укротителю террора и якобинцев, цезарю-плебею Наполеону, которого в то время многие прозорливые люди начинали уже осуждать и бранить.

В числе других истых петербургских «европейцев» Базиль мысленно, а иногда с оглядкой и вслух, искренне осуждал непринятие нашим двором сватовства Наполеона, незадолго перед тем искавшего руки великой княжны Екатерины Павловны, сестры государя Александра Павловича. Отвергнутый русскою императорскою семьей, Бонапарт, по мнению Базиля, рано или поздно должен был подумать о возмездии и так или иначе отплатить грубой, как выражались тогда в Петербурге, косневшей в предрассудках России за эту несмываемую тяжелую обиду.

Высокого роста, темноволосый, широкоплечий и с тонким, стройным военным перехватом, Базиль был всегда заботливо выбрит, надушен и щегольски одет. С отменно вежливыми, усвоенными в столичной среде движениями и речью он всех привлекал умным взглядом больших, карих, мечтательно-задумчивых глаз, ласковою улыбкой и веселою, своеобразною, остроумною речью. Среди товарищей Перовский слыл душой-весельчаком, среди женщин - несколько загадочным, у начальства - подающим надежды молодым офицером. Страстно любя пение и музыку, он, будучи еще студентом, самоучкою стал разбирать ноты и недурно играл на клавикордах и пел не только в кругу товарищей, но и в обществе, на небольших вечерах. Некоторое время, состоя с другими колонновожатыми в какой-то масонской ложе, он с ними затеял было даже переселиться на дальний японский остров Соку, как тогда звали Сахалин, и основать там некую особую республику. Эта мысль вскоре, впрочем, была брошена за недостатком денег для такого дальнего вояжа.

Что же до сердечных увлечений Перовского, то никто о них в Петербурге не слышал. Он сам даже посмеивался над волокитством столичных фатов. И потому все были крайне удивлены, когда прошла нежданная весть, что этот юный и, по-видимому, вовсе еще не думавший о прочной любви и о женитьбе красивый и всегда беспечно веселый гвардеец, так же лихо гарцевавший на петербургских маневрах и смотрах, как и ловко скользивший на столичных паркетах, влюбился и готовился посвататься. О происхождении Перовского в его служебной среде и в обществе еще мало кто знал. Его звали просто «наш красавец малоросс».

Базиль живо представлял себе последний, памятный, вторничный вечер у Нелединских-Мелецких, в их доме на Мясницкой, куда его привез университетский его товарищ, Илья Тропинин. Здесь было так весело и шумно. Старики в кабинете и в цветочной сидели за картами; молодежь в гостиной играла в фанты и в буриме, а в зале шли танцы. На этом вечере блистало столько роскошных, выписанных из Парижа нарядов и чуть охваченных краем платьев обнаженных дамских и девичьих шей и плеч. Шел бесконечный котильон, о котором тогда выражались поэты:

- Cette image mobile De l'immobile eternite[8].

Базиль с другими танцевал до упаду. Здесь-то, среди цветущих лилий и роз, под гром оркестра Санти, он впервые увидел сухощавую и стройную, незнакомую ему брюнетку, сидевшую в стороне от танцующих. Возле нее стоял, пожирая ее глазами и тщетно стараясь ее занять, известный москвичам любитель пения и живописи, длинный и мрачный эмигрант Жерамб, всех уверявший, что он офицер тогда возникавшего таинственного легиона hussards de la mort»[9], почему он носил черный доломан с изображениями на серебряных пуговицах мертвой головы, так шедший к его исхудалому и жёлтому лицу. При взгляде на псзнакомку в мыслях Перовского мелькнуло: «Так себе, какая-то худашка». Но когда он ближе разглядел ее черные, спокойно на всех смотревшие глаза, несколько смуглое лицо, пышную косу, небрежным жгутом положенную на голове, и ее скромное белое платье с пучком алого мака у корсажа, - он почувствовал, что эта девушка властительно войдет в его душу и останется в ней навсегда. Его поражала ее строгая, суровая и как бы скучающая красота. Она почти не улыбалась, а когда ей было весело, это показывали только ее глаза да нос, слегка морщившийся и поднимавший ее верхнюю, смеющуюся губу.

В то время за Авророй, кроме «гусара смерти» Жерамба, тщетно ухаживали еще несколько светских женихов: Митя Усов, двое Голицыных и другие. В числе последних был, между прочим, известный богатством, высокий, пожилой и умный красавец вдовец, некогда раненный турками в глаз еще при Суворове, премьер-майор Усланов. Он везде, на балах и гуляньях, подобно влюбленному Жерамбу, молча преследовал недоступную красавицу. Остряки так и звали их: «Нимфа Галатея и циклоп Полифем».

Все поклонники новой Галатеи, однако, остались за флагом. Победителя предвидели: то был Перовский. Дальнейшее знакомство, через Тропинина, сблизило его с домом княгини. Он даже чуть было не посватался. Это случилось после пасхальной обедни, которую княгиня

---

[8] Этот подвижной образ неподвижной вечности.
[9] «гусаров смерти»

слушала в церкви Ермолая. Аврора приняла его в пальмовой гостиной бабки, присела с ним у клавикордов, и он, под вальс Ромберга, уже готовился было сделать ей предложение. Но Аврора играла с таким увлечением, а он так робел перед этою гордою, строгою красавицей, что слова не срывались с его языка, и он уехал молчаливый, растерянный.

Илья Борисович Тропинин давно угадывал настроение своего друга. Неразговорчивый, близорукий и длинный, с серыми, добрыми, постоянно восторженными глазами, Илья Тропинин был родом из старинной служилой семьи небогатых дворян-москвичей. Сирота с отроческих лет, он, как и Базиль, был рано увезен из родного дома. Помещенный опекуном в пансион, он здесь, а потом в Московском университете близко сошелся с Перовским как по сходству юношески-мечтательного нрава, так и потому, что охотнее других товарищей внимательно выслушивал пылкие грезы Базиля о их собственной военной славе, которая, почем знать, могла сравняться со славою божества тогдашней молодежи - Бонапарта. Тулон, пирамиды и Маренго не покидали мыслей и разговоров молодых друзей.

Они зачитывались любимыми современными писателями, причем, однако, Базиль отдавал предпочтение свободомыслящим французским романистам, а Илья, хотя также жадно-мечтательно упивался их страстными образами, подчас по уши краснел от их смелых, грубо обольстительных подробностей и, впадая потом в раскаяние, налагал на себя даже особую епитимью. Базиль нередко, после такого чтения, под подушкой Тропинина находил либо тетрадь старинной печати церковных проповедей, или полупонятные отвлеченные размышления отечественных мистиков. В свободные часы Тропинин занимался рисованием. Он очень живо схватывал и набрасывал на бумагу портреты и чертил забавные карикатуры знакомых, в особенности театралов.

- Нет, боюсь женщин! - смущенно говорил в такие мгновения Илья, мучительно ероша свои русые волосы, в беспорядке падавшие на глаза. - Так, голубчик Вася, боюсь, что, по всей вероятности, никогда не решусь жениться, пойду в монастырь.

Когда друзья были еще в пансионе, Тропинина там называли «схимником», уверяя, что в его классном ящике устроено из образков подобие иконостаса, перед которым он будто бы, прикрываясь крышкой, изредка даже служил молебны.

Университет еще более сблизил Перовского и Тропинина. Они восторгались патриотическими лекциями профессоров и пользовались особым расположением ректора Антона Антоновича Прокоповича-Антонского, о котором шутники, их товарищи, сложили куплет:

Тремя помноженный Антон,
    А на придачу Прокопович...

Ректор, любивший поболтать с молодежью, расставаясь с Перовским и Тропининым, сказал первому: «Ты будешь фельдмаршалом!» - а второму: «Ты же - счастливым отцом многочисленной семьи!» Ни раз впоследствии, под иными впечатлениями, приятели вспоминали эти предсказания. По выходе из университета Перовский изредка из Петербурга переписывался с Тропининым, который тем временем поступил на службу в московский сенат. Они снова увиделись зимой 1812 года, когда Базиль и также служивший в колонновожатых в Петербурге двоюродный брат Тропинина по матери, Митя Усов, получили из своего штаба командировку в Москву для снятия копий с военных планов, хранившихся в московском архиве. Базиль, чтобы не развлекаться светскими удовольствиями, получив планы, уговорил Митю уехать с ним в можайскую деревушку Усовых Новоселовку, где оба они и просидели над работою около месяца, а на масленой, окончив ее, явились ликующие в Москву и со всем увлечением молодости окунулись в ее шумные веселости.

Илья Тропинин в это время, вопреки своим юношеским уверениям, был уже не только женат и беспредельно счастлив, но и крайне расположен сосватать и женить самого Перовского. Встреча Базиля с свояченицей Тропинина Авророй Крамалиной помогла Илье ранее, чем и сам он того ожидал. Перовский на пасху стал то и дело заговаривать об Авроре, а в мае, как замечал Илья, он был уже от нее без ума, хотя все еще не решался с нею объясниться.

IV

Весть о призыве офицеров к армии сильно смутила Перовского. Он объяснился с главнокомандующим и, для устройства своих дел, выпросил у него на несколько дней отсрочку. За неделю перед тем он заехал на Никитский бульвар, к Тропинину. Приятели, посидев в комнате, вышли на бульвар. Между ними тогда произошел следующий разговор:

- Итак, Наполеон против нас? - спросил Тропинин. - Да, друг мой; но надеюсь, войны все-таки не будет, - ответил несколько нерешительно Перовский.

- Как так?

- Очень просто. О ней болтают только наши вечные шаркуны, эти «неглиже с отвагой», как их зовет здешний главнокомандующий. Но не пройдет и месяца, все эти слухи, увидишь, замолкнут.

- Из-за чего, однако, эта тревога, сбор у границы такой массы войск?

- Меры предосторожности, вот и все.

- Нет, милый! - возразил Тропинин. - Твой кумир разгадан наконец; его, очевидно, ждут у нас... Поневоле вспомнишь о нем стих Дмитриева: «Но как ни рассуждай, а Миловзор уж там!» Сегодня в Дрездене, завтра, того и гляди, очутится на Немане или Двине, а то и ближе...

- Не верю я этому, воля твоя, - возразил Перовский, ходя с приятелем по бульвару. - Наполеон - не предатель. Не надо было его дразнить и посылать к нему в наши представители таких пошлых, а подчас и тупых людей. Ну, можно ли? Выбрали в послы подозрительного, желчного Куракина! А главное, эти мелкие уколы, постоянные вызовы, это заигрыванье с его врагом, Англией... Дошли, наконец, до того, что удалили от трона и сослали, как преступника, как изменника, единственного государственного человека, Сперанского, а за что? За его открытое предпочтение судебникам Ярослава и царя Алексея гениального кодекса того, кто разогнал кровавый Конвент и дал Европе истинную свободу и мудрый новый строй.

- Старая песня! Хорошая свобода!.. убийство, без суда, своего соперника Ангиенского герцога! - возразил Тропинин. - Ты дождешься с своим божеством того, что оно, побывав везде, кроме нас, и в Риме, и в Вене, и в Берлине, явится, наконец, и в наши столицы и отдаст на поругание своим солдатам мою жену, твою невесту - если бы такая была у тебя, - наших сестер...

- Послушай, Илья, - вспыхнув, резко перебил Перовский, - все простительно дамской болтовне и трусости; но ты, извини меня, - умный, образованный и следящий за жизнью человек. Как не стыдно тебе? Ну зачем Наполеону нужны мы, мы - дикая и, увы, полускифская орда?

- Однако же, дружище, в этой орде твое мировое светило усиленно искало чести быть родичем царей.

- Да послушай наконец, обсуди! - спокойнее, точно прощая другу и как бы у него же прося помощи в сомнениях, продолжал Базиль. - Дело ясное как день. Великий человек ходил к пирамидам и иероглифам Египта, к мраморам и рафаэлям Италии, это совершенно понятно... А у нас? чего ему нужно?.. Вяземских пряников, что ли, смоленской морошки да ярославских лык? или наших балетчиц? Нет, Илья, можешь быть вполне спокоен за твоих танцовщиц. Не нам жалкою рогатиной грозить архистратигу королей и вождю народов половины Европы. Недаром он предлагал Александру разделить с ним мир пополам! И он, гений-творец, скажу открыто, имел на это право...

- О да! И не одного Александра он этим манил, - возразил Тропинин, - он тоже великодушно уступал и богу в надписи на предположенной медали: «Le ciel a toi, la terre a moi»[10]. Стыдись, стыдись!..

Перовский колебался, нить возражений ускользала от него.

- Ты повторяешь о нем басни наемных немецких памфлетистов, - сказал он, замедляясь на бульварной дорожке, залитой полным месяцем. - Наполеон... да ты знаешь ли?.. пройдут века, тысячелетия - его слава не умрет. Это олицетворение чести, правды и добра. Его сердце - сердце ребенка. Виноват ли он, что его толкают на битвы, в ад сражений? Он поклонник тишины, сумерек, таких же лунных ночей, как вот эта; любит поэмы Оссиана, меланхолическую музыку Паэзиелло, с ее медлительными, сладкими, таинственными звуками. Знаешь ли - и я не раз тебе это говорил, - он в школе еще забивался в углы, читал тайком рыцарские романы, плакал над «Матильдой» крестовых походов и мечтал о даровании миру вечного покоя и тишины.

- Так что же твой кумир мечется с тех пор, как он у власти? - спросил Тропинин. - Обещал французам счастье за Альпами, новую какую-то веру и чуть не земной рай на пути к пирамидам, потом в Вене и в Берлине - и всего ему мало; он, как жадный слепой безумец, все стремится вперед и вперед... Нет, я с тобой не согласен.

- Ты хочешь знать, почему Наполеон не успокоился и все еще полон такой лихорадочной деятельности? - спросил, опять останавливаясь, Перовский. - Неужели не понимаешь?

- Объясни.

- Потому, что это - избранник провидения, а не простой смертный.

Тропинин пожал плечами.

- Пустая отговорка, - сказал он, - громкая газетная фраза, не более! Этим можно объяснить и извинить всякое насилие и неправду.

- Нет, ты послушай, - вскрикнул, опять напирая на друга, Базиль, - надо быть на его месте, чтобы все это понять. Дав постоянный покой и порядок такому подвижному и пылкому народу, как французы, он отнял бы у страны всякую энергию, огонь предприятий, великих замыслов. У царей и королей - тысячелетнее прошлое, блеск родовых воспоминаний и заслуг; его же начало, его династия - он сам.

- Спасибо за такое оправдание зверских насилий новейшего Атиллы, - возразил Тропинин, - я же тебе вот что скажу: восхваляй его как хочешь, а если он дерзнет явиться в Россию, тут, братец, твою философию оставят, а

---

[10] «Небо для тебя, земля — моя».

вздуют его, как всякого простого разбойника и грабителя, вроде хоть бы Тушинского вора и других самозванцев.

- Полно так выражаться... Воевал он с нами и прежде, и вором его не звали... В Россию он к нам не явится, повторяю тебе, - незачем! - ответил, тише и тише идя по бульвару, Перовский. - Он воевать с нами не будет.

- Ну, твоими бы устами мед пить! Посмотрим, - заключил Тропинин. - А если явится, я первый, предупреждаю тебя, возьму жалкую рогатину и, вслед за другими, пойду на этого архистратига вождей и королей. И мы его поколотим, предсказываю тебе, потому что в конце концов Наполеон все-таки - один человек, одно лицо, а Россия - целый народ...

Вспоминая теперь этот разговор, Перовский краснел за свои заблуждения.

V

Новые настойчивые слухи окончательно поколебали Перовского относительно его кумира. Он за достоверное узнал, что Наполеон предательски захватил владения великого герцога Ольденбургского, родственника русского императора, и собирался выгнать остальных государевых родных из других немецких владений. Вероломное скопление французов у Немана тоже стало всем известно. Смущенный Перовский стал непохож на себя.

Вечером следующего дня устроилась прогулка верхами за город. В кавалькаде участвовали Ксения с мужем и Аврора с Перовским и Митей Усовым. Лошади для мужчин были взяты из мамоновского манежа. Выехали через Поклонную гору в поле. За несколько часов перед этою поездкой прошел сильный с грозою дождь.

Вечер красиво рдел над Москвой и окрестными пологими холмами. Душистые зеленые перелески оглашались соловьями, долины - звонкими песнями жаворонков. Аврора ездила лихо. Ее собственный, красивый караковый в «масле» мерин Барс, пеня удила, натянутые ее твердою рукой, забирал более и более хода, мчась по мягкой, росистой дороге проселка. Серый жеребец Перовского, не отставая, точно плыл и стлался возле Барса. Ускакав с Перовским вперед от прочих всадников, Аврора задержала коня.

- Вы скоро едете? - спросила она.

- На несколько дней получил отсрочку.

- Что же, полагаю, вам тяжело идти на прославленного всеми гения? -

спросила Аврора, перелетая в брызгах и всплесках через встречные дождевые озерца. - Оставляете столько близких...

Проскакав несколько шагов, она поехала медленнее.

- Близкие будут утешены, - ответил Базиль, - добрые из них станут молиться.

- О чем?

- Об отсутствующих, путешествующих, - ответил Перовский, - так сказано в писании.

- А о болящих, дома страждущих, помолятся ли о них? - спросила Аврора, опять уносясь в сумрак дороги, чуть видная в волнистой черной амазонке и в шляпке Сандрильоны с красным пером.

- Будут ли страдать дома, не знаю, - ответил, догнав ее Базиль, - говорят же: горе отсутствующим.

- Горе, полагаю, тем и другим! - сказала, сдерживая коня, Аврора. - Война - великая тайна.

Сзади по дороге послышался топот. Аврору и Перовского настигли и бешено обогнали два других всадника. То были Ксения и Митя Усов.

- А каковы. Аврора Валерьяновна, аргамачки? - весело крикнул Митя, задыхаясь от скачки и обдав Перовского комками земли. - Мне это, Базиль, по знакомству дал главный мамоновский жокей Ракитка... Ксения, в красной амазонке и вьющейся за плечами вуали, мелькнула так быстро, что сестра не успела ее окликнуть. Тропинин мерным галопом ехал сзади всех на грузном и длинном английском скакуне с коротким хвостом.

- Что за милый этот Митя, - сказала Аврора, когда Перовский опять поравнялся с нею, - ждет не дождется войны, сражений...

- И золотое сердце, - прибавил Перовский. - Сегодня он писал такое теплое письмо к своему главному командиру, моля иметь его в виду для первого опасного поручения в бою. И что забавно - убежден, что в походе непременно влюбится и осенью обвенчается.

Всадники еще проскакали с версту между кудрявыми кустарниками и пригорками и поехали шагом.

- Как красив закат! - сказал, оглядываясь, Перовский. - Москва как в пожаре... кресты и колокольни над нею - точно мачты пылающих кораблей...

Аврора долго смотрела в ту сторону, где была Москва.

- Вы исполните мою просьбу? - спросила она.

- Даю слово, - ответил Перовский.

- Скажите прямо и откровенно, как вы смотрите теперь на Наполеона?

- Я... заблуждался и никогда себе это не прощу.

Глаза Авроры сверкнули удивлением и радостью.

- Да, - сказала она, помолчав, - надвигаются такие ужасы... этот неразгаданный сфинкс, Наполеон...

15

- Предатель и наш враг; жизнь и все, что дороже мне жизни, я брошу и пойду, куда прикажут, на этого врага.

Аврора восторженно взглянула на Перовского. «Я не ошиблась, - подумала она, - у нас одни идеалы, одна мысль!»

- Вы правы, правы... и вот что...

Аврора вспыхнула, хотела еще что-то сказать и замолчала. Хлестнув лошадь, она быстро перескочила через дорожную канаву и понеслась полем, вперерез обогнавшим ее всадникам. Все съехались у стемневшей рощи. Возвращались в Москву общею группою, при месяце. Под Новинским Базиль увидел, в глубине знакомого двора, окна своей квартиры, где он в последнее время пережил столько сомнений и страданий, и, указав Авроре этот дом, стал было у ворот прощаться с нею и с остальными, но его упросили, и он поехал далее. Княгиня ждала возвращения катающихся и, под их оживленный говор, просидела с ними до ужина.

- Вы не договорили, хотели еще что-то мне сказать? - спросил после ужина Перовский Аврору.

Она молча присела к клавикордам. В полуосвещенной зале раздались пленительные звуки ее сильного, грудного, бархатного контральто. Аврора пела любимый сердечный романс старого приятеля бабки, Нелединского-Мелецкого:

Свидетели тоски моей, Леса, безмолвью посвященны...

- Дорогой Василий Алексеевич, - обратилась Ксения к Перовскому, - спойте тот... ну, мой любимый.

Перовский расстегнул воротник мундира, подошел к клавикордам, оперся руками о спинку стула Авроры и под ее игру запел романс того же автора:

Прости мне дерзкое роптанье, Владычица души моей...

Все были растроганы. Базиль от сердечного волненья, глядя на склонившиеся к нотам шею и плечи Авроры, блаженствуя, смолк. Тропинин отирал слезы.

- Ах, как ты, Вася, поешь, - проговорил он, - как поешь! Ну можно ли с такою душою защищать Наполеона?..

Аврора глазами делала знаки Илье Борисовичу. Ее носик весело сморщился, подняв над зубами смеющуюся губу. Илья этих знаков не видел.

Перовский и Тропинин уехали. Ксения осталась ночевать с сестрой. Проводив мужчин и простясь с бабкой, сестры ушли из залы в темную

16

угловую молельню и молча сели там. Вдруг Аврора встала, возвратилась в залу и со словами: «Нет, не могу!» - опять села за клавикорды. Плавные звуки ее любимой шестнадцатой сонаты Бетховена огласили стихшие комнаты. Сыграв сонату, она задумалась.

- О чем ты думаешь? - спросила, обнимая сестру, Ксения. Аврора, не отвечая, стала опять играть.

- Ты о нем? - спросила Ксения. - Да, он уедет, и я предчувствую... более мы не увидимся.

- Но почему же, почему? - спросила Ксения, осыпая поцелуями плакавшую сестру. - Он вернется; от тебя зависит подать ему надежду.

Аврора не отвечала. «И зачем я узнала его, зачем полюбила? - мыслила она, склоняясь к клавишам и, в слезах, продолжая играть. - Лучше бы не родиться не жить!»

VI

Уйдя к себе наверх, Аврора отпустила горничную и стала раздеваться. Не зажигая свечи, она сняла с себя платье и шнуровку, накинула на плечи ночную кофту и присела на первый попавшийся стул. Месяц светил в окна бельведера. Аврора, распустив косу, то заплетала ее, то опять расплетала, глядя в пустое пространство, из которого точно смотрели на нее задумчиво-ласковые глаза Перовского.

- Ах, эти глаза, глаза! - прошептала Аврора. Красного дерева, с бронзой, мебель этой комнаты напомнила ей нечто далекое, дорогое. Эта мебель ее покойной матери напомнила ей улицу глухого городишки, дом ее отца и ее первые детские годы при жизни матери.

Мать Авроры, дочь Анны Аркадьевны, когда-то страстно влюбилась в красивого и доброго, небогатого пехотного офицера и, получив отказ княгини, бежала из ее дома и без ее согласия обвенчалась с любимым человеком. Это был Валерьян Андреевич Крамалин. Чувствительная и нежная сердцем беглянка дала своим дочерям романтические имена Авроры и Ксении. Аврора не помнила военной, скитальческой и полной всяких лишений жизни своих родителей. Зато она помнила, как ее и ее сестру любила мать, и живо представляла себе то время, когда ее отец, выйдя в отставку, служил по дворянским выборам. У него в уездном городе был над обрывом реки собственный небольшой деревянный домик с мезонином, огородом и чистеньким, уютным садиком, где Крамалины, по переезде в город, развели такие цветники, что ими любовались все соседи.

Авроре были памятны все уголки этого тенистого сада: полянка, где сестры играли в куклы; клумба цветущих сиреней и жимолости, где она впервые увидела и поймала необычайной красоты золотистую, с голубым отливом, бабочку; горка, с которой был вид на город и обширные окрестные поля, и старая береза, под которой Аврора с сестрой, уезжая впоследствии из этого дома, со слезами зарыли в ящичке лучших своих кукол. Девочки знали, что у них есть богатая и знатная бабка-княгиня, что эта бабка безвыездно живет где-то далеко, в чужих краях, и что она почему-то ими недовольна, так как редко пишет к их маме. Памятна была Авроре одна бесснежная, гнилая зима. В городке открылись повальные болезни. Авроре был десятый год.

Однажды девочки пошли пожелать доброго утра матери. Их не пустили к ней, сказав, что у их мамы опасная болезнь. Аврора помнила наставшую в доме мрачную тишину, опечаленные, красные от слез лица отца и прислуги, торопливый приезд и отъезд городских врачей и то полное ужаса утро, когда дети, выйдя в залу, увидели на столе что-то страшно-неподвижное, в белом платье и с белой кисеей на лице. Им кто-то шепотом сказал, что это белое и неподвижное была их умершая мать. Девочки вскрикнули: «Мама, мама! проснись!» - и не верили, что их матери уже более нет на свете. Вспомнились Авроре вопли отца на городском кладбище, где он бил себя в грудь и рвал на себе волосы. Живо представился ее мыслям его отъезд с ними, в метель, в недальнюю деревушку Дединово, к его двоюродному брату, Петру Андреевичу Крамалину, у которого доктора советовали ему на время оставить детей. Вспомнилась ей и новая весна в этой деревушке, с новыми цветущими сиренями и бабочками, которые ее тогда уже не восхищали. Дети пробыли у дяди целое лето; отец их часто навещал.

Вдовый старик дядя был страстный охотник. Несмотря на свои годы, он постоянно охотился то с борзыми и гончими, то с ружьем. За детьми присматривала его пожилая экономка Ильинишна. Он брал с собою на охоту и племянниц и однажды, собираясь в поле, не утерпев, дал им поездить по двору верхом. Ксения струсила; Аврора же, усевшись на дамском седле покойной дочери дяди, смело прокатилась и с той поры только и думала о верховой езде. Белый, как сметана, верховой конь дяди Петра Коко был чуть не ровесник своего владельца, но ходил плавно, не спотыкался, слушался повода и еще лихо скакал.

- Дядечка Петя, - просила иногда Аврора, - позвольте мне покататься с кучером.

Коко торжественно седлали и подводили к крыльцу Черноглазая, худенькая девочка подносила к его теплым губам кусок черного хлеба с солью и, покормив его, проворно взбиралась со ступеней на седло.

- Ты не девочка - мальчик-постреленок! - твердила Ильинишна, глядя на нее и качая головой.

- Барышня, барышня! - кричал нередко кучер, не поспевая за Авророй, носившейся по полям и кустам.

- Ах, дядечка, - сказала раз Аврора дяде, - исполните мою просьбу?

- Ну, говори! - Дайте мне выстрелить из ружья. Дядя Петя подумал, походил по комнате и взял со стены ружье. Он сам зарядил ей свой «ланкастер», научил, как держать его и целиться, и дал ей выстрелить в саду в цель. Стрельба повторялась при нем и впоследствии. А раз вечером, осенью, когда дядя был в лесу, на охоте на вальдшнепов, вдруг в доме, как бы сам собой, раздался оглушительный выстрел. Ильинишна и прочая прислуга в ужасе бросились и нашли Аврору в барском кабинете, в дыму. Оказалось, что она увидела в окно псарей, гнавшихся за чужою собакой и кричавших: «Бешеная, бешеная!» Аврора, игравшая здесь с Ксенией, не долго думая, схватила со стены заряженное ружье и, как ни останавливала ее сестра, прицелилась и спустила курок. Раненая собака упала и была добита гонцами. Девочку застали бледною, дрожащею и в слезах. Она от перепуга долго не могла понять, где она и что с нею случилось.

- Да как же ты, бедовая, решилась? - спрашивал ее потом дядя.

- Вижу, бегут, кричат: «Бешеная!» - я и схватила...

- А как попала бы не в собаку, а в людей?

Аврора горько плакала и не отвечала. Это событие стало предметом общих толков. Приехавший отец горячо было поспорил с Петром Андреевичем, но потом успокоился и отпустил к нему дочерей и на другое лето. Тогда уже дядя Петя стал брать Аврору на охоту с собой в качестве подручного стрелка. Ее восторгу не было границ. Коко и ружье виделись ей даже во сне. Но наступила нежданная разлука.

VII

Однажды Валерьян Андреевич Крамалин приехал в Дединово к брату и радостно прочел ему при детях письмо, полученное им от княгини Шелешпанской из Парижа. Год назад Анна Аркадьевна, извещенная о кончине своей дочери, искренне оплакав ее, писала, что сама сильно недомогает и, вероятно, недолго проживет. Теперь же извещала, что ее здоровье поправилось, что она готова заменить сиротам мать, и предлагала их отцу располагать для того ею самою и всеми ее средствами. К письму был приложен приказ в одну из ее вотчинных контор - выдать ее зятю значительную сумму денег. Начались совещания и даже споры между отцом и дядей девочек, что с ними предпринять. В конце новой осени Валерьян Андреевич взял Аврору и Ксению от дяди Пети и отвез их в московский Екатерининский институт.

Началась непосредственная переписка девочек с бабкой. В конце следующего года они уведомили княгиню, что их отец простудился в какой-то поездке и, как пишет дядя, опасно занемог. Прошла зима, наступило лето. Крамалины написали бабке отчаянное письмо, что их дорогой папа также умер, что они в трауре и что все институтки разъезжаются на каникулы, а их, круглых сирот, некому взять, так как и дядя Петя, по слухам, оставил Дединово и уехал куда-то на воды. Бабушка ответила, что надо молиться о родителях и терпеть, и прислала им какое-то назидательное французское сочинение о нравственном долге. Прошло несколько лет горького сиротства девочек. Незадолго до их выпуска из института их вызвали в неурочный час к директрисе. Войдя в высокие парадные комнаты суровой начальницы, они сделали формальный книксен и рядом с нею увидели высокую, в напудренных локонах и в черной шали, красиво закинутой через плечо, представительную и чопорную старуху, которая внимательно и молча оглядела их в золотой лорнет, хотела, обернувшись к директрисе, сказать что-то важное, но тут же залилась слезами и, без всякой чопорности и важности, бросилась их целовать. То была княгиня Анна Аркадьевна Шелешпанская, решившая, из сочувствия к внучкам, покинуть Париж и переехать на постоянное жительство в Москву.

Старуха, узнав лично сирот, искренне и горячо полюбила их, ласкала, баловала и чуть не каждый день ездила к ним. У Авроры были способности к музыке, Ксения предпочитала танцы. Для них были наняты лучшие по этой части особые учителя. По выходе внучек из института княгиня открыла свой давно пустевший дом у Патриарших прудов, отделала его заново и сама стала вывозить внучек в свет. Куда на это время делись слабость ее здоровья и жалобы на преклонные лета! Все заговорили о ее гостиной, где пальмовая мебель была обита черною тисненою кожей с золочеными гвоздиками, о двух цугах ее лошадей, шестерне вороных и четверке чалых, о ее балах и вечерах. После свадьбы Ксении она формальным духовным завещанием отказала свое можайское поместье Любаново Авроре, а коломенскую деревню Ярцево - Ксении. Выдав год назад замуж веселую и добродушную Ксению, княгиня с тревогой стала поглядывать на свою вторую внучку, которая, казалось, вовсе не думала о замужестве и нескольким выгодным искателям ее руки, под разными предлогами, отказала.

- Не расстанусь я, дорогая, с вами! - говорила задумчивая и сосредоточенная Аврора, ухаживая за бабкой. - Что мне? Я довольна, счастлива; право, счастлива! Изредка выезжаю к знакомым... катаюсь верхом... у меня чудный Барс... беру уроки пения и на клавикордах у первых знаменитостей; читаю... у вас же такая чудная библиотека! Ах, не говорите мне, бабушка, о браке... дайте подолее пожить с вами, возле вас.

Старуха, отирая слезы и радостно любуясь строгою красотой Авроры, думала: «А в самом деле! Пусть поживет у меня... Господь в ней неисповедимыми путями, очевидно, искупает увлечение, ошибку их бедной матери, когда-то так легкомысленно бросившей меня».

Княгиня, в старческом себялюбии, продолжала считать ошибкою брак покойной дочери, забывая, что эта дочь, когда между ними произошло охлаждение, относилась к ней, как и прежде, почтительно-нежно и, горячо любя мужа и будучи взаимно им любима, жила с ним до кончины вполне счастливо.

Катанья на Барсе Аврора забывала только ради музыки и книг. Библиотека, о которой она говорила бабке, состояла из полки русских и нескольких шкафов иностранных изданий. Русские книги были собраны покойным мужем княгини, ведшим дружбу с Новиковым и другими московскими мартенистами, иностранные же - в большинстве вывезла сама Анна Аркадьевна из Парижа, где в ее салоне собирались некоторые из светил современной французской литературы. Выйдя из института, Аврора, между изучением сольфеджий, каденц и рулад Фелис-Андриё и выездами на концерты и балы, по совету институтского учителя русской словесности, прочла и некоторые из тогдашних немногих русских книг. Княжнина, Державина и Дмитриева она едва одолевала. Зато с жадностью прочла повести и письма из чужих краев Карамзина, уже входившие в моду басни Крылова и стихотворения Жуковского и всецело обратилась к корифеям иностранных литератур. Между последними она обратила особое внимание на прежних и новых французских моралистов и с жадностью набросилась на них. Жан-Жак Руссо, д'Аламбер, де Местр и Бер-нарден де Сен-Пьер надолго стали любимцами Авроры. Она с ними мечтала о возможности пересоздания общества на новых, мирно-идеальных началах. Но все заговорили о Бонапарте, о войне.

Наполеон сильно занял Аврору и стал ее мыслям представляться сказочным исполином, неземным героем. Сперва она с наслаждением воображала его себе в виде гения-благодетеля, нежданно и таинственно сошедшего в мир и проливающего на человечество, вместе с своею ослепительною славой, потоки мирного, неведомого дотоле блаженства. Но когда однажды бабке принесли с почты пачку новых , французских, изданных в Бельгии и в Англии, памфлетов о Наполеоне и она один из них, написанный мадам де Сталь, по желанию княгини, прочла ей вслух, ее взгляд на Наполеона начал быстро изменяться. Вероломная же казнь герцога Ангиенского повергла ее просто в отчаяние. Узнав, как не повинный ни в чем герцог был схвачен, поставлен во рву Венсенской крепости и, без сожаления, расстрелян Наполеоном, Аврора разрыдалась, повторяя: «Бедный, бедный! и за что? где наказание его убийцам?» Несколько успокоясь, она заперлась у себя в комнате, наверху, прочла все вновь полученные и вывезенные бабкой брошюры о Бонапарте, на которые она прежде не обращала особого внимания, и Наполеон, с его блеском, громкими войнами и разрушением старых городов и царств Европы, вместо идеального героя начал ей представляться ненавистным, эгоистическим и звероподобным чудовищем. Она даже сетовала в мечтах, почему не родилась мужчиной, иначе она была бы в рядах смелых бойцов, сражающихся с этим новым Чингис-ханом.

Познакомясь с Перовским, Аврора вначале с пренебрежением и насмешкой, потом внимательнее вслушивалась в его дифирамбы Наполеону и, под его влиянием, на некоторое время не то чтобы смягчила свой взгляд на загадочного-героя, а этот герой перестал ее волновать и раздражать. Но когда разнеслась и стала подтверждаться молва о близости войны и когда благодаря этому Бонапарту, которого отчасти еще защищали Перовский и княгиня и открыто бранили Растопчин и Тропинин, Аврора должна была проститься с человеком, которого в душе предпочитала другим, - в ней снова поднялась вражда к «корсиканскому чудовищу», грозившему России бедствиями войны. Аврора старалась в душе примириться с отъездом искателя ее руки.

«Недалеко, - думала она, - два-три месяца пролетят незаметно!.. Он возвратится и несомненно выскажется...»

Когда же Перовский, с прочими отпускными офицерами, был нежданно потребован к Растопчину и ему объявили приказ о немедленном выезде в армию, Аврора не помнила себя от горя.

«Вернется ли он и действительно ли можно еще избежать войны? - мыслила она. - И зачем эта война, эти ужасы? И для чего, наконец, идет олицетворение всех ужасов, насилий и потоков крови - этот Наполеон? Его предшественник, Марат, вызвал некогда месть смелой патриотки, - думала, содрогаясь, Аврора. - Господи, отомсти, порази своим гневом этого насильника!»

VIII

Накануне своего отъезда из Москвы Перовский обедал в доме Анны Аркадьевны и заехал к ней опять вечером. В это время у нее собрались некоторые из близких знакомых, в том числе две-три институтские подруги Авроры и Ксении с братьями. Молодые люди были веселы, играли в шарады, буриме и secretaire[11], оживленно рассказывали о балах последних дней, о сватовстве и близких свадьбах в семьях некоторых москвичей. Кто-то передал, что свадьба одной из их знакомых, пожалуй, расстроится, так как ее жениха прежний ее обожатель вызвал на дуэль. Аврора взглянула на Перовского. Тому этот взгляд показался упреком. Он терялся в его значении. Княгиня в скромном, фиолетово-дофиновом платье и в темной шали, с грустью поглядывая на Перовского и Аврору, молча раскладывала в гостиной пасьянс. Перед чаем Ксения открыла клавикорды и пригласила одну из подруг спеть. Некоторые в это время гуляли в саду; между ними была и Аврора. Заслушавшись издали пения, она заметила, что сад опустел. Она направилась к дому. Вдруг она вздрогнула. Навстречу к ней из-за деревьев шел Перовский.

Ярко светил месяц. Влажный воздух сада был напоен запахом листвы и цветов. Прямая, широкая липовая аллея вела от ограды двора к пруду, окаймленному зеленою поляною, с сюрпризами, гротами, фонтанами и грядками выраженных из теплиц цветущих нарциссов, жонкилей и барской спеси. Сквозь ограду виднелись освещенные и открытые окна дома, откуда доносились звуки пения. В саду было тихо. Каждая дорожка, каждое дерево и куст веяли таинственным сумраком и благоуханием.

Увидя Перовского, Аврора хотела было идти к воротам. Он ее остановил.

- Вы здесь? - сказал Базиль, восторженно глядя на нее. Аврора, казалось, подбирала слова.

- Вот что, - проговорила она, - о войне и ее виновнике... они у всех теперь в мыслях... давно я собиралась вам это передать... Прошлым летом с Архаровыми я ездила в их подмосковную. Там собрание картин, и я, помню, в особенности засмотрелась на одну. На ней изображена охота в окрестностях Парижа, в парке, на оленей. Превосходная копия с работы какого-то знаменитого французского живописца. Ах, что за картина! ну, живые люди; а скалы, ручей, деревья...

- У Архаровых действительно отличная картинная галерея.

- Нет, послушайте: справа, на поляне, за оленем, стая озлобленных

---

[11] (Игра в почту (франц.).)

23

гончих. Он изнемогает, напряг последние силы и спасся бы... но - наперерез ему... беда слева: в ожидании оленя стоит спрятанный за деревьями стрелок. Его окружают верхами пышные, в золоте, придворные и, в открытых колясках, под зонтиками, красивые, нарядные дамы. Стрелок - Наполеон... Он в синем мундире, белом камзоле и в треуголке; как теперь его вижу: толстый, круглый, счастливый и крепкий, точно каменный.

- Именно каменный, - сказал, вздохнув, Перовский.

- Его полное, смуглое лицо самодовольно, - продолжала Аврора. - Он спокойно прицелился и чуть не в упор стреляет в бедное, с высунутым языком и блуждающими глазами животное... Фу! Я видела не раз, бывала на охоте, но тогда же я сказала Элиз Архаровой: «Какой дурной и жестокий этот всеми прославленный человек!» Ну можно ли так равнодушно-спокойно и так безжалостно убивать слабое, изнемогающее в побеге, живое существо?! Он так же расстрелял и герцога Ангиенского... Аврора в волнении смолкла.

- Вы правы... клянусь, это жестокий человек! - сказал Перовский. - Мы ему отплатим за все его вероломства. Ему вспомнятся лживые заверения Тильзита и Эрфурта. Я заблуждался, был слеп... говорю это теперь не с чужого голоса и не стыжусь за то, что говорю; я еду с твердым убеждением, что наши жертвы, наши усилия сломят врага... Одно горе... Перовский смешался и замолчал. Аврора с трепетом ожидала чего-то необычайного, страшного.

- Вы меня простите, - проговорил вдруг упавшим голосом Перовский, - я еду и, может быть, навсегда... но это выше моих сил...

Аврора с замиранием вслушивалась в его слова. Ее сердце билось шибко.

- Я не могу, я должен сказать, - продолжал Базиль. - Я вас люблю, и потому...

Аврора молчала. Свет померк в ее глазах. После минутной борьбы она робко протянула руку Перовскому. Тот в безумном восторге осыпал эту руку поцелуями.

- Как? вы согласны? вы...

- Да, я ваша... твоя, - прошептала, склонясь, Аврора.

Они снова углубились в сад. Перовский говорил Авроре о своих чувствах, о том, как он с первого знакомства горячо ее полюбил и не решался объясниться.

- Все ли ты обо мне знаешь? - спросил Базиль. - Я - Перовский, но мой отец носит другое имя.

Он передал Авроре о своем прошлом. Она, идя рядом с ним, молча слушала его признания.

- Зачем ты мне это сказал? - спросила она, когда он кончил исповедь.

- Чтобы ты знала все, что касается меня. Это тайна не моя, моего отца, и я должен был ее хранить от всех, но не от тебя...

Аврора с чувством пожала руку Перовского.

- Так ты - сын министра? - сказала она, подумав. - Что же? Я рада за твоего отца, но, прости, не за тебя... Почему твой отец из этого делает тайну?

Перовский сослался на обычаи света, на положение отца.

- Ты любишь свою мать? - спросила Аврора.

- Еще бы!.. всем сердцем, горячо.

- И она хорошая мать, добра, заботилась о тебе?

Базиль рассказал о своих детских годах в Малороссии, о свидании в деревне с отцом, пред отъездом в ученье, о пребывании в университете и о поступлении на службу в Петербург.

- И ты, с отъезда из деревни, не видел отца?

- Видел в Петербурге.

- И он не оставил тебя при себе?

Базиль молчал.

- Я так же горячо, как и ты, полюблю твою матушку! - сказала Аврора. - Но тебя узнает и, нет сомнения, ближе оценит и твой отец; не может быть, чтобы он тобою не гордился, тобою не жил.

Из-за ограды раздался голос слуги княгини, Власа:

- Барышня, бабушка вас зовут... Мелецкие уезжают...

- Постой, еще слово, - проговорил Перовский, не выпуская руки Авроры. - Подари мне на память какую-нибудь безделицу... ну, хоть этот цветок.

Аврора вырвала из пучка сирени, приколотого к ее труди, цветущую ветку и подала ее Перовскому.

- Есть у тебя твой портрет? - спросила она.

- Есть миниатюрный, работа Ильи... я хотел завтра его послать матери в Почеп, но для тебя...

- Отлично, Илья Борисович снимет мне копию..

- Нет, нет! - вскрикнул Перовский. - Возьми этот! Он готов... со мной! Вот он... я сегодня утром получил его из отделки.

Он подал Авроре медальон с крошечным своим акварельным портретом. Она взглянула на портрет и прижала его к груди.

- Барышня, да где же вы? - раздался от ворот голос экономки Маремьяши.

Аврора спрятала медальон под корсаж платья и, отирая слезы, направилась из сада. Она, об руку с Перовским, возвратилась в дом, откуда уже начали разъезжаться.

- Ну, теперь иди к бабушке, - сказала она, сморщив носик, - и делай формальное предложение: иначе нельзя... как можно, обидится, еще откажет.

Базиль было направился в гостиную. Аврора остановила его.

- Нет, - объявила она, выпрямляясь, - пойдем вместе.

Сильно побледнев и ни на кого не глядя, она твердо прошла через ряд комнат, подвела Перовского к бабке, окруженной у двери в молельню прощавшимися гостями, и, держа его за руку, тихо проговорила:

- Дорогая бабушка, вот мой жених.

Княгиня обомлела.

- Да как же это, не спросясь? Да что же и ты, как смел? - обратилась было княгиня к Перовскому, но тут же, едва сдерживая слезы, она обняла его, обняла и упавшую перед ней на колени Аврору, крестила их и целовала.

- В мать! в мать! смела и мила! - твердила она, смеясь и плача. - Ох, родные мои, любите друг друга и будьте счастливы!

Разъезд гостей приостановился. Все радовались счастливой развязке романа Авроры. Потребовали шампанского, и помолвка сговоренных была полита обильными тостами.

- Но неужели это - последнее прости и мы более уже не увидимся? - спросил Перовский Аврору, когда пришел черед их прощанью. - Ведь я завтра, что ни делай, утром уеду.

В голосе Базиля дрожали слезы. Глаза всех были обращены на него.

- До свидания... осенью, - ответила, стараясь улыбнуться и крепко пожав ему руку, Аврора.

- До свидания, до свидания! - твердили прочие.

Перовский простился со всеми и уехал. Аврора бросилась к себе на антресоли и разрыдалась. Она ходила по комнате, ломала свои руки и повторяла: «Нет, нет! так невозможно... но неужели? О господи! вразуми, подкрепи, охрани меня...»

На квартире Базиль разбудил хозяйского слугу, зажег свечу и, вздыхая, написал и послал записку к Мите Усову, жившему неподалеку, в гостинице «Лондон». В записке он извещал, чтобы Митя завтра явился пораньше, так как почтовые лошади будут готовы к семи часам утра. Перовскому приходилось ехать до Можайска с Митей, и он с ним условился завернуть там, поблизости, в усовскую деревушку Новоселовку, где у Мити, по желанию отца, шли поправки в доме и где он надеялся получить с крестьян оброк, чтобы возвратить Перовскому деньги, занятые у последнего в Москве. Послав записку, Базиль уложил в чемодан последние вещи и взглянул на часы. Был второй час ночи.

«Недалеко до утра, - подумал он, - где тут спать? Ночь чудная, лунная... скоро рассвет... пойду прогуляюсь... а утром, по пути, еще раз заеду проститься с Авророй».

26

Базиль раскрыл окно, выходившее в соседний сад, и задумался. «Нет, - сказал он себе, - вряд ли удастся так рано увидеть Аврору... Напишу ей лучше теперь и сам завезу к ней записку; вызову ее как-нибудь, хоть на мгновение, на Патриаршие пруды... Она могла бы выйти с Маремьяшей пли с Власом... Не удалось нам и наговориться... а столько хотелось бы высказать, передать...»

Базиль сел к столу и начал писать. Прошло несколько минут. За дверью послышался шорох. «Это слуга возвратился от Мити, - подумал Базиль, - ищет впотьмах дверного замка». Он продолжал писать. Дверь скрипнула. Перовский обернулся. У порога стояла женская фигура, в черном, под густою, темною вуалью.

- Кто это? - спросил Базиль, вскакивая.

Фигура неподвижно и молча стояла у порога. Перовский шагнул к ней ближе. Он узнал Аврору.

- Ты? ты здесь? - вскрикнул он, притягивая ее к себе и осыпая безумными, страстными поцелуями ее похолодевшие руки, лицо, волосы. - Как ты решилась, дорогая, как нашла?

- Я хотела еще раз видеть тебя, поговорить.

Базиль не помнил себя от счастья.

- Ведь и я, вообрази, думал к тебе сейчас, - произнес он, усаживая Аврору и садясь против нее, - вот, смотри, даже писал к тебе, хотел вызвать.

Аврора откинула за плечи вуаль, пристально взглянула на него и с мыслью: «Что будет далее - не знаю, теперь же ты со мной!» - страстно обхватила его голову.

- Какая пытка! - шептала она в слезах, - и зачем мы встретились, сошлись? Я боялась, боролась: что, если кто встретит? Но видишь, я здесь. Неужели разлука навек?

- О, я верю в нашу звезду; мы, даст бог, снова увидимся, - сказал Базиль.

- Да, разумеется! Что же это я, безумная?.. Увидимся непременно.

Аврора отерла слезы, помахала себе в лицо платком.

- Ты на прогулке тогда, - сказала она, - упомянул, но как-то легко, как бы в шутку, о молитве... Вы, мужчины, прости, маловеры... а тебе предстоит такое важное, тяжелое дело... Ты не рассердишься?

- Говори, говори.

- Покойница мать учила меня и сестру прибегать, в дни горя и скорби, к покрову божией матери. Дай слово, что ты искренне будешь молиться этому образу.

- Клянусь, исполню твой завет. Аврора вынула из кармана иконку и надела ее на шею Базиля. Слезы стояли в ее глазах,

27

- Ну, теперь я все сказала, прощай, - произнесла она, отирая лицо.

- Как? расставанье? - вскрикнул Перовский. - Но где же божья правда? Миг встречи - и месяцы разлуки! Я все брошу, все... останусь с тобой, не уходи... Слушай, я попрошусь в перевод, в здешние полки.

- Не делай этого! Мужайся, Базиль: тебя зовет долг службы, спасение родины; честно ей послужи. Я люблю тебя и, верь, другого не полюблю. Буду счастлива при мысли, что ты исполнил свое призвание, как истинный, честный патриот. Так жалки другие, бежавшие по деревням, мужья, братья, женихи... О, ты выше их!

- Но, ради бога, помедли, не уходи, - молил Перовский, - еще слово...

За дверью послышались шаги. Аврора накинула на лицо вуаль. У порога показался слуга.

- Так до свидания, - сказала Аврора, - мужайся, увидимся.

- Я тебя провожу, - ответил Базиль.

Он подал ей руку, и они направились к Бронной. Начинался бледный рассвет. Улицы были еще пусты. У Ермолая Базиля и Аврору обогнал кто-то на дрожках. Им было не до него.

Утром ямская тройка лихо мчала Перовского и Митю по дороге к Можайскому. Базиль покрывал поцелуями платок, оброненный Авророй у него в комнате.

В Новоселовке путники пробыли около суток. Заведовавший здешним хозяйством Усовых староста Клим, жалуясь, по обычаю, на неурожай и на тяжелые времена, кое-как, с недочетами, собрал и снес молодому барину с крестьян не раз отсрочиваемый оброк. Няня, Арина Ефимовна, успела напечь Мите и его гостю пирожков, лепешек и прочего съестного, каждому на дорогу особо, так как приятели далее ехали по разным путям. Чемоданы были окончательно уложены, все увязано и вынесено в переднюю. Илья Тропи-нин просил Перовского наблюсти за последними сборами и отъездом Мити из деревни, которую последний особенно любил.

- А уж ты, батюшка Митенька, воля твоя, - говорила Ефимовна, суетясь на расставанье и со слезами ходя из комнаты в комнату со связкой ключей у пояса, - не беспокойся; мы и родительский твой домишко, и весь ваш хозяйский скарб, как мебель и вещи в доме, так и всякие припасы в кладовых, сбережем и сохраним в целости нерушимо. А кроме братца, Ильи Борисовича, и будущая хозяйка вот их милость, Василия Алексеевича, - невесть что за даль любановская усадьба - авось наведается сюда, даст нам порядок. И княгиня-матушка на крестинах правнука увидела меня в экономкиной светелке и говорит: «Ты у меня, Ефимовна, тоже смотри; я и из Москвы глазастая; чтобы все господское у тебя было в порядке; старый твой хозяин ныне живет за Волгой, а его сын едет в

28

поход, ему не до того, и бог весть еще, когда сядет у вас на хозяйство, - смотри!»

- Будь спокойна, Ефимовна, - ответил Митя, - за тобой мы все ни о чем и не думаем.

Арина утерла слезы и гордо обдернула на груди концы платка.

- И я тебе, голубушка няня, скажу, - прибавил Митя, - вернусь из похода, вот он женится, все они приедут в Любаново, в Ярцеве у них дом меньше и не так устроен, и я тоже женюсь вслед за Базилем - найду невесту непременно - и поселюсь здесь... Вот в этой зале отпируем и свадебный пир.

- Ну, тебе бы, Митенька, еще и рано, послужи! - всхлипывала Ефимовна.

Сборы были кончены к вечеру. Кибитки Мити и его гостя стояли нагруженные у крыльца. Выбившаяся из сил Арина, плача, клала туда последние узелочки и узлы.

- Да чего ты, Ефимовна, плачешь? - спросил Перовский, стараясь быть бодрым и веселым при проводах порученного ему товарища.

- Вот, оглянись, Дмитрий, - обратился он к белокурому, кудрявому юноше, уже сидевшему в телеге на горе узлов, - взгляни еще раз, как обновлен и прибран ваш родовой угол; и все это твоя няня, все она. Я рад, что вы с нею снова наладили дедовское гнездо: точно заботливые тени бабки и деда еще витают здесь, в их любимой когда-то Новосословке.

- Ах, я так счастлив, счастлив! - произнес Митя. - Затратил на поправки, зато надолго, до собственных моих внуков, опять наладил! А как мы здесь зимой чертили планы? вот было весело!

- Запомни же все! - продолжал Базиль. - Я сам, некогда уезжая из родного гнезда, старался подолее глядеть вокруг, чтобы запомнить малейшие черты дорогих мест. Я убежден, что если не нынче же летом, то уж осенью, в августе или сентябре, этот угол, даст бог, непременно встретит здесь нас обоих таким же уютным и гостеприимным, каким он, вероятно, встречал когда-то и твоих родителей. Едва объявится мир, возьмем отпуск, а не то и выйдем в отставку и заживем. Любаново - рукою подать, будем видеться... Помни же, осенью, не далее сентября.

- Да отдай, няня, починить мое охотничье ружье, оно в шкафу, знаешь, там, где мои тетради, книги и удочки! - крикнул Митя, смигивая слезы и стараясь тоже говорить весело и держаться молодцом. - И лазариновские дедушкины пистолеты в чехлах; там тоже уздечки, знаешь? Ну, мне налево, тебе направо... Прощай, голубчик Базиль, до осени... оба женимся непременно и заживем!..

Няня, утираясь, только махала рукой. Митя уехал. Он улыбался, издали крестя приятеля и Арину и не спуская глаз с родного, обитого новым тесом, домишки, стоявшего среди берез на холме, с зеленого сада и крылатой мельницы с тучею голубей, вившихся над ними. Все это понемногу скрылось за другими холмами. По совету друга, Митя усиливался до последнего мгновения, до поворота за ближний лес запомнить в душе все эти дорогие места, где он родился и где, под наблюдением Ефимовны, подрос, пока, по просьбе его отца, Илья Тропинин пристроил его в ученье, а потом на службу в Петербург.

IX

Проводив Митю, Перовский позвал старосту Клима, белолицего, благообразного и расторопного мужика с добрыми и умными глазами. Смеркалось. Базиль расспросил Клима о ближайшем проезде на Смоленскую дорогу и на усовской тройке, а далее на почтовых выехал мимо тонувших в ночной полумгле, на холмах и в долинах, окрестных деревушек и сел.

Невдали от Новоселовки, при переезде через какой-то мост, он спросил возницу, что за здания виднеются в темноте.

- Бородино, - ответил возница.

- Большое село?

- Да, сударь. Оттелева Митрий Миколаич добыл прошлый год голубей... у отца Павла повсегда важнеющие...

Памятно впоследствии стало это село Перовскому и всей России. Лошади мчались. «А она-то, моя владычица, мой рай! Что с нею? - думал Базиль, погруженный в мечты о последнем свидании с Авророй. - Да, наше счастье прочно, ненарушимо... Как она любит, как предана мне!»

Грезы сменялись грезами. Перовский перебирал в уме свое прошлое. Ему с живостью представилось его детство, богатое черниговское поместье Почеп, огромный, выстроенный знаменитым Растрелли дом, возле дома - спадавший к реке обширный сад и сам он, ребенком бегающий по этому саду в рубашечке. Он вспоминал свою мать, Анну Михайловну, высокую, румяную, с черною косой, чернобровую красавицу из должностных хозяина поместья. Он с нею и с братьями жил в отдельном флигеле, невдали от большого дома. Здесь его учили грамоте.

В отроческие годы Базиля граф, владелец Почепа, лишь изредка жил в большом доме. Дети Анны Михайловны в то время видели его только в церкви или из окон флигеля, когда он с пышностью, провожаемый слугами, выезжал по хозяйству или к соседям. Тенистые дороги сада, красивые беседки, клумбы цветов и лабиринт из пирамидальных тополей, где мальчики, в отсутствие графа, прятались, играя с детьми других должностных графа, - все это в воспоминаниях Базиля невольно сливалось с слезами матери. Анна Михайловна нередко, безмолвно поглядывая из окна флигеля на большой, то пустынный, то с приездом графа ярко освещенный дом, обнимала детей и со вздохом говорила: «Соколы мои, соколы! Что-то с вами будет?»

В памяти Перовского особенно сохранилось одно событие. То была поездка его матери в какой-то отдаленный монастырь. Граф долго не приезжал из Петербурга, где, как все говорили, он занимал важное место. Анна Михайловна снарядилась, взяла с собой Васю и его старшего брата Льва и с ними в бричке, на долгих, выехала на богомолье. Раскачиванье уложенной перинами и подушками просторной брички, мерный бег тройки сытых, весело фыркающих саврасок, раздольные поля, полные запахом цветущих трав, песни жаворонков, ночлеги в хуторах, дремучий монастырский лес, оглашаемый у реки соловьиными свистами, и долгое моление в старом, окуренном ладаном храме, где усталый Вася, прикорнувшись за колонной, заснул, - все это ему вспоминалось живо, как и радость матери по их возвращении домой.

Вскоре после их приезда в Почеп прибыл на летний отдых и граф. На другой день по его водворении в Почепе Анну Михайловну и ее сыновей позвали к нему в дом. Мальчиков принарядили и ввели в графский кабинет. Граф сидел в лиловом бархатном халате, напудренный, красивый и величавый. Секретарь кончил доклад и уносил бумаги.

- Молодцы! - сказал граф, посмотрев на черноглазых мальчуганов, бойко прочитавших ему наизусть оду Державина, и расцеловал их.

Оправив на себе кружевной шарф и манжеты, он дал детям по кошельку с дукатами и сказал:

- Это вам на орехи, в память вашего покойного отца; он был мне верным другом и слугою. Я дал ему слово заботиться о вас, сиротах. Надо учиться более; поедете в Москву.

Дети весело разглядывали кабинет, убранный редкими картинами, охотничьими приборами, чучелами птиц, вазами и статуями. Стоявшая у порога их мать отирала радостные слезы. Старшего из сыновей Анны Михайловны увезли ранее, Васю - несколько позже. К нему приставили выписанного из чужих краев гувернера и с ним отправили его в Москву, где сперва поместили в частном пансионе, потом определили в университет.

Вася еще по девятому году в Почепе, от какого-то пьянчужки, сельского писаря из семинаристов, узнал, что граф - его отец, но этого не признает, так как очень знатен, живет возле царя в Петербурге и занимает там место министра.

- Но разве министрам запрещено иметь детей? - спросил писаря удивленный Вася.

- Дубина ты, стультус[12], и больше ничего; значит, что нельзя! - ответил сельский грамотей.

Проболтавшись об этом разговоре матери, Вася от нее услышал, что граф будет очень гневаться и лишит их всех своих милостей, если они станут рассказывать о родстве с ним. С той поры на вопросы товарищей и знакомых, кто его отец, Перовский отвечал:

- Я - сирота с детства; мой отец, украинский хуторянин, служил в Малороссии управляющим одного графа и давно умер...

Выдержав последний экзамен в университете, Вася написал о том радостное письмо матери и с нетерпением собирался ехать к ней на родину, где не был около семи лет. Ему рисовался Почеп, тенистый сад, дорогой флигель, свобода. Но к нему на квартиру, где он жил с Ильей Тропининым, явился незнакомый старичок чиновник, в сером фраке, с сахарною улыбочкой и хохолком на голове, и, поздравив его от имени графа, объявил, что он, Перовский, милостью высокого покровителя уже определен на службу в колонновожатые, то есть в свитские, и что ввиду этого граф советует ему, дабы не потерять места, без замедления ехать в Петербург. Чиновник вручил ему при этом нужную сумму на обмундирование и на отъезд к месту служения и, откланиваясь, спросил, когда же Василий Алексеевич располагает ехать, так как о том должно дать знать его сиятельству. Базиль подумал и ответил:

- Через неделю.

Как ни уговаривал его Илья Тропинин обождать, еще повеселиться, где-то охотиться и притом, в компании других кончивших ученье студентов, варить жженку, Базиль в назначенное время оставил Москву. Он сгорал нетерпением увидать Петербург и отца. «Теперь граф, наверное, признает меня! - в трепетном восторге мыслил Базиль. - Я уже более не почепский хуторянин, а получивший высшее образование офицер! Отец с гордостью, если не даст еще мне своего имени и графского титула, о чем я, разумеется, и не мечтаю, назовет меня, хоть наедине, хотя глаз на глаз, своим сыном... и у меня будет отец... да какой еще отец! Как все хвалят высокие его дарования, любовь к наукам и искусствам, честь и ум! Он снимет с меня запрет - хоть для наших личных сношений... Я поселюсь у него, буду близко ежедневно видеть замечательного государственного деятеля; я брошусь к нему, он прижмет меня к своей груди!» Ожидания Базиля сбылись. Но граф-отец, вероятно, избегая до времени превратной огласки и пересудов, не нашел еще возможным поселить у себя сына в Петербурге. К Базилю в гостиницу, после первого радостного его

---

[12] (Глупец (от лат. slultus).)

свидания с отцом, когда он, весь возбужденный, был наверху блаженства, явился тот же бывший в Москве старичок чиновник, оказавшийся одним из служащих в домовой канцелярии графа, ласково расспросил его, где он думает найти квартиру, доволен ли службой и начальством и не нуждается ли еще в чем-либо приватном. Но тут же дал Базилю понять, что недалекое, более утешительное будущее вполне зависит от двух предметов: от его скромности вообще и от умолчания в особенности насчет каких-либо его отношений к графу-министру. Базиль с болью в сердце объявил, что беспрекословно преклоняется перед волею графа-отца. Его, по письму Ильи Тропиннна, отыскал в Петербурге незадолго перед тем выпущенный из московских кадет также в колонновожатые, двоюродный брат Ильи Дмитрий Николаевич Усов, которого он изредка видел еще в Москве. Базиль сошелся с ним, полюбил его, как и его родича Тропинина, и почти с ним не расставался. Когда минувшею весной Перовский в Москве, на балу у Нелединских, увидел Аврору и первому Мите высказал наполнившее его чувство к ней, Митя побледнел, потом вспыхнул и крепко пожал ему руку.

- Слушай, Перовский! сказал он ему - Это такая девушка, такая... если бы брат Илюша не был женат на ее родной сестре, понимаешь ли?.. она была бы... я все отдал бы, все... Отец Ильи крестил меня, мы - братья и по кресту... Еще на его свадьбе, год назад, я сообразил и все терзался... А теперь охотно уступаю этот клад, это сокровище тебе... Илья тоже тебе поможет!

- Да с чего же ты взял, что это серьезно? - удивился, также краснея, Базиль. - И что такое бальная встреча? Мало ли кого мы встречаем...

- А вот увидишь, - произнес Митя, - я убежден, попомни мое слово, - Аврора будет твоя.

Предсказание Мити сбылось. Базиль ехал в армию счастливым женихом Авроры.

Из Можайска Базиль должен был взять почтовых и оттуда ехать в главную квартиру Первой армии, в Вильну. Рассчитывая время, он боялся, что Барклай-де-Толли мог уже оттуда двинуться к западной границе. Он вошел на станцию, отыскал комнату смотрителя и, вручив последнему свою курьерскую подорожную, потребовал лошадей. Смотритель вышел и опять возвратился.

- Лошади будут сейчас готовы, - сказал он как-то смущенно, - только вас здесь спрашивают какие-то господа... они только что приехали.

- Кто? где они?

Смотритель указал на общую станционную комнату. Базиль вошел туда. Освещенный тусклым огарком, с дивана встал высокий, тощий и желтолицый господин в черной венгерке с серебряными пуговицами, Базиль отступил: перед ним стоял «гусар смерти», эмигрант Жерамб.

Сзади него виднелись двое незнакомых штатских: юноша - в модном рединготе и пожилой - во фраке.

- Вы удивлены? - произнес по-французски Жерамб, - я сам крайне смущен этою неожиданною встречей... Ехал вот с этими господами в поместье одного из них, но узнал, что вы здесь... и потому...

- Что же вам нужно? - сухо спросил Базиль.

- Господин Перовский, вы понимаете, - продолжал с дрожью в голосе Жерамб, - мы шли по одной дороге к честной, надеюсь, цели...

- О чести на этот счет предоставьте судить мне.

- Согласен... вы имели более успеха, я преклонился, был готов отступить, даже отступил...

- Далее, далее! - вскрикнул, теряя терпение, Базиль. Жерамб на миг остановился. Его впалые глаза сверкали, нижняя челюсть вздрагивала, руки судорожно сжимались. Штатские молча поглядывали на пего.

- Вы понимаете, господин Перовский, - произнес он, - два дня назад я вас видел рано утром с одною дамой... она еще не ваша, но вы ее преследуете, ходите с нею наедине...

- Я не подозревал, что у нее такие добровольные, непрошенные соглядатаи.

- Что вы этим хотите сказать? Я... требую...

Базиль смерил Жерамба глазами.

- Удовлетворения? - спросил он. - Дуэль?

- Именно... вы понимаете, между честными людьми...

- Где, здесь?

- Теперь же, без отлагательства.

- Но вы, полагаю, поймете: теперь война; притом у меня здесь нет секундантов.

- Один из этих господ, - Жерамб указал на юношу, - может быть в этом случае в вашем распоряжении.

- К незнакомым не обращаются с такими предложениями, - ответил Базиль, - наконец, знайте: то моя невеста.

Жерамб захохотал. Базиль бросился к нему. Дверь отворилась. В комнату вошли двое других проезжих: пожилой пехотный офицер и средних лет военный доктор Миртов, знавший Базиля по Петербургу. Они также ехали в Первую армию. Предупрежденные смотрителем, они вмешались в ссору и прекратили ее. Базиль повторил Жерамбу, что он к его услугам. Дав ему свой адрес, он уплатил смотрителю прогоны, поклонился и вышел на крыльцо. Красивый, полный и всегда веселый доктор Миртов, уладив столкновение, старался успокоить взволнованного Перовского.

- Охота вам расходовать силы и храбрость на этого воплощенного мертвеца! - сказал он. - Впереди у нас столько живых врагов. Базиль, пожав ему руку, сел в тележку.

- Не забудьте же, после войны! - крикнул ему с крыльца все еще кипятившийся Жерамб.

- К вашим услугам, - ответил, кланяясь ему и Миртову, Перовский. Телега помчалась. Прислушиваясь к колокольчику, Базиль с замиранием сердца вспоминал свой отъезд из Москвы и прощание с Авророй. «А этот, этот! - не унимался он. - Вздумал напугать, отнять ее у меня! Нет, никто теперь нас не разлучит, никто».

X

Прибыв в штаб Первой армии, Перовский уведомил невесту, что доехал благополучно, что все говорят о неизбежной войне, - войска в движении, - но что еще ничего верного не известно. Москва между тем начинала сильно смущаться. Газеты, в особенности «Устье Эльбы» и «Гамбургский курьер», приносили тревожные известия. Война становилась очевидною и близкою. Все знали, что государь Александр Павлович, быстро покинув Петербург, более месяца уже находился при Первой армии Барклая-де-Толли, в Вильне. Но все эти толки были еще шатки, неопределенны. Вдруг прошла потрясающая молва. Стало известно, что после майского призыва к полкам всех отпускных офицеров из Вильны к графу Растопчнну примчался с важными депешами фальдъегерь. Сперва по секрету, потом громко, наконец, заговорили, что Наполеон за несколько дней перед тем без объявления войны с громадными полчищами нежданно вторгся в пределы России и уже без боя занял Вильну. Шестого июля, с новым государевым посланцем, Растопчину было доставлено воззвание императора к Москве и манифест об ополчении, причем стал известен обет государя «не вкладывать меча в ножны, пока хоть единый неприятельский воин будет на Русской земле». Вспоминали при этом слова императора, сказанные по-французски за год перед тем о Наполеоне: «Il n'y a pas de place pour nous deux en Europe; tot ou tard, l'un ou l'autre doit se retirer!»[13]

Шестнадцатого июля и сам государь Александр Павлович явился

---

[13] («Нет места для для нас обоих в Европе; рано или поздно, один из нас должен будет удалиться!»)

наконец среди встревоженной и восторженно встречавшей его Москвы. Государь, приняв дворянство и купечество, оставался здесь не более двух дней и поспешил обратно в Петербург, откуда, по слухам, уже снаряжали к вывозу в Ярославль и в Кострому главные ценности и архивы. Москва заволновалась, как старый улей пчел, по которому ударили обухом. Чернь толпилась на базарах и у кабаков. Москвичи заговорили о народной самообороне. Началось формирование ополчений. Первые московские баре и богачи, графы Мамонов и Салтыков, объявили о снаряжении на свой счет двух полков. Тверской, Никитский и другие бульвары по вечерам наполнялись толпами любопытных. Здесь оживленно передавались новости из Петербурга и с театра войны. Дамы и девицы приветливо оглядывали красивые и новенькие наряды мамоновских казаков. Победа у Клястиц охранителя путей к Петербургу, графа Витгенштейна, в конце июля вызвала взрыв общих, шумных ликований. Белые и черные султаны наезжавших с депешами недавних московских танцоров, гвардейских и армейских офицеров, чаще мелькали по улицам. В греческих и швейцарских кондитерских передавались шепотом вести из проникавших в Москву иностранных газет. Все ждали решительной победы. Но прошло еще время, и двенадцатого августа москвичи с ужасом узнали об оставлении русскими армиями Смоленска. Путь французов к Москве становился облегченным. Толковали о возникшей с начала похода неурядице в русском войске, о раздоре между главными русскими вождями, Багратионом и Барклаем-де-Толли. Этому раздору молва приписывала и постоянное отступление русских войск перед натиском Наполеоновых полчищ. Светские остряки распевали сатирический куплет, сложенный на этот счет поклонниками недавних кумиров, которых теперь все проклинали :

Vive l'etat militaire, Qui promet a nos souhaits Les retraites en temps de guerre, Les parades en temps de paix![14]

Осторожного и медлительного Барклая-де-Толли, своими отступлениями завлекавшего Наполеона в глубь раздраженной страны, считали изменником. Некоторые презрительно переиначивали его имя: «Болтай да и только». Пели в дружеской беседе сатиру на него:
Les ennemis s'avancent a grands pas, Adieu, Smolensk et la Russie... Barclay toujours evite les combats![15]

---

[14] («Да здравствуют военные, которые обещают нам отступления во время войны и парады во время мира!»)

В имени соперника Барклая, Багратиона, искали видеть настоящего вождя и спасителя родины: «Бог-рати-он». Но последовало назначение главнокомандующим всех армий опытного старца, недавнего победителя турок, князя Кутузова. Эта мера вызвала общее одобрение. Знающие, впрочем, утверждали, что государь, не любивший Кутузова, сказал по этому поводу: «Le public a voulu sa nomination; je l'ai nomme... quant a moi, je m'en lave les mains»[16]. Когда имя Наполеона стали, по апокалипсису, объяснять именем Аполлиона, кто-то подыскал в том же апокалипсисе, будто антихристу предрекалось погибнуть от руки Михаила. Кутузов был также Михаил. Все ждали скорого и полного разгрома Бонапарта.

Москва в это время, встречая раненых, привозимых из Смоленска, более и более пустела. Барыни, для которых, по выражению Растопчина, «отечеством был Кузнецкий мост, а царством небесным - Париж», в патриотическом увлечении спрашивали военных: «Скоро ли генеральное сражение?» - и, путая хронологию и события, восклицали: «Выгнали же когда-то поляков Минин, Пожарский и Дмитрий Донской». - «Сто лет вражья сила не была на Русской земле - и вдруг! - негодовали коренные москвичи-старики. - И какая неожиданность; в половине июня еще редко кто и подозревал войну, а в начале июля уже и вторжение». Часть светской публики, впрочем, еще продолжала ездить в балет и французский театр. Другие усердно посещали церкви и монастыри. Певца Тарквинио и недавних дамских идолов, скрипача Роде и красавца пианиста Мартини, стали понемногу забывать среди толков об убитых и раненых, в заботах об изготовлении бинтов и корпии, а главное - о мерах к оставлению Москвы. Величием Наполеона уже не восторгались. Декламировали стихи французских роялистов: «O roi, tu cherches justice!»[17] и русские патриотические ямбы: «О дерзкий Коленкур, раб корсиканца злого!..» Государя Александра Павловича, после его решимости не оставлять оружия и не подписывать мира, пока хоть единый французский солдат будет на Русской земле, перестали считать только идеалистом и добряком.

- Увидите, - радостно говорил о нем Растопчин, как все знали, бывший в личной, непосредственной переписке с государем, - среди этой бестолочи и общего упадка страны идеальная повязка спадет с его добрых глаз. Он начал Лагарпом, а, попомните, кончит Аракчеевым; подберет вожжи распущенной родной таратайки... Переписывалась чья-то сатира на порабощенную Европу, где говорилось:

---

[15] («Враги быстро близятся; прощай, Смоленск и Россия... Барклай постоянно уклоняется от сражений!»)

[16] («Общество желало его назначения; я его назначил... что до меня, я в этом умываю руки».)

[17] («Государь, ты ищешь правосудия!»)

А там, на карточных престолах,
Сидят картонные цари!

Прошло около двух месяцев. Аврора усердно переписывалась с женихом. Перовский извещал ее о местах, которые проходила Первая западная армия Барклая, где он, в числе других свитских, состоял в распоряжении командира второго корпуса, генерала Багговута. Он, среди восторженных обращений к невесте, подробно описал ей картину удачного соединения обеих русских армий и славный, хотя неудачный бой под Смоленском. Остальное. Аврора узнавала от сестрина мужа, Ильи. Тропинин благодаря связям старой княгини имел возможность чуть не ежедневно навещать «клуб московского главнокомандующего», как звали москвичи тогдашние любопытные утренние съезды у графа Растопчина, где стекалось столько городского, жадного до новостей люда. Отсюда Тропинин всякий раз привозил в дом княгини целый ворох свежих вестей. Одно смущало Илью и семью княгини: они не имели дальнейших сведений о Мите Усове. Было только известно, что он встретил авангард армии Багратиона где-то за Витебском и что впоследствии, при каком-то отряде, участвовал в бою под Салтановым. Но Митя ли ленился писать или в походной суете терялись его письма, ничего более о нем не было известно.

   - И впрямь влюбился на походе в какую-нибудь полячку, ну и завертелся! - утешала княгиня Илью и своих внучек. Время шло. Аврора чуть не ежедневно и до мелочей описывала жениху московские события: общее смущение, первые приготовления горожан к нашествию врагов, арест и высылку начальством подозрительных лиц, в особенности иностранцев, растопчинские афиши, вывоз церковной святыни, архивов и питомиц женских институтов. Она сообщала, наконец, и о состоявшемся выезде из Москвы в дальние поместья и города первых, более прозорливых из общих знакомых. Другие, по словам Авроры, еще медлили, веря слепо Растопчину, который трунил над беглецами и открыто клялся, что злодею в Москве не бывать. Народ тем не менее чуял беду и волновался. Старый лакей княгини Влас Сысоич и экономка Маремьяша твердили давно: «Наделает наша старая того, что нагрянет тот изверг и накроет нас здесь, как сеткою воробьев». Благодаря связям и подвижности зятя Авроре удавалось большинство своих писем пересылать жениху через курьеров, являвшихся в Москву из армий, ближе и ближе подходивших от Смоленска.

XI

В половине августа Аврора написала Базилю письмо, которое тот получил во время приближения русских отрядов к Вязьме. «Вот уже несколько дней, ненаглядный, дорогой мой, я не могла взяться за перо, - писала Аврора. - Великая новость! Бабушка наконец решилась укладываться. Суета в доме, флигелях, подвалах и кладовых была невообразимая. Сегодня, однако, вдруг стало что-то тише. Без тебя, без моей жизни, клянусь, только и утешала музыка. Я наверху у себя играла и пела, - знаешь, в той комнатке, что окнами в сад. Разучила и вытвердила данную тобой увертюру из «Дианина древа», арию из «Jeune Troubadour»[18] и романс Буальдье: «S'il est vrai, que d'etre heureux...»[19] Теперь же, очевидно, уже не до того. Прощайте, арии, восхитительные романсы и дуэты, которые мы с тобою распевали. Скоро прощусь и с любимою моею комнатой, где переживалось о тебе столько мыслей. О моя комнатка, мой рай! На днях я говела в церкви Ермолая; ах, как я молилась о тебе и обо всех вас, да пошлет вам господь силу и одоление на врагов! К Растопчину являлся некий смельчак Фигнер, великий ненавистник Наполеона, с каким-то проектом - разом, в один день, кончить войну. Граф советовал ему обратиться к военным властям. Вокруг нашего дома грузятся наемные и свои подводы - все уезжают; чисто египетское бегство. Прежде других скрылись наши неслужащие, светские петиметры. По полторы тысячи и более переполненных карет и колясок в сутки, по счету на гауптвахтах, покидают Москву. Наемные подводы сильно вздорожали. Наш сосед Тутолмин за ямскую тройку заплатил на днях триста рублей всего за пятьдесят верст. Архаровы уехали в Тамбовскую, Апраксины - в Орловскую губернии, Толстые - в Симбирск, а бедненьких институток вывезли на перекладных в Казань. По слухам, Ярославль и Тамбов так уж переполнены нашими беглецами, что скоро, говорят, не хватит и квартир. Уехали, знаешь, те - «князь-мощи» и « князь-моська», - словом, почти все. Я уже тебе писала, что Ксаню с ребенком в начале успенского поста Илья отослал в бабушкину тамбовскую деревню Паншино. Сам же он еще остался здесь, на службе, как и все прочие сенатские. Им почему-то еще нет разрешения ехать. Но и в деревнях, особенно ближних к Москве, говорят, не безопасно. Крестьяне волнуются и, вместо охраны покинутого господского имущества, делят его между собой и разбегаются в леса. На днях пьяные мужики встретили, при выезде из Москвы, Фанни Стрешневу

---

[18] («Юный трубадур» (франц.).)

[19] («Если верно, что быть счастливым...» (франц.))

с кучей ее крошек, - помнишь, еще такие хорошенькие, ты ими любовался на бульваре, - окружили карету и кричали с угрозами: «Куда, бояре, с холопами? Или невзгода и на вас? Москва, что ли, не мила? Ну-ка вылезайте, станете и вы лапотниками!» Ужасы! Если бы не денщики, одного раненого полковника, которые, по приказу его, вмешались и разогнали дикий сброд, неизвестно, чем кончилось бы дело. Я тогда же это осторожно передала бабушке. Она сильно испугалась и уже было велела готовить дормез и позвать священника, чтобы служить напутственный молебен, но раздумала, отправила через Ярцево в Паншино только часть подвод с главными вещами, а сама ехать отсрочила. Все убеждены, что слухи о нашествии на Москву неверны, и, повторяя чью-то фразу об отступлении наших армий; «Nous reculons, pour mieux sauter!»[20] - не изменяет образа своей жизни. Я ей вслух прочла новый, здесь полученный памфлет мадам де Сталь, которая, кстати, нежданно появилась в Москве и на днях, удостоив бабушку заездом, целый вечер у нас проговорила, и так умно, что, хотя у меня от ее оживленных речей разболелась голова, я не могла от нее оторваться ни на минуту. Она в восторге от России и уподобляет нас произведениям Шекспира, в которых все, что не ошибка, возвышенно, и все, что не возвышенно, ошибка. Бульвары пустеют. Полны только трактиры. На прошлой неделе в ресторации Тардини, а потом в трактире Френзеля посетителями-купцами были избиты какие-то штатские за то, что один из них вслух заговорил с товарищем по-французски, а другой, очевидно в нетрезвом виде, намекая на высылку Растопчиным почт-директора Ключарева, выразился: «Вот так дела!.. генерал генерала в ссылку упрятал!» Бабушка, узнав об этом, слегла тогда в своей молельне и весь день принимала капли; когда же я ей намекнула, что благодаря извергу Наполеону далее у нас может быть еще хуже, она возразила: «Слушай же, Aurore! Я знаю Бонапарта; не раз видела его у дочки его министра Ремюза и даже с ним разговаривала лично. Это, повторяю, человек судьбы! вот его истинное определение! Он истинный гений и никогда низким грабителем и разбойником не был, как его изображает твой идол, эта трещотка госпожа Сталь, и грубые растопчинские афиши, хотя оба, - и мадам де Сталь, и граф, не спорю, даровиты и остры. Не для того же, в самом деле, послушай, Наполеон, наверху славы, ведет сюда громаду Европы, чтобы обидеть здесь, в моем московском доме, меня, беззащитную старуху, да притом еще свою добрую знакомую! И Кутузов не допустит... Я нездорова, - прибавила мне бабушка, - разве не видишь? Карл Иванович дал новое лекарство... надо же посмотреть, как подействует; а в деревне, в глуши, кто поможет? И не доеду я живою в такую даль!» Словом, дорогой мой, мы доныне не

---

[20] («Мы отступаем, чтобы лучше броситься!»)

двигаемся, молимся, готовим корпию и мысленно следим за вами. Еще слово. Илья Борисович, по совету нашего можайского предводителя Астафьева, собирается на днях в Любаново, чтобы отправить и оттуда кое-что, более ценное, в Тамбовский или Коломенский уезды, и полагает, с тою же целью, проехать и в Новоселовку. Все утверждают, что эти деревни на пути врагов к Москве. Но как бы мне хотелось, чтобы бабушка отпустила с ним в Любаново и меня! В два дня на подставных можно легко возвратиться. Зато, если там услышу, что и твой отряд близится к Москве, кажется, не утерплю и без спроса, хоть верхом, брошусь встретить тебя и, если суждено, умереть за родину вместе с тобой. Голубчик Барс, отчего ты не в Любанове?

Ну прощай, прощай... О, когда же наконец настанет час нашего свидания? Когда увижу тебя, мой дорогой, милый воин, когда налюбуюсь тобой? Береги себя для отечества и для любящей тебя Авроры».

Накануне успеньева дня, вечером, в глубине двора княгини Шелешпанской экономка Маремьяша разговорилась с старым камердинером Власом. Они стояли у двери каменной кладовой, отделявшей часть сада от двора.

- Дожили мы до пределов божьего гнева! - произнес Влас Сысоич, заглядывая в дверь, которую почему-то придерживала экономка. - Служи, а тут и твоя худобишка в прах пропадет.

- А ты где был?

- Известно где, безотлучно-с в передней!.. Не уложил ни алой позументной ливреи, ни выездной шубы... ничего!

- Тебе бы, аспид, только лежать да нюхать свой табачище, мы же вон сбились с ног... Заделывай, Ванюша! - крикнула кому-то экономка в дверь.
- Вот скажу княгине, что лезешь; снимет она с ножки башмачок и отшлепает тебя... незнакомо, что ли?

В сарае с минувшего дня укрывались от посторонних два нанятых каменщика. Они, тайно от посторонних, под надзором дворника Карпа, вывели поперек кладовой, от пола до крыши, новую, глухую кирпичную перегородку. За эту перегородку Маремьяша с надежными из дворни успела, с разрешения княгини, спрятать из более дорогой и громоздкой рухляди то, чего не увезли первые подводы.

- Маремьяна Дмитревна, уж уважьте, - не переставал упрашивать Влас, повертывая в руках объемистый узел.

- Что тебе? Говори...

- На смерть себе готовил... демикатоновый редингот, опять же новые сапоги, камзол, ну... и, как следует, чистую пару белья.

- Так вот твои холопские лохмотья и буду класть поверх барышнина приданого! На то, видно, его копили и хранили.

- Растащат, изверги, как придут; дайте по-христиански помереть.

Княгиня не верила, все толковала: болтовня! А я сколько уговаривала, да и вы тоже.

- Уговаривал! Все вы теперь такие. А по-моему, не спрятал, не спас, - лучше сжечь, чем им, проклятым, доставаться. Ну, старый сластун, давай...

Экономка небрежно бросила каменщикам узел Власа.

- И наше, Маремьянушка, светик! - прошамкал у двери восьмидесятилетний слепой гуслист Ермил, живший здесь при дворне и давно уже не сходивший с печи.

- И наше! и мы! - отозвались голоса подоспевших к кладовой главных горничных, Дуняши, Стеши и Луши, и состоявшего в штате княгини крещеного арапчонка Варлашки.

- Эк их! Ну, куда мне с вами теперь? Еще кто? Давайте! - с досадою крикнула Маремьяша, успев-шая между тем ранее других припрятать все свои нужные вещи. - Сами кладите, да скорее. А вы, ребятушки, - обратилась она к каменщикам, - так замуруйте, чтоб и виду не было свежей кладки! Спереди навалим мешков с мукою и овсом; сена и соломы, коли надо. А стенку ведите до крыши, под самый конек.

Маремьяша не удовольствовалась тайником в кладовой. Длинный и сгорбленный, вечно кашлявший дворник Карп, с бледным, покрытым пегими пятнами лицом и с такими же пегими руками, следующею ночью, по ее указанию, вырыл с садовником еще огромную яму в саду, за овощным погребом, между лип, натаскал туда новые вороха барского и людского добра, застлал яму досками и прикрыл ее сверху землей и дерном. Садовнику было ведено ежедневно, во время поливки цветов, поливать и этот дерн, чтобы трава не завяла и не выдала ямы, устроенной под ней.

Последнее из писем Перовского к Авроре, от двадцатого августа, с бивака у Колоцкого монастыря, доставил адъютант Кутузова, приезжавший в Москву за скорейшею присылкою врачей. Базиль извещал невесту, что армии приказано наконец становиться на позицию перед Можайском и что все этому сильно рады, так как теперь уже несомненно ждут генеральной баталии. «Но приготовься, - писал Базиль, - услышать горестную весть, которая меня как гром сразила. Бедный Митя Усов, как я сейчас узнал, опасно ранен осколком бомбы в ногу в деле на реке Осме. По слухам, его отправили с фельдшером, в коляске раненого князя Теннешева, в Москву. Сообщи это скорее Илье; встретьте бедного, пригласите заранее Карла Ивановича, если и его с другими врачами не взяли у вас из Москвы. Друг души моей! Отрада моей жизни! Увидимся ли мы с тобою, увидимся ли с ним еще на этом свете? Наш Митя Усов ранен! Этот румяный, кудрявый мальчик! Не верится... Вот оно, начинается!.. Спаси тебя, его и всех вас господь! Твой В. Перовский».

Это письмо уже не застало Авроры в Москве. Она за сутки перед тем уехала с Тропининым в Любаново. Арапчонок Варлашка подал княгине на подносе письмо Перовского.

- Мать пресвятая богородица! Французы у Можайска! - вскрикнула Анна Аркадьевна, пробежав письмо и роняя его с очками на пол. - А она, безумица, поблизости к врагам, в Любанове... Ранен Митенька! Маремьяша, Влас! Где мои очки? Кучеров сюда! спешите!.. спасайте! барышню в полон возьмут!..

XII

Через неделю после успения няня Арина с внучкой Феней поздно вечером сидела на крылечке новоселовского дома Усовых. Староста Клим и кое-кто из стариков и молодых парней мелкопоместной деревушки сидели тут же, на ступеньках. Убирая свой и господский хлеб, крестьяне замешкались и, ввиду противоречивых слухов, не решались уходить вслед за другими. Сидя здесь, они толковали, что вести идут нехорошие, что битвы, по молве, происходят где-то уже недалеко и как бы враги вскорости не нагрянули и в Новоселовку. Кто-то, проезжавший в тот день из окрестностей Вязьмы, сообщил, что там недавно уже слышали громкую, хотя еще отдаленную пушечную пальбу.

- Ведь вот барина старого нет, он за Волгой. Что делать? - толковали крестьяне. - Приказу от начальства уходить тоже нету; как тут беречь господское и свое добро?

- Да и куда и с чем уходить? - сказал кто-то. - Татариновцы двинулись, а их свои же в лесу, за Можайском, и ограбили.

- Надо ждать, ох, господи, - объявил Клим, - без начальства и уряда не будет; объявятся, подождем.

В тот день Арина что поценнее перенесла в амбары и в кладовые. Часть вещей, которых она пока не успела спрятать, лежала у ближней кладовой, на траве. Давно стемнело. Месяц еще не всходил.

- А что, бабушка Ефимовна, скажу я тебе слово! - прокашливаясь, отозвался с нижней ступеньки подвижной и еще не старый, хотя совершенно лысый мужичонка Корней, ходивший по оброку не только в Москву, но и в Казань и даже в Петербург. - Не обидитесь?

- Говори, коли не глупо и к месту, - с достоинствам ответила Арина.

- Слыхать, бабушка, - начал Корней, - быдто Бонапарт так только Бонапартом прозывается, а что он - потайной сын покойной царицы

Екатерины; ему матерью было отказано полцарства, и он это пришел ныне судить за своего брата Павла, царевого отца.

- Толкуй, дурачина, пока не урезали языка, - притворно зевнув, возразил староста Клим. - Статочное ли дело? Эка брешут, собачьи сыны!

- Право слова, дяденька... и быдто того Бонапарта бояре, до случного часа, прятали, держали в чужих землях, а ноне и выпустили... он всему свету и объявился... идет за брата судить.

- Эй, не ври! - важно поглаживая бороду и взглянув на Арину, сурово перебил Клим. - Кругом такая смута, врага ждут, а они...

- На что же его выпустили? - с некоторою тревогой спросила Ефимовна.

- Отдай, мол, мою половину царства, - продолжал рассказчик, - а тебе будет другая; и я, мол, в своей освобожу мужиков... отдам им всю землю и все как есть вотчины... и быдто станем мы не царскими слугами, а Бонапартовыми... вот убей, толкуют!

- Ну, влепят тебе, Корнюшка, исправник, как наедет, и я скажу! - произнесла, вставая и оправляя на себе платок, Арина. - Вот так-то, прослышав, наспеет невзначай, да и гаркнет: «А где тут Бонапартовы подданные? Давай их сюда!» Ну, тебя первого под ответ и возьмет.

Мужики, почесываясь, замолчали. Слышались только вздохи да движение на ступенях стоптанных лаптей.

- А постой, дяденька, постой, - отозвался кто-то, - из-за мельницы, - бабушка быдто колеса... чуть не на лесорах... Все замерли, вглядываясь в темноту. Стали действительно слышны звуки колес, медленно подъезжавших к двору.

- Феня, свечку! - крикнула Арина, бросаясь в дом. - Клим Потапыч, отворяй ворота... так и есть, наш исправник... Не то телега, не то, кажись, его бричка...

Когда Ефимовна и Феня со свечами снова явились на пороге, у крыльца стояла сильно запыленная крытая телега. Мужики, в почтительном молчании, без шапок, окружали кого-то бледного, неподвижно лежавшего на соломе, в телеге. Клим, жалобно всхлипывая, целовал чью-то исхудалую руку, упавшую с соломы. Арина поднесла свечу к лицу подъехавшего и, ахнув, чуть не упала.

- Митенька, родной ты мой! - вскрикнула она, глядя на лежавшего в телеге.

- Узнала, голубушка, - раздался чуть слышный, детски кроткий голос, - ну, вот и довезли... Слава богу, дома! А уж я просил, боялся, не доеду... Воды бы, чайку!.. Жажда томит...

В телеге был раненый Митя Усов. Мужики, пошептавшись с Климом, бережно внесли его в комнаты. Более же всех суетился и старался, неся молодого барина, говоривший о Бонапарте лысый Корней.

- Так это - Митрий Миколаич? Бедный! Ну, точно с креста снятый! - говорил он, выйдя в девичью и утирая слезы.

- Мы двух везли, - толковал здесь Климу фельдшер, умываясь, - подполковника тоже, князя Тенишева; сперва ехали в князевой коляске...

- Где же князь-то? - спросил Клим.

- Сложили в Гжатске, помер... ваш про то и не знает, думает, что того велено сдать в госпиталь... коляска же обломалась, насилу нанял мужичка довезти.

- А наш ангел будет ли жив? - несмело спросила Ефимовна. - Молодой такой, красавчик, мой выходимец! Вот нежданное горе, вот беда! И за что погубили дите?

- Будет жив, - ответил фельдшер, как-то смущенно глянув в сторону красными от бессонницы и пыли глазами. - Рана тяжела, ну да господь поможет... добраться бы только до Москвы: там больницы, лекаря.

Арина, глянув на образ, перекрестилась, крикнула еще кое-кого из дворовых баб и с засученными рукавами принялась за дело. Комнаты были освещены. На столе в зале запыхтел самовар. Наумовна достала из кладовой и взбила на кровати покойной барыни пуховик и гору подушек, велела внести кровать в гостиную, накрыла постель белою простыней и тонким марселевым одеялом, освежила комнату и покурила в ней смолкой. Сюда она, с помощницами, перенесла и уложила Митю. Фельдшер обмыл его страшную, зияющую рану, сделал перевязку и надел на больного чистое, вынутое няней, и пахнувшее калуфером и мятой белье. Митя все время, пока готовили ему комнату и делали перевязку, был в лихорадочном полузабытьи и слегка бредил. Но когда он выпил стакан горячего, душистого чаю и жадно потребовал другой с «кисленьким» и когда раскрасневшаяся седая и полная Ефимовна принесла и подала ему к чаю его любимого барбарисового варенья, глаза Мити засветились улыбкой бесконечного блаженства. Он дал знак рукой, чтоб остальные, кроме няни, вышли.

- Голубушка моя, нянечка! - произнес он, хватая и целуя ее загорелую, черствую руку. - Смолка, калуфер... и барбарис!.. Я опять в родном гнезде... Боже! как я боялся и как счастлив... удостоился! Теперь буду жить, непременно буду... Где он? Где, скажи, Вася Перовский?

- Известно где: в походе, родимый, там же, где был и ты, - ответила, вглядываясь в своего питомца, Арина, - как уехал с тобой, два месяца о вас слуху не было, спаси вас матерь божия!

- Два месяца! - удивленно воскликнул Митя. - Кажется, было вчера. Он закрыл глаза и помолчал. - Еще, няня, чайку... Вот, думали мы с Перовским, поживем здесь осенью, - произнес Митя, окидывая глазами окружающее. - Ах, это кровать мамы!.. Хорошо ты придумала, нянечка...

Где батюшка? Уж, видно, не видаться мне с ним... Где Ильюша и что Аврора Валерьяновна, невеста Перовского?

- Батюшка в Саратовской губернии, у родных, а Илья Борисович, слышно, в Москве. Из Любанова же сказали, что он эти дни собирался туда - распорядиться тамошним добром. Ведь тамотка какая усадьба - дворец, а всякого устройства, припасов и вещей сколько! Да слышно, что и барышня Аврора Валерьяновна собиралась с ним туда же. А Ксения Валерьяновна с дитей в Паншине.

- Ах, няня, голубушка, пошли, - заговорил Митя, - в ночь сегодня... недалеко ведь; повидать бы... Видишь ли, отца нету, я попросил бы у нее благословения... Ведь это помогает... она же такая богомольная, добрая... а я, няня, надо тебе сказать... то есть признаться... ведь еще ранее Перовского ее так полюбил...

- Что ты, что ты, голубчик! Господь тебя спаси! вот дела! - воскликнула, крестясь, Арина. - А в Любаново, отчего ж, можно послать, с охотой... Арина, отирая слезы, вышла. Послали за сыном ключницы, Фролкой. Тот вскочил на водовозку.

- Да смотри, пучеглазый, на овраги-то, - наставлял его Корней, - барский ведь конь, а темень какая.

Митя, напившись чаю, тихо и сладко заснул. Ефимовна погасила свечу и при свете лампадки, не смыкая глаз, просидела у его изголовья всю ночь. Перед рассветом раненый стал метаться.

- Что тебе, Митенька? воды? неловко лежать?

- На батарею!.. Целься прямо... идут! - говорил Митя в бреду. - Вон, с конскими хвостами на касках...

Няня перекрестила его и тронула за голову и руки. Больной был в сильном жару. После боя и выстрелов ему пригрезился весенний вечер в поле. Он с Авророй мчался куда-то на лихом аргамаке и все стремился ее обнять. Она ускользала. Он шептал: «Аврора, Аврора, это я, посмотри!» Ефимовна, видя метание больного, разбудила фельдшера, спавшего на стульях за дверью.

- Что с ним? - спросила она шепотом, глядя на осунувшиеся, покрытые багровыми пятнами щеки Мити. Фельдшер, подойдя к больному на цыпочках, посмотрел на него и молча махнул рукой, как бы говоря: «Ничего, оставьте его; все идет как следует; я тут останусь и досмотрю». Успокоенная Ефимовна перекрестила Митю и вышла. Близился рассвет. Фролка возвратился из Любанова. Илью Борисовича и барышню Аврору Валерьяновну там ждали на другой день к вечеру. Арина решилась обрадовать этим Митю, когда наступит утро. «Пусть спит, сердечный, во сне полегчает , даст бог! - думала она. - Напьется опять утром чаю, покушает, а там подъедут и из Любанова». Натоптавшись с вечера и ночью в кладовых, в погребе и в амбаре, Ефимовна прикорнула где-то в сенях и уснула. На заре она вошла в дом. В комнатах было тихо. Старуху удивило, что фельдшер, вопреки его словам, находился не в спальне при больном, а в девичьей. В окно брезжил рассвет. Приготовленные к перевязке бинты и корпия лежали здесь нетронутыми. Фельдшер, боком прислонясь к окну, как бы что-то рассматривал в посветлевшем дворе. «Вот странно! - тревожно подумала Арина, заметив, что плечи фельдшера вздрагивали. - Не то он плачет, не то... неужто спозаранку выпил?» Она даже покосилась на шкаф с бутылками настоек и наливок: дверки шкафа были заперты. Няня, в раздумье, направилась в комнату Мити.

- Не ходите! - как-то странно шепнул сзади ее фельдшер. - Или нет, все равно, идите...

Арина с необъяснимым страхом вошла в гостиную. Митя тихо лежал здесь, закинув руку за красивую в светло-русых кудрях голову. Его странно заострившееся миловидное лицо, с чуть видными усиками и пробивающеюся бородкой, точно улыбалось, а полуоткрытые голубые глаза пристально и строго глядели куда-то далеко-далеко, где, очевидно, было столько нездешнего, чуждого людям счастья.

XIII

Комнаты огласились плачем. Митя Усов скончался. В зале, на том же столе, где с вечера гостеприимно пыхтел самовар и пахло калуфером и смолкой, лежал в мундире покойник. Плотники в сарае ладили гроб. Ожидали из Бородина старика священника, который крестил Митю и подарил ему голубей. Покойника уложили в гроб; в головах зажгли свечи. Ефимовна, впереди крестьян, с горьким плачем молилась, простираясь перед гробом. Заходившее солнце косыми лучами светило в окна залы. Русые и черные головы бородатых и безбородых крестьян усердно кланялись в молитве. «Соколик ты мой, не пожил, - думала Арина. - И ружье по твоему заказу наладили, и пистолеты... Вырыли яму тебе в саду, где ты ребенком бегал, тут же, невдали от дома, на холму... далеко с него будет видна твоя могилка...» Нанятый фельдшером до Москвы возница во дворе ладил обратно свою телегу. Фельдшер рассчитывал добраться к ночи до Колоцкого монастыря, чтобы оттуда возвратиться к наступавшей армии. Подъехал священник. Начали служить панихиду. За деревьями, у мельницы, в это время показались какие-то всадники. Мелькали лошади, пики, кивера.

- Батюшки светы, французы! - крикнул кто-то во весь голос у сарая. Поднялась суета. Дали знать в дом. Крестьяне, выбежавшие оттуда на крыльцо, увидели во дворе кучку военных. То были казаки. Впереди их ехал усатый, седой и плотный, с черными бровями, саперный офицер.

- Кто здесь хозяева? - окликнул офицер мужиков. - Доложите господам.

- Старик хозяин, ваша милость, за Волгой, а молодого привезли раненого из армии... утречком кончился здесь! - ответил Клим с поклоном. - Это служим панихиду...

Офицер набожно перекрестился.

- Ишь крестится, - шептали мужики, - не француз, нашей веры.

Офицер слез с коня и с казачьим урядником вошел в дом. По окончании панихиды он отозвал Клима в сторону.

- Ты староста?

- Так точно-с, - ответил, гордо выпрямляясь, Клим.

- Ну, вот тебе, староста, приказание, - негромко объявил офицер. - Скоро, может быть, даже завтра... здесь, в окрестностях, явится вся наша армия... будет большое сражение. Клим побледнел и понурил голову.

- Усадьба ваших господ не на месте, - продолжал офицер, - ее велено снести... Да ты слушай и со образи - велено немедленно... сегодня же... На том вон холме, у Горок, поставятся пушки, будет батарея, может, и большой редут... а дом и усадьба ваших господ - под выстрелами, будут мешать... понял?

- Не на месте! Под выстрелами! - удивленно, топчась ногами, проговорил сильно озадаченный Клим. - Но куда же снести и легкое ли это дело?

- А вот увидишь, - строго проговорил сапер, сдвигая черные кустоватые брови.

- Наши же хибарочки, избы? Всего семь дворов... куда их? Экий разор!

- Ваши внизу, под горой: посмотрим, может, еще и останутся.

- А покойник? - спросил, озираясь, Клим.

- Отпеть, да с богом и хоронить. Только живее! смеркает! - торопливо заключил, не глядя на него, офицер. - Прежде же всего удали баб... этого вою чтоб поменьше... Клим объявил приказ Арине. Убитая горем, растерянная старуха остолбенела.

- Батюшка, ваше благородие, - вскрикнула она, падая в ноги офицеру, - не разоряй! Мне заказан господский дом; может, они, лиходеи, и так еще уйдут... Куда вынести, где спрятать экое господское добро? Сколько накоплено, нажито! Отцы ихние, матери хлопотали...

Офицер, с досадой подергивая усы, отозвал в конец залы священника и фельдшера. Размахивая руками и сердито смотря куда-то в сторону, как бы грозя там кому-то, он переговорил с ними и вышел. Священник велел дьячку опять зажечь свечи и облачился. Началось отпевание. Покойника наскоро вынесли и опустили в могилу. Пока его зарывали, велели запрячь старую господскую бричку, одели обеспамятевшую Арину в шубейку, посадили ее в бричку с Феней и с фельдшером и отправили в Любаново. Близился вечер.

- Там тебе, бабушка, будет спокойнее, - утешал ее фельдшер, - с богом! Я вас туда провожу. Господа сберегут вас, а то село, слышно, в стороне, не под пушками...

- Жгите, голубчики, жгите, коли на то воля господня! - причитывала, уезжая, Арина. - Не один усовский дом погибнет; всем нам гибель и смерть... Бричка и телега спустились в околицу.

- Ну, а теперь ты, староста, и вы, ребята, слушать! - обратился офицер еще строже к Климу и мужикам. - За работу, да живее... выносите, прячьте, куда знаете, добро вашего господина, да и ваше... сроку вам час, много два... а там соломы, огня!

- Родимые, да что же это, - заголосил кто-то из толпы мужиков, - толковали о врагах, а тут свои...

- Бунтовать? - крикнул офицер. - Против воли начальства? А виселица? Ларионов, вяжи его!..

Казаки и саперы рассыпались по двору. Мужики бегали, не помня себя от страха, и выносили разную кладь. Сверкнул огонь. Кто-то с пучком пылающей соломы побежал в сенник. Загорелся скотный двор. Дым укрыл взгорье. Бабы и дети неистово голосили.

Становилось темно. От Любанова лесистым косогором к Новоселовке в это время мчалась на ямских небольшая городская карета. В ней сидели Илья Тропинин и Аврора. Дорогу и ближайшие окрестности еще было видно. Оба путника молчали. Им попадались навстречу одинокие и кучками казаки, осматривавшие окрестность. До Новоселовки оставалось версты три. Еще ее не было видно за густым лесом. Илья, не обращая внимания на казаков, думал о раненом Мите, Аврора спрашивала себя: «Если Митя так опасно ранен, что с Базилем? Он так стремился; уже начались сражения...»

- Что это, будто зарево впереди? - вдруг спросила Аврора. Илья выглянул из кареты.

- Так и есть! Ямщик, - крикнул он в окно, - где это горит? Не в стороне ли Новоселовки?

- Должно, там... захотелось, видно, бабам свежего хлебушка, ну, овин... и не уберечлись.

Лошади пробежали еще несколько минут. Лес кончился. За ним открылась зеленая, пересеченная холмами долина; за долиною синели новые леса и холмы. На одном из пригорков широким пламенем, далеко распростирая зарево, пылало несколько зданий. Крылатая мельница, еще не вполне охваченная пламенем, чернела среди клубов дыма и огненных полос. Над нею в искрах метались и вились тучи голубей. Снизу из долины послышался стук колес; на дороге, между кустов, показался экипаж.

- Ох, ох! соколики! - жалобно причитывал женский голос. - Родимые решилися... конец свету...

То были Ефимовна и Феня с фельдшером. Их остановили, осыпали расспросами. Илья был поражен, едва стоял на ногах. Учившийся под его наблюдением, его любимый крестный брат и друг так нежданно скончался. Слезы катились из его глаз. Он то крестился, то извергал проклятия на французов.

- Вот она, вот... я всегда предрекал, роковая необходимость! - проговорил он, сжимая кулаки. - Цивилизованные варвары, узаконенный разбой!

Аврора усадила Арину с собой, Феню на козлы с кучером, а фельдшера на запятки и еще раз взглянула на пылавшую новоселовскую усадьбу. «Необходимость, - мыслила она, содрогаясь, - уставы, законы войны... Но кому было нужно и чем вознаградят, искупят смерть этого молодого, прекрасного, над кем теперь это зарево? Проклятия злодею, измыслившему эту войну! И неужели на него, как на его предшественника Марата, не найдется новой смелой Немезиды, новой Шарлотты Корде?» Карета помчалась обратно по полю, к которому в наступившую ночь, по обеим сторонам старой Смоленской дороги, уже надвигалась и становилась на позиции вся русская армия. Платя без счета вольным и почтовым ямщикам, Тропинин к обеду следующего дня добрался с Авророй, Ефимовной, Феней и фельдшером до Москвы. Едва войдя к княгине, он объявил, что долее медлить невозможно. Подъезжая к Москве, он и Аврора со стороны Можайска уже слышали за собой раскаты сильной пушечной пальбы. Анна Аркадьевна, выслушав рассказ Мавры, стала было опять под разными предлогами медлить.

- Ну что же, французов разобьют, прогонят! - говорила она.

Илья вышел из себя.

- Это безрассудно! - вскрикнул он. - Умоляю вас, grand'maman[21], немедленно уезжайте, иначе будет поздно, вас прямо захватят в плен, ограбят, напугают, убьют.

- Ах, mon cher[22], - ответила с недовольством княгиня Шелешпанская, - уж и в плен! Меня-то, старуху? Впрочем, хороший мой, зови священника,

---

[21] Бабушка (франц.).

будем служить молебен... Только нельзя же так прямо, без совета с врачом. Пошли за Карпом Иванычем... Все может статься в пути, ну, хоть бы гроза...

- Но какая же, бабушка, гроза осенью, в конце августа? - отозвалась Аврора.

- Не твое дело... бывают случаи и в сентябре... Ты же, Илюша, поезжай к графу Растопчину и спроси его, дозволены ли подобные дела, как с Новоселовкой, хоть бы и на войне? Я напишу к государю; он знал и помнит моего мужа... Кутузов ответит за все.

XIV

Вечером двадцать пятого августа, накануне Бородинского боя, главная квартира князя Кутузова находилась на Михайловской мызе, при деревушке Астафьевых, Татариновой, в четырех верстах от Бородина. Здесь под ночлег старого фельдмаршала был отведен брошенный хозяевами небольшой, в один этаж, но весьма удобный господский дом. Ручей Стопец, впадающий в реку Колочу у Бородина, отделял Татариново и Михайловскую мызу от лесистых высот, на которых командир правого крыла армии Милорадович расположил для предстоящей битвы свои отряды. Отсюда в сумерках влево за ручьем у деревни Горок виднелись на холмах огражденные завалами батареи, а невдали от них белели палатки пехоты, егерей и артиллерии Багговута. Далее, вправо, из-за березового леса поднимались дымки с костров драгунов, гусаров и уланов Уварова, спрятанных в запасе у склонов к соседней Москве-реке. Прямо против Татаринова и Михайловской мызы, в полуверсте за ручьем, на пригорке, среди просеки, виднелись коновязи и слышался говор казачьих полков Платова. Была тихая, несколько сырая и холодная погода. Солнце зашло, но сумерки еще не сгустились.

Перовский, состоявший с его прибытия в армию Барклая в колонновожатых правого крыла этой армии, при отряде генерала Багговута, только что подъехал с бивака второго пехотного корпуса, у Колочи, в деревню Горки, где с двумя другими свитскими офицерами и штабным доктором прохаживался по выгону у небольшой крайней избы. В этой избе была квартира командира правого крыла Милорадовича, который теперь совещался с приглашенными к нему Уваровым и

---

22 Мой дорогой (франц.).

Багговутом. Казаки поодаль держали под уздцы оседланных генеральских и свитских лошадей. Офицеры, прохаживаясь, не спускали глаз с окон и двери избы. Перовский в небольшую зрительную трубку посматривал на голубоватые очертания возвышенностей за Колочей.

- Итак, мы стали наконец, стоим, и, кажется, твердо! - сказал, пожимая плечами худой высокий и пожилой офицер в старом мешковатом мундире. - Конец отступлениям.

- Ну конец ли еще, бог весть, - возразил другой офицер, помоложе.

- Разумеется, - продолжал первый. - Князь, вы слышали, бесповоротно решил завтра принять генеральную баталию...

- Что же? - произнес второй офицер, недавно переведенный в штаб. - Как вы к этому относитесь?

- Исполним веления долга, - ответил первый, сосредоточенно-важно глядя перед собой. - Мне что? Была забота о семье... а теперь жена успокоилась; представьте, пишет из Твери, что какие-то странники напророчили заключение мира ко дню Михаила, к Князевым именинам .

- Так-то так, - проговорил приятным, мягким голосом доктор, полный, румяный и красивый мужчина средних лет, в опрятном мундире и треуголке, - мир миром, когда-нибудь придет, а завтра недосчитаемся многих.

- На то воля божья, - тихо сказал пожилой офицер. - Веет крыло смерти, как говорит Фингал, но не всех оно задевает.

- И что неприятно, - продолжал доктор, - во всем непорядок; загремят сотни пушек, а у нас - не говорю уже о недостатке кирок для батарей, даже лопат, - ополченцы наполовину без работы; в госпиталях ни носилок, ни корпии, ни бинтов...Палатки в дырьях. Каково больным спать на сырой земле и в болотах? А ночью холод. Хочу вот опять все передать генералу.

Пожилой офицер досадливо покачал головой. Он, начитанный, любивший поэзию и скромный, все это отлично знал и терпеливо сносил; но также знал он и то, что неженка и любитель всего прекрасного и приятного, доктор Миртов умудрился в походе не только возить с собой на вьюке небольшую, отлично приспособленную для себя палатку, но при ней даже удобную постель с мягкою периной и теплым, стеганным на вате одеялом.

- Что вы это все смотрите за реку? - спросил пожилой офицер Перовского. - Не двигаются ли французы?

- Нет, там спокойно, - ответил Базиль, - но вправо от Бородина, я помню, была одна усадьба... Три месяца назад я из нее уехал в армию. И странно: внизу, у реки, вон, виден поселок, а выше его, на горе, стоял еще дом, были разные службы и мельница. Теперь смотрю - и их не вижу.

- Вероятно, их снесли, - сказал пожилой офицер, - -эта гора - под выстрелами наших батарей; часть Семеновки сзади нас, слышно, тоже для чего-то сломали. Возьмите мою трубку, - прибавил офицер, снимая с перевязи длинную раздвижную трубку, - моя из Вены, от Корта... все увидите как на ладони.

Перовский навел поданную трубку за реку, отыскивая взгорье, на котором, как он помнил, стояла новоселовская усадьба Усовых. Перед его глазами, в туманной полумгле, мелькали неопределенные очерки оврагов, лесных порослей и холмов. Знакомой усадьбы он не находил. Дверь избы в эту минуту отворилась. На ее пороге показались стройный Уваров и рыжий, в веснушках и бакенбардах, Багговут. Доктор подошел к последнему, рапортуя о недостатке лечебных припасов. Багговут выслушал его и сказал по-французски Уварову:

- Вот, как видите, одна и та же песня, и ничего не поделаешь. Он набросал несколько строк на клочке бумаги, вырванном из записной книжки, свернул этот клочок и усталыми глазами посмотрел на стоявших перед ним колонновожатых.

- Синтянин, - обратился он к пожилому офицеру, - доставьте это графу Бенигсену; если не будет письменного, привезите словесный ответ.

Синтянин взял обратно от Перовского зрительную трубку, бережно вложил ее в замшевый на перевязи чехол, сел на лошадь и, сгорбившись, направился большой дорогой за Стопец. Уваров и Багговут поехали обратно к своим бивакам. Перовский и доктор Миртов сопровождали Багговута. Становилось темно. Узкая дорожка с холма от Горок спускалась в мелкий березняк; далее она опять шла по взгорью и невдали от лагеря упиралась в довольно крутой, безлесный овраг. Всадники шагом миновали березняк и, подъехав к оврагу, увидели за ним огни своих биваков. Перовский думал о тяжкой ране Мити Усова, о их недавних обоюдных мечтах жениться в этом августе и о предстоящем назавтра сражении.

- Скажите, вы боитесь смерти? думаете о ней? - спросил Миртов Перовского, когда они стали выбираться из оврага.

- Бояться не боюсь, - ответил Базиль, - а думаю иногда, особенно, признаться, теперь.

- Еще бы, вы так смело тогда на станции в Можайске приняли вызов на дуэль этого француза. Я же рассуждаю так, - произнес певучим, спокойным голосом доктор, - смерть - это во всяком случае неприятная неожиданность; но если она придет мгновенно, от паралича или, положим, от тяжкой раны в сердце или в голову, как это бывает в сражении, чего тут бояться? Пуля или ядро свистнет - и баста, не опомнишься. Ел, пил, спал, курил и мечтал; нежданная разделка - и конец. Был Миртов - и нет Миртова... Доктор тихо засмеялся.

- Мужайтесь, - продолжал он, - тяжела и противна смерть не от пули или ядра, а от скверной, бессильной старости или когда, положим, подцепит гнилая горячка; дома ли, в походном ли госпитале, тут одно только мучение - бессонница, бред и ужас, ужас ожиданий, особенно нашему брату - врачу, все это отлично понимающему как свои пять пальцев... вот что гадко и тяжело... Всадники приблизились к опушке леса, за которой расстилался лагерь.

- Не место, разумеется, в ожидании боя думать о другом, - сказал Базиль, нагинаясь в темноте от ветвей березы, мимо которой они ехали, - но не могу не заметить: громадное большинство умирает именно, как вы говорите, мучась медленно и с сознанием, от разных болезней, старости, нищеты и других зол.

- Что до меня, - сказал доктор, - странное у меня предчувствие... Представьте, мне почему-то все кажется, что я умру не иначе как еще через двадцать лет, и непременно почему-то в Москве и в Английском клубе... Да, - прибавил он, смеясь, - в клубе, после вкусного обеда. Грешный человек, люблю поесть... Так вот, именно после обеда и от паралича. Трах - и кончено . .. Сверкнут в глазах, знаете, такие вот звездочки, потом приятный туман... что это? а ничего... был Миртов - и нет Миртова... Не хотите ли, кстати, в мою палатку? Разденетесь, протянетесь и выспитесь; у меня походный чайничек и ром, угощу пуншиком. Не мешает перед битвой.

- Нет, благодарю, - ответил Перовский, - надо к генералу; вряд ли скоро отпустит.

- Еще слово. Видели вы давеча майора Синтянина? - спросил доктор. - Угадайте, какая меня преследует мысль?

- Не знаю.

- Вы, разумеется, обратили внимание, какой он задумчивый и скучный. Ну-с, мне, представьте, все кажется, что он завтра опередит всех нас... трах - и нет его, - шутил на расставанье доктор.

Добравшись за полночь до общей штабной палатки, Базиль нашел своего денщика, велел ему пораньше навьючить коня, улегся, не раздеваясь, на клочке сена в своем углу и долго не мог заснуть. Лагерь также еще бодрствовал. Солдаты, осмотрев и почистив с вечера оружие, амуницию и лошадей, молились, укладывали свои узлы или сидели кучками у потухавших костров, изредка перекидываясь словом и поглядывая на небо, скоро ли рассвет. Из-под откинутой части палатки Перовскому виднелся край хмурого, беззвездного неба, а вдали, за рекой, неприятельский лагерь, на несколько верст обозначенный линией непрерывных бивачных огней. Базиль думал об этой роковой холмистой долине, на которой, теперь, в ожидании близкого утра, стояла стотысячная русская армия в двух-трех верстах против такой же стотысячной французской армии. Тысяча орудий готовились с той и с другой стороны осыпать ядрами и картечью эту равнину и этих стоявших друг перед другом людей. Базиль усиливался решить, кто же был виновником всего этого, кто вызвал и привел сюда эти армии? Мучительно напрягая мысли, он наконец забылся крепким, предрассветным сном.

Было шесть часов утра. Гулко грохнула в туманном воздухе, против русского левого крыла, первая французская пушка. На ее звук раздался условный выстрел против правого русского крыла - и разом загремели сотни пушек с обеих сторон. Перовский вскочил, выбежал из палатки и несколько секунд не мог понять развернувшейся перед ним картины. Вдали и вблизи бухали с позиций орудия. Солдаты корпуса Багговута строились, между их рядов куда-то скакали адъютанты. Сев на подведенного коня, Базиль поспешил за ними. Слева, на низменности, у Бородина, трещала ружейная перестрелка. Туда, к мосту, бежала пехотная колонна. Через нее, с нашей небольшой батареи у Горок, стреляли в кого-то по ту сторону Колочи. Багговут, на сером, красивом и рослом коне, стоял, сумрачный и подтянутый, впереди всего корпуса, глядя за реку в зрительную трубку. От Михайловской мызы к Горкам на гнедом горбоносом, невысоком коне несся в облаке пыли, окруженный своей свитой, Кутузов.

Прошла всем известная первая половина грозного Бородинского боя. Издав накануне воззвание к своим «королям, генералам и солдатам», Наполеон с утра до полудня всеми силами обрушился на центр и на левое крыло русских. Он теснил и поражал отряды Барклая и Багратиона. На смену гибнувших русских полков выдвигались новые русские полки. Даву, Ней и Мюрат атаковали Багратионовы флеши и Семеновские высоты. Они переходили из рук в руки. Флеши и Семеновское были взяты. Вице-король повел войска на курганную батарею Раевского. После кровопролитных схваток батарея была взята. На ней, к ужасу русских, взвился французский флаг. Наша линия была прорвана. Кутузов узнал об этом, стоя с Бенигсеном на бугре, в Горках, невдали от той самой избы, где накануне у Милорадовича было совещание. Князь послал к кургану начальника штаба Первой армии генерала Ермолова. Ермолов спас батарею. В то же время Багговуту, к счастью его отряда, было ведено сделать фланговое движение, в подкрепление нашего левого крыла. Багговут повел свои колонны проселочною дорогой, вдоль Хоромовского ручья, между Князьковым и Михайлов-скою мызой. Французские ядра перелетали через головы этого отряда, попадая в лес за Князьковом. Багговут, подозвав Перовского, приказал ему отправиться к этому лесу и вывести из него расположенные там перевязочные пункты - далее к Михайловской мызе и к Татаринову . Перовский поднялся от Хоромовской ложбины и открытым косогором поскакал к лесу. Грохот адской пальбы стоял в его ушах. Несколько раз слыша над собою полет ядер, он ожидал мгновения, когда одно из них настигнет его и убьет наповал. «Был Перовский - и нет Перовского», - мыслил он. Шпоря с нервным трепетом коня, Базиль домчался к опушке леса, где увидел ближний перевязочный пункт. Отдав приказание сниматься, он было направился далее, но на несколько мгновений замедлил. Перед ним были две тропинки, налево и направо, и он искал глазами кого-нибудь, чтобы спросить, как ближе проехать к перевязочному пункту доктора Гиршфельдта. У входа в одну из операционных палаток он узнал стоявшего перед нею, в окровавленном фартуке, Миртова. Усталый и потный, с растрепанными волосами, но, как всегда, веселый и в духе, доктор, очевидно, только что кончил трудную операцию и вышел на мгновение покурить и подышать свежим воздухом.

- Вам к Гиршфельдту? - спросил Миртов, увидя Перовского.

- Да-с, к нему, - ответил, подбирая повод, Базиль, - как туда проехать?

Доктор, продолжая курить, подошел к чьей-то рослой и красивой гнедой лошади, стоявшей в седле невдали от палатки, погладил ее красною от крови рукой и этою же испачканною рукою указал Перовскому направо.

- Счастливого пути! - сказал он. - Что же до нас, будьте спокойны, мигом снимемся и все перейдем... Видите, уже вьючат фуры. А эта, - указал он Базилю на лошадь, - потеряла, голубушка, хозяина; сейчас вынули у него осколок гранаты из спины; вряд ли останется жив. Еще, извините, слово... Федору Богдановичу скажите, чтобы воротил мой запасной инструмент, - оказывается, нужен. А мы с вами, не забудьте, через двадцать лет в московском клубе, если вас не подцепит пуля того вашего француза, Жерамба...

«Удивительное спокойствие! Шутит среди такого ада!» - подумал Перовский, отъезжая под гул и грохот выстрелов, несшихся теперь через отбитую нами курганную батарею. Перевязочный пункт снимался. Солдаты и фельдшера вьючили телеги, двигались фуры с перевязанными ранеными. Вдруг над опушкой что-то зазвенело, гулко и грозно сверля воздух. Перовский невольно вздрогнул и склонился, ухватясь за шею коня. В нескольких десятках шагов, сзади него, раздался страшный треск и взрыв. Послышались крики ужаса. Базиль оглянулся. Густой столб дыма и песку поднимался над мостом, где он за мгновение назад стоял. Операционная палатка Миртова была разметана в клочки. Ее сменила какая-то безобразно-желтая дымившаяся яма. Рослый гнедой конь,

56

стоявший у палатки, был опрокинут и судорожно бился, дергая в воздухе ногами. А под ним громко стонало, придавленное им к земле, что-то жалкое и беспомощное. Несколько обожженных взрывом и осыпанных песком солдат испуганно усиливались приподнять лошадь, чтоб освободить из-под нее придавленного человека. Базиль подъехал ближе и увидел разорванную одежду и белое, торчавшее из-за солдатских сапог колено, из которого фонтаном била кровь. Он бросился на помощь солдатам. Те в это время придерживали верхнюю часть туловища раненого, вытащенного ими из-под лошади. Перовский узнал Миртова.

- Голубчики, голубчики, - путавшимся языком твердил мертвенно-бледный доктор, с ужасом глядя красивыми, потухавшими глазами на окровавленные клочья, бывшие на месте его ног, - бинтов... Егоров... перевязку...

Миртов, не договорив, упал в обморок. Подбежавший фельдшер Егоров, присев к земле, перевязывал ему дрожащими руками вскрытые артерии.

- Кончился? - спросил вполголоса Перовский, нагнувшись к нему.

- Какое, промучится еще, сердечный... а уж где жить! Носилки! - обратился фельдшер к солдатам. Перовский поскакал к другому перевязочному пункту. Была снова атакована батарея Раевского. Наполеон двинул на нее молодую гвардию и резервы. Нападение Уварова на левое крыло французов остановило было эти атаки. Но к французам подходили новые и новые подкрепления. Курганная батарея была опять занята французами. «Смотрите, смотрите, - сказал кто-то возле Перовского, указывая с высоты, где стояли колонны Багговута, - это Наполеон!» Базиль направил туда подзорную трубу и впервые в жизни увидел Наполеона, скакавшего, с огромною свитой, на белом коне, от Семеновского к занятому французами редуту Раевского. Все ждали грозного наступления старой французской гвардии. Наполеон на это не решился.

К шести часам вечера бой стал затихать на всех позициях и кончился. К светлейшему в Горки, где он был во время боя, прискакал, как узнали в войсках, флигель-адъютант Вольцоген с донесением, что неприятель занял все главные пункты нашей позиции и что наши войска в совершенном расстройстве.

- Это неправда, - громко, при всех, возразил ему светлейший, - ход сражения известен мне одному в точности. Неприятель отражен на всех пунктах, и завтра мы его погоним обратно из священной Русской земли.

Стемнело. Кутузов к ночи переехал в дом Михайловской мызы. Окна этого дома были снова ярко освещены. В них виднелись денщики, разносившие чай, и лица адъютантов. В полночь к князю собрались оставшиеся в живых командиры частей, расположившихся невдали от мызы. Здесь был, с двумя-тремя из своих штабных, и генерал Багговут. Взвод кавалергардов охранял двор и усадьбу. Адъютанты и ординарцы фельдмаршала, беседуя с подъезжавшими офицерами, толпились у крыльца. Разложенный на площадке перед домом костер освещал старые липы и березы вокруг двора, ягодный сад, пруд невдали от дома, готовую фельдъегерскую тройку за двором и невысокое крылечко с входившими и сходившими по нем. Стоя с другими у этого крыльца, Перовский видел бледное и хмурое лицо графа Толя, медленно, нервною поступью поднявшегося по крыльцу после вечернего объезда наших линий. Он разглядел и черную, курчавую голову героя дня, Ермолова, который после доклада Толя с досадой крикнул в окно: «Фельдъегеря!» Тройка подъехала. Из сеней, с сумкой через плечо, вышел сгорбленный, пожилой офицер. Базиль обрадовался, увидя его; то был Синтянин.

- Куда, куда? - заговорили офицеры.
- В Петербург, - ответил, крестясь, Синтянин, - с донесением.

Тогда же все узнали, что князь Кутузов, выслушав графа Толя, дал предписание русской армии отступать за Можайск, к Москве. Наутро Перовский получил приказание состоять при Милорадовиче.

XV

Было тридцать первое августа. В этот день, с утра, у княгини Анны Аркадьевны все, наконец, было готово к отъезду в тамбовское поместье Паншино. Во дворе, у флигеля, стояло несколько последних нагруженных подвод, которые было решено, с необходимою прислугой, отослать вперед. На возах - с кадками, птичьими клетками, сундуками, посудой и перинами - сидели в дорожных платках, кофтах и кацавейках, щелкая орехи и посмеиваясь, красавицы Луша, Дуняша, Стеша и семь прочих подручных горничных княгини, прачки, кружевницы и судомойки. Повар и поварчонки посадили туда же и слепого гуслиста Ермила, а сами за недостатком места собирались при подводах идти пешком. В особой открытой линейке вперед выехали главный дворецкий буфетчик, кондитер и парикмахер княгини. К одной из телег, с запасом сена и овса, был привязан верховой конь Авроры Барс, к другой - княгинина любимая холмогорская корова Молодка и бодавший прохожих старый конюшенный козел Васька. Экономка Маремьяша предназначила себе и привезенным из Новоселовки Ефимовне и Фене особую, крытую кожей и запряженную тройкой пего-чалых, бричку. Туда, на предварительно втиснутую и прикрытую ковриком перину, одетый в синюю куртку и алую феску арапчонок Варлашка бережно поставил клетку с попугаем и в корзине с пуховою подушечкой двух комнатных болонок княгини Лимку и Тимку. Сама Маремьяша давно все уладила; но, простясь с княгиней, еще ходила из комнаты в комнату, охая, всех торопя и не решаясь выйти. Наконец и она, в дорожном чепце, с Ефимовной и внучкой последней, держа какие-то узлы и горшочки с жасмином и геранью, показалась на девичьем крыльце. Все стали креститься. Обоз, к которому присоединили еще на особой подводе походную палатку, окончательно двинулся в полдень. Аврора утром того дня съездила в Никитский монастырь, где отслужила панихиду по Мите.

Она была в черном шерстяном платье и в белой косыночке на голове. Войдя с заплаканными глазами в опустелый дом бабки и узнав, что у княгини сидит доктор, она прошла наверх в свою любимую комнату и принялась укладывать последние вещи, еще во множестве разбросанные по стульям, окнам и столам. Что было нужно в дороге, она успела сдать на подводы; остальное заперла в ящики шкафов и комодов, положила ключи на стол и задумалась. «Брать ли ключи с собой? Какая я смешная: не все ли равно? - мыслила она, поглядывая на бумажки и сено, валявшиеся по комнате. - Если неприятелю суждено быть в Москве, все эти шкафы, комоды и столы будут разбиты, и грубые вражеские руки коснутся этих вещей». На окне валялись театральные афиши. Аврора бессознательно взяла их, стала просматривать и бросила на пол. Афиши гласили, что в московском театре несколько дней назад был исполнен анакреонтический балет «Брак Зефира», а чуть не накануне того дня шла драма «Наталья боярская дочь» и после спектакля был «маскарад». Эти же афиши спокойно объявляли открытие абонемента на двести новых спектаклей с наступавшего сентября, «Театр веселости, - с горьким вздохом подумала Аврора, - в такое время! Где совесть, где сердце у этих людей?» Она заметила на небольшом, с бронзовою отделкой столике у изголовья ее кровати забытую ею тетрадь любимых нот в красном сафьянном переплете. Аврора раскрыла ноты и со слезами упала на них головой. «Видишь ли ты меня, мой далекий? - думала она, рыдая. - Где в эти мгновения ты и что с тобой?» Ей вспомнилась поездка с женихом на Поклонную гору, последнее свидание с Базилем, вид пылавшей Новоселовки и пушечная пальба под Можайском. «Чем кончилась грозная битва? - думала она. - Кто победил и кто жив?»

- Барышня, ее сиятельство готовы, ждут вас! - раздался в комнате голос. Аврора оглянулась. У дверей, в смятой, давно не надеванной дорожной ливрее с гербовыми бронзовыми пуговицами и множеством воротников, стоял выбритый, раскрасневшийся и недовольный сборами слуга княгини Влас. Его седые брови были важно подняты.

- Иди, голубчик, я тоже готова, сию минуту! - ответила Аврора, закрывая ноты. Она схватила клочок бумаги, набросала на нем несколько строк и, сложив написанное, подумала: «Отдам дворнику; Базиль, если господь его спас - о, я надеюсь на это! - вступив с отрядом в Москву, поспешит сюда, получит записку от дворника и будет утешен хоть этими строками». На клочке бумаги было написано:

«31 августа 1812 года. - Мы едем, дорогой, сейчас в Паншино. До свидания. О смерти Мити ты, верно, знаешь. Я сегодня молилась о нем и поклялась... Если буду жива, если потребуются жертвы, ты увидишь, русская женщина, русская патриотка сумеет исполнить свой долг. Не забывай любящей тебя Авроры».

Надев соломенную шляпку и мантилью, Аврора спустилась с лестницы, заглянула в молельню бабки, взяла забытый здесь кружевной чепец княгини с зелеными лентами, приготовленный Маремьяшей барыне на дорогу, и медленно, через пальмовую гостиную, так памятную Авроре по первым, робким беседам с Базилем, вышла в залу, в последний раз оглядывая покидаемый дом. В зале, среди всякого сора, стояла сдвинутая с места мебель, и стены были обнажены от зеркал и картин. Куранты столовых часов, не снятых в суете со стены, как и многое другое в доме, в это время, тихо позванивая, играли песню того же друга их дома, Нелединского: «Выйду я на реченьку, погляжу на быструю... Унеси ты мое горе...» Аврора, прислонясь головой к стене, опять не удержалась от слез. На крыльце она увидела московского полицмейстера. Несмотря на хлопоты, он заехал проводить княгиню. Тропинин, решивший остаться в Москве до выезда сената и последних чинов театральной дирекции, свел плачущую Аврору с крыльца и усадил ее в дормез, против сидевшей уже здесь и вконец расстроенной княгини. Аврора передала записку дворнику. Анна Аркадьевна, простясь с полицмейстером и двумя, также провожавшими ее богомолками, никак не могла удобно поместить у своих ног, среди разных связок и укладок, поданную ей Власом ее третью, самую любимую, собачку, крохотного рыженького шпица Тутика, с которым княгиня никогда не расставалась. Тутик был в зеленом шелковом одеяльце и с розовым бантиком на мохнатом затылке.

- Да и надоел же ты мне с твоим неуменьем, старый чурбан! - сердито крикнула своему любимому слуге княгиня Шелешпанская. - Мечешься, суетишься как угорелый, а все без толку.

- А если бы вы, ваше сиятельство, знали, как вы-то мне надоели! - не стерпев и мрачно захлопывая дверцы, ответил Влас.

- Как видишь! - с горечью, по-французски, произнесла княгиня, укоризненно указывая на грубияна Авроре, точно та была виной его дерзкой выходки. - Вот ныне судьба князей Шелешпанских! Они меня в гроб уложат... Где мои капли?..

60

- Пошел! - крикнул кучеру Влас, важно усевшись на козлы и с суровым упреком поглядывая на алебастровых львов, украшавших высокие ворота княгинина дома.

Свежий осенний ветер весело играл ливрейными воротниками на плотной и красной от досады шее Власа.

- Уехали, ангелы, - обратилась к дворнику Карпу, стоявшему у ворот, одна из богомолок, кланяясь вслед уезжавшей княгине и пряча полученную от нее подачку, - а нам, бедным, одна царица небесная в защиту. Гонит лютый враг... Воздушным плетнем обнесемся, небом в пустыне прикроемся.

Бледнолицый, с пегим лицом Карп, мрачно взглянув на спины уходивших богомолок, злобным размахом запер ворота. Зеленая крыша дома княгини с бельведером поверх ее и со львами на воротах скрылась за соседними опустелыми домами. Тяжелый венский дормез, с форейтором, шестериком вороных, медленно выехал, погромыхивая, из Бронной на Тверской, также опустевший бульвар, к Кремлю и далее - в Рогожскую заставу. Тропинин, с утра в вицмундире под плащом и в форменной треуголке, проводил путниц на наемных дрожках до заставы. Улицы за Яузой были переполнены отъезжавшими и уходившими. Город, узнав в тот день потрясающие подробности о Бородинской битве, окончательно опустел.

XVI

Настало второе сентября. В Москву днем и ночью подходили подводы, наполненные тысячами раненых. «Кровавое Бородино» вдвигалось в московские улицы со Смоленской дороги, в то время как по Владимирской, Рязанской и Тульской уезжали, тесня друг друга, разновидные кареты, коляски, брички и телеги с последними убегающими москвичами. Разнеслась весть, что русская армия, после Бородинского боя, отступает к древней столице. Все ждали новой и окончательной битвы у ворот Москвы. Близ Воробьевых гор Перовскому и другим колонновожатым велели произвести съемку местности, и здесь действительно начали было даже возводить земляные укрепления для редутов. Но после совета, происходившего накануне в подмосковной деревушке Филях, Кутузов решил, для спасения России, сдать Москву без боя. Русские войска, направляясь со Смоленской дорога на Рязанскую, стали проходить через Москву. Неприятельская армия следом за ними приближалась к Дорогомиловской заставе. Под городом слышалась перестрелка передовой французской цепи с казаками и уланами русского арьергарда. Лихой и храбрый начальник этого арьергарда, «крылатый», как его звали, Милорадович, с целью облегчить отступление русским отрядам и дать выйти из города последним жителям и обозам, объявил столь же лихому и отважному вождю французского авангарда, итальянскому королю Мюрату, что, если французы на время не приостановятся, их встретит бой на штыках и ножах в каждой улице и в каждом доме Москвы. Мюрат заключил с Милорадовичем словесное, до ночи, перемирие. Перестрелка на время прекратилась. Французские полки, в виду уже развернувшейся перед ними Москвы, замедлили наступление. Вышедший благополучно из Бородинского боя Перовский сумрачно ехал верхом сзади Милорадовича с другим офицером, черноволосым и с ямочками на румяных щеках Квашниным. Он сгорал нетерпением скорее достичь города и узнать, где его невеста и что сталось с Митей Усовым, отправленным с боя под Осмой в Москву. В ожидании радостного свидания с Авророй, - почем знать, может быть, она еще в Москве? - Базиль, при помощи денщика, успел на последнем ночлеге в Филях достать из вьюка и надеть уцелевшее чистое белье, тонкую рубашку с кружевными манжетами и белый пикейный камзол, умылся и даже побрился. Его донской серый конь был также в порядке и не заморен. Но какое-то необъяснимое, гнетущее чувство волновало и раздражало Базиля. Ему показалось, что его денщик, въехавший в Москву ранее с его вьюками, был под хмельком, и он соображал, не обронил бы он вьюка с походною шкатулкой, где хранились дорогие ему сувениры. Квашнин, товарищ по учению и ровесник Мити Усова, был в лучшем настроении духа. Добрый, привлекательного нрава товарищ и словоохотливый собеседник, Квашнин, так же, как и Перовский, был накануне с Милорадовичем в Филях, где происходил важный военный совет и где у квартиры светлейшего он удостоился не только видеть всех главных генералов армии и штаба главнокомандующего, но и наслышаться любопытнейших, военных и политических, суждений и вестей, которые впоследствии стали достоянием истории.

- Битва гигантов! Так, а не иначе отныне будут называть Бородино! - сказал Квашнин, краснея от собственного выспреннего выражения и поглаживая короткими пухлыми пальцами усталого и взмыленного своего коня. - А я, Василий Алексеевич, прибавлю, битва шести Михаилов...

- Это почему? - спросил рассеянно Перовский, вглядываясь сквозь шеренги драгун в очертания недалекой Поклонной горы и стараясь угадать то поле, где он, так еще недавно, скакал на прогулке с Авророй, ее сестрой и Митей Усовым.

- А как же-с! Неужели не знаете? - воскликнул Квашнин в нервном возбуждении, радуясь, что мог объявить все, что он слышал, такому дельному и понимающему товарищу: - Михаил Кутузов, Михаил Барклай, наш Милорадович, Воронцов и Бороздин... Ней у французов - тоже Михаил.

- Да, это стоит апокалипсического Аполлиона! - сухо ответил Базиль.

- А слышали вы, Василий Алексеевич, - спросил Квашнин, сторона лошадь от обломившейся фуры, которую усталые и потные солдаты, копошась, ладили на пути, - знаете ли, сколько выбыло у нас из строя под Бородином?

- Было море крови, одно скажу! - вспоминая картины Бородина, со вздохом ответил Базиль. - Мы с вами зато уцелели, даже и не ранены...

- Ну что же, наш черед еще впереди... Да нет, вы послушайте, это что-то, клянусь, сказочное и небывалое! - продолжал оживленно Квашнин. - Адъютант Ермолова Тюнтин передавал... очевидно, подсчитали в главном штабе... Бой длился всего десять часов, и в это время, представьте, - продолжал, оставив повод, Квашнин, - у нас выбыло из рядов, убитыми и ранеными, до пятидесяти тысяч человек; у французов, говорят, столько же - а на сто тысяч всех выбывших из строя кладут до сорока тысяч убитых... Ведь это ужас! И уж не знаю, верно ли, но уверяют, что у нас и у них при этом убито и ранено более пятидесяти генералов, выпущено приблизительно до шестидесяти тысяч пушечных снарядов, а ружейных что-то более полутора миллиарда. Это - как вы думаете? - по расчету, выходит на каждую минуту боя более двух тысяч выстрелов, причем на каждые тридцать выстрелов один смертельный... А, каково? Не ужас ли? Где и в какие времена столько проливали крови и убивали?

Базиль с содроганием слушал эти вычисления. Ему вспомнилось, как он до войны боготворил Наполеона и как, из подражания этому, по его тогдашнему мнению, мечтательно-нежному гению, он, Базиль, достал уезжая из Москвы, у Кольчугина костровский перевод Оссиана и, в виде отдыха, на первых походных биваках читал поэмы последнего. Перовскому вспомнилось и его прощание с Митей Усовым, когда тот , уже сидя в кибитке, сквозь слезы глядел на родную усадьбу и, уезжая и издали крестя его и няню Арину, повторял: «Так до осени... смотри же, оба женимся и заживем!» Квашнин говорил еще что-то.

- Не забудьте, впрочем, в утешение, мой дорогой, одного, - резко обратился к нему, как бы оправдываясь от каких-либо нападений, Базиль, - мы потеряли, но зато чуть не вдвое потеряли и наши враги! Недаром Наполеон, как передавал вчера в штабе один пленный, так злился после данного ему отпора, что мы не вступили ему ни пяди, грозно провели ночь на месте сражения и скрылись от него, хоть не нападая, но и не прося пощады. Он сказал Нею: «La fortune est une tranche courtisane...»[23] Да, посмотрим еще, к кому повернет свое личико эта ласкавшая его доныне распутница фортуна... Квашнин смолк, стараясь дословно запомнить услышанное изречение Наполеона, чтобы сообщить его, при первом свидании, матери, которая, как он знал из ее писем, уже благополучно выехала из Москвы в Ярославль.

- В штабе радуются, уверяют, - продолжал раздражительно Базиль, - что французы, заняв уступленную им без боя Москву, примут первые, предложенные им условия мира. Утверждают, что они отпразднуют этот мир шумно и торжественно и, удовлетворив свою спесь, без замедления уйдут в Польшу... Этого, надо думать, не случится; мы не можем, не должны заключать постыдного мира! - договорил, подбирая поводья и догоняя Милорадовича, Базиль. - Москва - конец Наполеону, могила его счастья и славы. Я этому верю, об этом молюсь... Иначе не может и быть!

Улицы, по которым стал двигаться русский арьергард, были загромождены последними уходившими обозами и экипажами. «Идут, идут! Французы на Воробьевых горах!» - кричали метавшиеся между подводами пешеходы. Из опустелых переулков доносились дикие крики пьяной черни, разбивавшей брошенные лавки с красными и бакалейными товарами и кабаки. Испуганные, не успевшие уйти, горожане прятались в подвалы и погреба либо, выходя из ворот с иконами в руках, кланялись, спрашивая встречных, наши ли победили, или мы отступаем. Целые ряды домов по бульварам и вдоль болотистой речки Неглинной, у Кремля, стояли мрачно-безмолвные, с заколоченными ставнями и дверьми. Милорадович, достигнув Устинского моста через Яузу, стал пропускать мимо себя свои колонны. К нему подскакал с донесением казачий офицер.

- Поручик Перовский и прапорщик Квашнин! - крикнул Милорадович. Оба офицера подъехали к нему.

- Вы - москвичи; знаете местность? - спросил он.

- Знаем.

- Скачите... вы, Перовский, к Лефортовской, а вы, Квашний, к Бутырской заставам... Торопите запоздалых... Сбился генерал Сикорский, отстали казаки... Перемирие вряд ли продлится... Неприятель обходит нас вперерез из Сокольников, на Лефортово. Если что нужно, дайте знать... Привал за Рогожскою заставой.

---

[23] «Судьба - отъявленная куртизанка...» (франц.).

XVII

Офицеры, с вестовыми казаками, помчались за мост. Некоторое время, Солянкою, они ехали вместе. Квашнин, на своем приморенном рыжем, не отставал. «Не судьба, - думал Базиль, - если бы в Бутырки послали меня, а не его, я успел бы оттуда, по пути, завернуть с Тверской к Патриаршим прудам... Что, если, как извещала Аврора, княгиня и в самом деле доныне осталась в Москве? Мало ли что могло случиться - болезнь, особенно эти странные, торжественные уверения Растопчина... Подскакал бы к воротам, может быть, увидел бы ее в окне или на балконе, хоть крикнул бы пару слов, чтобы спасались. Теперь же... в другой конец города. Разве поменяться?»

- Итак, товарищ, до свиданья! - сказал Квашнин, сдерживая коня, - мне - налево, вам - направо, Покровкою и, далее, Гороховым полем... А мне-то все эти места знакомые... Там невдали, куда едете, мой дядя; у него завод в Немецкой слободе...

- Извините, - произнес в сильном волнении Перовский, - минуты дороги... одно слово... У меня в Москве невеста - в Бронной, у Патриарших прудов... Вам, хоть обратно, будет по пути - с Дмитровки или с Тверской... Там недалеко... дом с бельведером, зеленою крышей и львами на воротах.

- Приказывайте, - произнес, вспыхнув и поглядывая на своего вестового, Квашнин - чей дом?

Перовский назвал фамилию княгини.

- Боле ничего, - сказал он, помолчав, - прошу об одном только - предупредите; если же хозяйки уже выехали, там дворник Карп или кто-нибудь, - узнайте, куда и все ли благополучно?.. У вас, кажется, вы говорили, матушка была тоже в Москве; не по пути ли мне? был бы счастлив...

- Помилуйте, - восторженно воскликнул Квашнин, пожимая с седла влажною, мягкою рукой руку Базиля, - да я готов, ваш слуга... Матушка ж моя жила на Пятницкой у Климента - знаете, папы римского? - на углу Климентовского переулка, дом с красною крышей и вверху хоть не бельведер, как у княгини, но тоже антресоли... Она уже оставила Москву, а не будь этого, мы с вами сегодня же там пили бы чай и наливку. А какая наливка! Уже была бы рада моя старушка... До свидания!

- Счастливого пути! Если ранее меня доберетесь до обоза, найдите моего денщика, - не растерял бы он моих вещей.

Квашнину удалось, исполнив у Бутырской заставы приказание Милорадовича, завернуть в Бронную, к Патриаршим прудам. Он отыскал дом княгини, узнал, что все благополучно, за два дня перед тем уехали, и,

65

узнав от дворника о записке Авроры на имя Перовского, в волнении от невероятной, радостной находки, взял эту записку с собой для передачи ее Перовскому. Сев на отдохнувшего коня, он весело поскакал к Рогожской заставе, но на Тверской наткнулся на входивших уже в город французов и попал в плен, из которого, впрочем, в наступившую ночь счастливо бежал. Найдя в обозе денщика Перовского, он узнал, что вещи последнего были целы, но о судьбе самого Перовского никто ничего не знал.

Расставшись с Квашниным, Базиль приказал вестовому не отставать и поскакал Покровкою к Басманной. У Иоанна Предтечи его задержал двигавшийся с Басманной казачий полк. Передав командиру полка приказание Милорадовича, Базиль никак не мог проехать в Гороховскую улицу. Оттуда шла пехота. Теснимый рядами молча и сумрачно двигавшихся солдат, он было своротил сквозь их шеренги в узкий и кривой переулок, но запутался здесь в неогороженных пустырях между огородами и попал к какой-то роще у речки Чечеры. Издали была видна знакомая ему колокольня Никиты Мученика. Перовский сообразил, что через Чечеру и далее через Яузу он мог в Лефортово удобно попасть только по Басманной, и направился туда. На Басманной встретился какой-то отсталый обоз, завязавший ссору с егерями Демидова, которые на дюжине фур везли мебель и уводили лошадей, борзых и гончих собак своего хозяина. К Лефортовскому мосту через Яузу Перовский добрался уже в пятом часу. Здесь оказалась новая преграда. Через мост, навстречу Базилю, тесня и сбивая друг друга, непрерывно двигались ряды отставшей русской колонны. То были опять казаки и драгуны.

- Вы откуда? - окликнул Базиль солдат.

- От Сокольников...

- Кто ваш дивизионный?

- Генерал-майор Сикорский.

- Где он? Солдаты указали за мост, на видневшийся невдали лес.

- Живее, ребята, поздно! - крикнул Базиль. - Сбор за Рогожскою заставой; поспешайте!

- Рады стараться, - отозвались голоса. Тысячи стоптанных сапогов гулко и бодро стучали по мостовым доскам. Мост опустел. Перовский с вестовым проехал за Яузу. Лес, который он видел с того берега, оказался далее, чем он того ожидал. Изрытая, болотистая дорога шла непрерывными огородами; потом потянулось поле. Начало смеркаться. Удивленный, что так скоро наступил вечер, Базиль, отирая пот, пришпорил лошадь к лесу, проехал еще с версту и вправо, между деревьями и каким-то прудом или озером, увидел в колоннах большой военный отряд. В сумерках он разглядел, что тут, кроме русских, были и неприятели. Он замялся. Подъехав еще ближе, Перовский увидел генерала Сикорского и, к своему удивлению, рядом с ним начальника французских аванпостов. То был, как он потом узнал, генерал Себастьяни. Базиль велел вестовому подождать себя у леса, а сам, взяв под козырек, направился к Сикорскому и передал ему приказ Милорадовича.

- Да что, батюшка, - с неудовольствием крикнул кругленький и живой, с быстрыми движениями и точно испуганными, раскрасневшимися глазами Сикорский, - мы, видит бог, не медлили, вовремя узнали о перемирии и шли, как все. Было сказано: через Яузу - на Яузе же не один мост, а эти господа (он указал на сердито молчавшего Себастьяни) отрезали нашу крайнюю бригаду и вздумали ее не пропускать. Теперь вот с ним кое-как, впрочем, объяснились: несговорчивый, собака, насилу его уломал. Так передайте его превосходительству, сами видите, безостановочно идем вслед за ним...

Раздалась французская команда. Задержанные неприятельским авангардом, донской казачий и драгунский полки прошли в интервалы между развернутым по полю французским отрядом. Перовский дождался их прохода и поспешил к лесной опушке, у которой он оставил вестового; но последнего там уже не было. Базиль возвратился на дорогу и стал кликать казака; никто не отзывался. В темноте только слышался топот подходившей к мосту русской бригады. Базиль поскакал туда. Но французы, между мостом и лесом, уже протянули свою сторожевую ночную цепь.

- Qui vive?[24] - раздался оклик часового.

- Парламентер, - отвечал Перовский. Часовой не пропустил его. Подъехал офицер, расставлявший пикеты, и пригласил Базиля к генералу. Себастьяни, видевший, как Перовский, за несколько минут, говорил с своим дивизионным, велел было пропустить его через цепь. Но едва Перовский отъехал за пикет, он послал вестового возвратить его.

- Здесь невдали неаполитанский король, - сказал он, - вы говорите по-французски, образованны - королю будет приятно с вами поговорить... Ваш кордон за мостом, вблизи... еще успеете... Прошу вас на минуту повременить...

Перовский нехотя последовал за Себастьяни, окруженным адъютантами. Они ехали шагом. Лес кончился, потянулось поле. Вдали виднелись огоньки. Переехав через канаву, все приблизились к обширной избе, стоявшей за лесом, среди огородов. У двери толпились офицеры. Солдаты, с горевшими факелами в руках, встретили подъехавшего генерала.

---

[24] Кто идет?

XVIII

Себастьяни спустился с седла, велел принять лошадь Перовского и предложил ему подождать, пока он снесется с Мюратом. Базиль вошел в пустую и едва освещенную с надворья избу. За окнами слышался говор, шум. Подъезжали и отъезжали верховые. Какой-то высокий, с конским хвостом на каске, француз сунулся было в избу, торопливо ища на ее полках и в шкафу, очевидно, чего-либо съестного, и с ругательством удалился. Через полчаса в избу вошел Себастьяни.

- Неаполитанский король занят, - сказал он, - ранее утра он не может вас принять. Переночуйте здесь...

- Не могу, - ответил, теряя терпение, Базиль, - меня ждут; я сюда привез приказания высшего начальства и обязан немедленно возвратиться с отчетом... Не задерживайте меня...

- Понимаю вас... Только ночью, в такой темноте и при неясности нашего обоюдного положения, вряд ли вы безопасно попадете к своим.

- Но разве я - пленный? - спросил, побарая досаду, Базиль, - Вы, генерал, лучше других можете решить; вы видели, что я был прислан к начальнику прошедшей здесь бригады.

- Полноте, молодой человек, успокойтесь! - улыбнулся Себастьяни, садясь на скамью за стол, - даю вам честное слово старого служаки, что рано утром вы увидите короля Мюрата и вслед за тем вас бережно проведут на ваши аванпосты. А теперь закусим и отдохнем; мы все, не правда ли, наморились, надо в том сознаться...

Вошедший адъютант внес и развязал покрытый пылью кожаный чехол со съестным и флягою вина. Не евшему с утра Перовскому предложили белого хлеба, ломоть сыру и стакан сотерна.

- Москва пуста, Москва оставлена жителями, - произнес, закусывая, Себастьяни, - знаете ли вы это?

- Иначе и быть не могло, - отвечал Базиль.

- Но наш император завтра входит в ваш Кремль, поселяется во дворце царей... Этого вы не ждали?

- Наша армия не разбита, цела...

- О, если бы ваш государь протянул нам руку! Он и Наполеон стали бы владетелями мира. Мы доказали бы коварной Англии, пошли бы на Индию... Впрочем, пора спать, - прибавил Себастьяни, видя, что Базиль не дотрагивается до еды и ему не отвечает. Перовского провели через сени в другую комнату, уже наполненную лежавшими вповалку штабными и ординарцами. Он разостлал свою шинель и, подсунув под голову шляпу, не снимая шпаги, лег в углу. При свете факелов, еще горевших на дворе, он увидел в избе, у окна, молодого французского офицера замечательной красоты. Черноволосый и бледный, с подвязанною рукою и с головой, обмотанною окровавленным платком, этот офицер сидел, согнувшись, на скамье и разговаривал с кем-то в разбитое окно. Он не заметил, как в потемках вошел и лег Базиль.

- Мне, представьте, однажды удалось видеть его в красной с золотом бархатной тоге консула! - говорил по-французски, но с иностранным акцентом голос за окном. - Как он был хорош! Здесь он, разумеется, явится в небывалом ореоле, в одеянии древних царей.

- Но увидим ли мы свою родину? - возразил тихим, упавшим голосом раненый офицер. - Отец мне пишет из Макона - налоги страшно растут, все давят; у сестры отняли последнюю корову, а у сестры шестеро детей...

- Великий человек, - продолжал голос за окном, - сказал недаром, что эта дикая страна увлечена роком. Вспомните мое слово, он здесь освободит рабов, возродит Польшу, устроит герцогства Смоленское, Виленское, Петербургское... Будут новые герцоги, вице-короли... Он раздаст здешние уделы генералам, а Польшу - своему брату Жерому.

- Ох, но вы - не генерал; ваши земляки храбры, не спорю, но армия Кутузова еще цела, а фортуна слепа, - ответил раненый, припадая от боли плечом к окну.

- Вы намекаете на случайности, - произнес голос за окном, - а забыли изречение нового Цезаря: «Le boulet, que me tuera, n'est pas encore fondu»[25]. Великий человек должен жить и будет жить долго, воюя по-рыцарски, за угнетенных... Ведь Рига уже взята, Макдональд, по слухам, в Петербурге... Не верите? Если же и этого будет мало, уже выпущено на миллионы фальшивых ассигнаций, найдут и выдвинут нового самозванца... народ и без того толкует, что жив и покойный царь Павел...

Раненый более не отвечал. В комнате стихло. Факелы за окном погасли. «Неужели все это правда? - думал в темноте Базиль. - Неужели просвещенный народ и этот гений, этот недавний мой кумир, пойдут на такие меры? Быть не может! Это выдумка, бред раздраженных бородинскою неудачею мечтателей и хвастунов». Перовский долго не мог заснуть. Ему пришла было в голову мысль - незаметно, впотьмах, выйти из избы, достигнуть леса и бежать; он даже встал и начал пробираться через спавших в избе, но, расслышав вблизи оклики часовых, снова лег на шинель и крепко заснул. Загремел зоревой барабан. Все проснулись. Начинался рассвет тихого и теплого, чисто летнего дня. Себастьяни сдержал слово и с своим адъютантом послал Перовского к Мюрату.

Итальянский король провел ночь уже в Москве. Перовский и его

---

[25] «Бомба, которая меня убьет, еще не отлита»

проводник верхом направились в Замоскворечье, где, как им сказали, была квартира Мюрата. На Пятницкой, у церкви Климента, Базиль стал искать глазами и узнал дом, с зелеными ставнями и с вышкой, матери Квашнина. Возле этого дома толпились оборванные французские солдаты, таща из ворот мебель и разный хлам. В раскрытые окна виднелись потные и красные, в касках и расстегнутых мундирах, другие солдаты, расхаживавшие по комнатам и горланившие из окон тем, кто стоял на улице. «Неужели грабеж?.. Бедный Квашнин!» - подумал с изумлением Базиль, видя, как приземистый и малосильный, с кривыми ногами и орлиным носом, французский пехотинец, отмахиваясь от товарищей, с налитым кровью лицом тащил увесистый узел женского платья и белья, приговаривая: «Это для моей красавицы, это в Париж!»[26] Проехав далее, проводник Базиля узнал от встречного офицера, что штаб-квартира Мюрата не в Замоскворечье, а у Новых рядов, на Вшивой горке. Перовский и адъютант повернули назад и скоро подъехали к обширному двору золотопромышленника и заводчика Баташова. У въезда в ворота стояли конные часовые; в глубине двора, у парадного подъезда, был расположен почетный караул. На крыше двухъярусного дома развевался королевский, красный с зеленым, штандарт. В саду виднелись разбитые палатки, ружья в козлах и у кольев нерасседланные лошади, бродившие по траве и еще не уничтоженным цветникам. На площадке крыльца толпились генералы, чиновники и ординарцы. Все чего-то как бы ждали. У нижней ступени, в замаранном синем фраке, в белом жабо и со шляпой в руках, стоял, кланяясь и чуть не плача, седой толстяк.

- Что он там городит?[27] - крикнул с досадой, не понимая его, дежурный генерал, к которому толстяк, размахивая руками, обращался с какою-то просьбой.

- Вот русский офицер, - поспешил указать генералу на Перовского подъехавший адъютант Себастьяни, - он прислан сюда к его величеству.

- А, тем лучше! - обратился генерал к Перовскому. - Не откажите объяснить, о чем просит этот старик.

Проситель оказался главным баташовским приказчиком и дворецким.

- Что вам угодно? - спросил его Базиль, не слезая с коня. - Говорите, я им переведу.

- Батюшка ты наш, кормилец православный! - вскрикнул, крестясь, обрадованный толстяк. - Вы тоже, значит, пленный, как и мы?

- Нет, не пленный, - покраснев, резко ответил Базиль. - Видите, я при шпаге, следовательно, на свободе... В чем дело?

---

[26] «C'est a ta belle, c'est pour Paris!»
[27] Q'est-ce qu'il chant, voyons?

- Да что, сударь, я - здешний дворецкий, Максим Соков... Налетели эти, нечистый их возьми, точно звери; тридцать одних генералов, с ихним этим королем, и у нас стали с вечера, - произнес дворецкий, утирая жирное лицо. - Видим - сила, ничего не поделаешь! Ну, приготовили мы им сытный ужин; все как есть пекарни и калачни обегали - белого хлеба нет, один черный, самому королю всего чвёртку белой сайки добыли у ребят. И озлились они на черный хлеб, и пошло... Всяк генерал, какой ни на есть, требует себе мягкой постели и особую опочивальню. А где их взять?

Максим с суровым упреком поглядел на французов.

- Король изволил откушать в гостиной и лег в господской спальне, - продолжал он, - прочих мы уложили в столовой, в зале и в угольной. И того мало: не хотят диванов и кушеток, подавай им барские перины и подушки, а наших холопских не хотят, швыряют... Всю ночь напролет горели свечи в люстрах и в кенкетах... нас же, сударь, верите ли, как кошек за хвост тягали туда и сюда... Убыток и разор! А нынче утром, доложу вашей чести, как этот генералитет и вся чиновная орава проснулись разом, - в доме, в музыкантском флигеле, в оранжереях и в людской, - один требует чаю, другой кричит, - закуски, водки, бургонского, шампанского... Так сбили с ног, хоть в воду! Базиль перевел жалобы дворецкого.

- Oui, du champagne![28] - весело улыбнувшись, подтвердил один из штабных. - Но что же ему нужно?

- Баб тоже, ваше благородие, сильно обижали на кухне и в саду, - продолжал, еще более укоризненно поглядывая на французов, дворецкий. - те подняли крик. Сегодня же, смею доложить, - и вы им, сударь, это беспременно переведите, - их солдаты отняли у стряпух не токмо готовый, но даже недопеченный хлеб... Где это видано? А какой-то их офицер, фертик такой, чумазенький - о, я его узнаю! - пришел это с их конюхами, прямо отбил замок у каретника, запряг в господскую венскую коляску наших же серых рысаков и поехал в ней, не спросясь... Еще и вовсе, пожалуй, стянет... Им, озорникам, что?.. У иного всего добра - штопаный мундирчик да рваные панталошки, а с меня барин спросит... скажет: «Так-то ты, Соков, глядел?..»

Перовский перевел и эти жалобы.

---

[28] (Именно, шампанского!)

XIX

Слушатели хохотали, но вдруг засуетились и стихли. Все бросились к верхним ступеням. На площадке крыльца показался стройный, высокого роста, с римским носом, приветливым лицом и веселыми, оживленными глазами еще моложавый генерал. Темно-русые волосы его на лбу были коротко острижены, а с боков, из-под расшитой золотом треуголки, падали на его плечи длинными, волнистыми локонами. Он был в зеленой шелковой короткой тунике, коричневого цвета рейтузах, синих чулках и в желтых польских полусапожках со шпорами... На его груди была толстая цепь из золотых одноглавых орлов, из-под которой виднелась красная орденская лента; в ушах - дамские сережки, у пояса - кривая турецкая сабля, на шляпе - алый, с зеленым, плюмаж; сквозь расстегнутый воротник небрежно свешивались концы шейного кружевного платка. То был неаполитанский король Мюрат. Дежурный генерал доложил ему о прибывшем русском офицере. Приветливые, добрые глаза устремились на Перовского.

- Что скажете, капитан? - спросил король, с вежливо приподнятою шляпой молодцевато проходя к подведенному вороному коню под вышитым чепраком.

- Меня прислал генерал Себастьяни. Вашему величеству было угодно видеть меня.

- А, да!.. Но простите, мой милый, - произнес Мюрат, натянув перчатки и ловко занося в стреми ногу, - видите, какая пора. Еду на смотр; возвращусь, тогда выслушаю вас с охотой... Позаботьтесь о нем и о коне, - милостиво кивнув Базилю, обратился король к дежурному генералу. Сопровождаемый нарядною толпою конной свиты, Мюрат с театральной щеголеватостью коротким галопом выехал за ворота. Дежурный генерал передал Перовского и его лошадь ординарцам. Те провели Базиля в угловую комнату музыкантского флигеля, окнами в сад. Долго сюда никто не являлся. Пройдя по комнате, Базиль отворил дверь в коридор - у выхода в сени виднелся часовой; он раскрыл окно и выглянул в сад - невдали, под липами, у полковой фуры, прохаживался, в кивере и с ружьем, другой часовой. В коридоре послышались наконец шаги. Торопливо вошел тот же дворецкий Максим. Слуга внес за ним на подносе закуску.

- Ах, дьяволы, прожоры! - сказал дворецкий, оглядываясь и бережно вынимая из фрачного кармана плетеную кубышку. - Я, одначе, кое-что припрятал... Откушайте, сударь, во здравие... настоящий ямайский ром. Перовский выпил и плотно закусил.

- Петя, - обратился дворецкий к слуге, - там, в подвале, ветчина и гусиные полотки; вот ключ, не добрались еще объедалы, будь им пусто... да свежее масло тоже там, в крыночке, у двери... тащи тихонько сюда... Слуга вышел. Максим, утираясь, сел бочком на стул.

- Будет им, извергам, светло жить и еще светлее уходить! - сказал он, помолчав.

- Как так? - спросил Базиль.

- Не знаете, сударь? Гляньте в окно... Москва горит.

- Где, где?

- Полохнуло сперва, должно, на Покровке; а когда я шел к вам, занялось и в Замоскворечье. Все они высыпали из дома за ворота; смотрят, по-ихнему галдят. Базиль подошел к окну. Деревья заслоняли вид на берег реки, но над их вершинами, к стороне Донского монастыря, поднимался зловещий столб густого, черного дыма.

- Много навредили, изверги, много, слышно, загубили неповинных душ, - сказал дворецкий, - будет им за то здесь последний, страшный суд.

- Что же, полагаешь, жгут наши?

- А то, батюшка, как же? - удивленно взглянул на него Максим. - Не спасли своего добра - лучше пропадай все! Вот хоть бы и я: век хранил господское добро, а за их грабительство, кажись, вот так взял бы пук соломы, да и спалил их тут, сонных, со всеми их потрохами и с их злодеем Бонапартом!

«Вот он, русский-то народ! - подумал Базиль. - Они вернее и проще нас поняли просвещенных наших завоевателей». Вбежал слуга.

- Дяденька, сундуки отбивают! - сказал он. - Я уж и не осмелился в подвал.

- Кто отбивает, где? - вскрикнул, вскакивая, Максим.

- В вашу опочивальню вошли солдаты. Забирают платье, посуду, образа... Вашу лисью шубу вынули, тетенькин новый шерстяной капот...

- Ну, будут же нас помнить! - проговорил дворецкий. Он, переваливаясь, без памяти бросился в коридор и более не возвращался. Из подвального яруса дома послышались неистовые крики. Во двор из ворот сада, с фельдфебелем, быстро прошла кучка солдат. Грабеж, очевидно, на время прекратили. Настала тишина. Прошло еще более часа. Мучимый сомнениями и тревогой за свою участь, Базиль то лежал на кушетке, то ходил, стараясь угадать, почему именно его задержали. Ему в голову опять пришла мысль о побеге. Но как и куда бежать? Загремели шпоры. Послышались шаги. Явился штабный чиновник. Он объявил, что неаполитанский король, задержанный в Кремле императором Наполеоном, возвратился и теперь обедает, а после стола просит его к себе. Перовского ввели в приемную верхней половины дома. Здесь он опять долго дожидался, слыша звон посуды в столовой, хлопанье пробок шампанского и смешанные шумные голоса обедающих. В кабинет короля он попал уже при свечах. Мюрат, с пасмурным лицом, сидел у стола, дописывая какую-то бумагу.

- Какой день, капитан! - произнес он. - Я пас долго оставлял без обещанной аудиенции. Столько неожиданных неприятных хлопот... Садитесь... Вы - русский образованный человек... Нам непонятно, из-за чего нас так испугался здешний народ. Объясните, почему произошло это невероятное, поголовное бегство мирных жителей из Москвы?

- Я затрудняюсь ответить, - сказал Базиль, - мое положение... я в неприятельском стане...

- Говорите без стеснений, я слушаю вас, - покровительственно-ласково продолжал Мюрат, глядя в лицо пленнику усталыми, внимательными глазами. - Нам, признаюсь, это совершенно непонятно!

Перовский вспомнил угрозы дворецкого и пучок соломы.

- Москва более двухсот лет не видела вторжения иноземцев, - ответил он, - не знаю, как еще Россия встретит весть, что Москва сдана без сопротивления и что неприятели в Кремле...

- Но разве мы - варвары, скифы? - снисходительно улыбаясь, произнес Мюрат. - Чем мы, скажите, грозили имуществу, жизни здешних граждан? Нам отдали Москву без боя. Подобно морякам, завидевшим землю, наши войска, при виде этого величественного древнего города, восклицали: «Москва - это мир, конец долгого, честного боя!..» Мы вчера согласились на предложенное перемирие, дали спокойно пройти вашим отрядам и их обозам через город, и... вдруг...

- Наша армия иначе была готова драться в каждом переулке, в каждом доме, - возразил Перовский, - вы встретили бы не сабли, а ножи.

- Так почему же за перемирие такой прием? Что это, скажите, наконец, за пожар? Ведь это ловушка, поджог! - гневно поднимаясь, произнес Мюрат.

- Я задержан со вчерашнего вечера, - ответил, опуская глаза, Перовский, - пожары начались сегодня, без меня.

- Это предательство! - продолжал, ходя по комнате Мюрат. - Удалена полиция, вывезены все пожарные трубы; очевидно, Растопчин дал сигнал оставленным сообщникам к общему сожжению Москвы. Но мы ему отплатим! Уже опубликованы его приметы, назначен выкуп за его голову. Живой или мертвый, он будет в наших руках. Так нельзя относиться к тем, кто с вами был заодно в Тильзите и в Эрфурте.

- Ваше величество, - сказал Перовский, - я простой офицер; вопросы высшей политики мне чужды. Меня зовет служебный долг... Если все, что вам было угодно узнать, вы услышали, прошу вас - прикажите скорее отпустить меня в нашу армию. Я офицер генерала Милорадовича, был им послан в ваш отряд.

- Как, но разве вы - не пленный? - удивился Мюрат.

- Не пленный, - ответил Перовский. - Генерал Себастьяни задержал меня во время вчерашнего перемирия, говоря, чтобы я переночевал у него, что вашему величеству желательно видеть меня. Его адъютант, проводивший меня сюда, вам это в точности подтвердит. Мюрат задумался и позвонил. Послали за адъютантом. Оказалось, что он уже давно уехал к своему отряду, в Сокольники.

- Охотно вам верю, - сказал, глядя на Перовского, Мюрат, - даже припоминаю, что Себастьяни вчера вечером действительно предлагал мне, на походе сюда, выслушать русского офицера, то есть, очевидно, вас. И я, не задумываясь, отправил бы вас обратно к генералу Милорадовичу, но в настоящее время это уже зависит не от меня, а от начальника главного штаба генерала Бертье. Теперь поздно, - кончил, сухо кланяясь Мюрат, - в Кремль, резиденцию императора, пожалуй, уже не пустят. Завтра утром я вас охотно отправлю туда.

Перовского опять поместили в музыкантском флигеле. Проходя туда через двор, он услышал впотьмах чей-то возглас:

- Но, моя красавица, ручаюсь, что синьора Прасковья будет уважаема везде![29]

- Отстань, пучеглазый! - отвечал на это женский голос. - Не уймешься - долбану поленом либо крикну караул.

XX

Базиль, не раздеваясь, улегся на кушетке. Ни дворецкий, никто из слуг, за толкотней и шумом, еще длившимися в большом доме, не навещали его. Он всю ночь не спал. Утром к нему явился тот же штабный чиновник с объявлением, что ему велено отправить его с дежурным офицером к Бертье. Выйдя во двор и видя, что назначенный ему в провожатые офицер сидит верхом на коне, Перовский осведомился о своей лошади. Пошли ее искать в сад, потом в штабную и королевскую конюшни. Лошадь исчезла; в общей суете кто-то ею завладел и на ней уехал. Базиль за своим провожатым должен был идти в Кремль пешком. Улицами Солянкою и Варваркою, мимо Воспитательного дома и Зарядья, они приблизились к

---

[29] Mais, ta belle, je vous garantie, que signora Praskovia sera respectee partout!

75

Гостиному двору. То, что на пути увидел Базиль, поразило его и взволновало до глубины души. Несмотря на близость к главной квартире неаполитанского короля, путники уже в Солянке встретили несколько кучек беспорядочно шлявшихся, расстегнутых и, по-видимому, хмельных солдат. Некоторые из них несли под мышками и на плечах узлы и ящики с награбленными в домах и в лавках вещами и товарами. Б раскрытую дверь церкви Варвары-великомученицы Базиль увидел несколько лошадей, стоявших под попонами среди храма и в алтаре. На церковных дверях углем, большими буквами, было написано: «Ecurie du general Guilleminot»[30]. Погода изменилась. Небо покрылось мрачными облаками. Дул резкий, северный ветер. На площади Варварских ворот горел костер из мебели, выброшенной из соседних домов; пылали стулья, ободранные мягкие диваны, позолоченные рамы и лаковые столы. Искры От костра несло на ветхие кровли близстоявших домов. На это никто не обращал внимания. Перовский оглянулся к Новым рядам. Там поднимался густой столб дыма. Горела Вшивая горка, где находился только что им оставленный баташовский дом. «Неужели дворецкий поджег? - подумал Базиль, приближаясь к Гостиному двору. - Чего доброго, старик решительный! Верю, жгут русские!» Лавки Гостиного двора были покрыты густыми клубами дыма. Из догоравших рядов французские солдаты разного оружия, оборванные и грязные, таскали, роняя по дороге и отнимая друг у друга, ящики с чаем, изюмом и орехами, кули с яблоками, бочонки с сахаром, медом и вином и связки ситцев, сукон и холстов. У Зарядья толпа пьяных мародеров окружила двух русских пленных. Один из них, молодой, был в модном штатском голубом рединготе и в серой шляпе; другой, пожилой, худой и высокий, - в чужом, очевидно, кафтане и высоких сапогах. Грабители сняли уже с молодого сапоги, носки, редингот и шляпу, и тот в испуге, бледный, как мел, растерянно оглядываясь, стоял босиком на мостовой. Солдаты держали за руки второго, пожилого, и со смехом усаживали его на какой-то ящик с целью снять сапоги и с него. «Боже мой! Жерамб и его тогдашний компаньон! - с удивлением подумал, узнавая их, Базиль. - Какой прием, и от кого же? от победителей-земляков!» Жерамб также узнал Перовского и жалобно смотрел на него, полагая, что Базиль прислан в Москву парламентером, и не решаясь просить его о защите.

- Какое безобразие! - громко сказал Базиль, с негодованием указывая проводнику на эту сцену. - Неужели вы их не остановите? Ведь это насилие над мирными гражданами, дневной грабеж... Притом этот в кафтане - я его знаю - ваш соотечественник, француз.

---

[30] «Конюшня генерала Гильемино»

- А... ба, француз! Но он - здешний житель, не все ли равно? - ответил, покачиваясь и отъезжая от солдат, проводник. - Чего же вы хотите? Ну, их допросят; не виноваты - освободят; маленькие неприятности каждой войны, вот и все... Вы нас, гостей, безжалостно обрекли на одиночество и скуку; не только ушли ваши граждане, но и гражданки... Это бесчеловечно! Ou sont vos charmantes barrinnes et vos demoiselles?[31]

Базиль пристальнее взглянул на своего проводника: тот был пьян. Раздался грохот барабанов. Ветер навстречу путников понес тучи пыли, из которой слышался топот и скрип большого обоза. Мимо церкви Василия Блаженного, через Спасские ворота, на подкрепление караула в Кремль входил, с артиллерией, полк конной гвардии. В тылу полкового обоза с вещами начальства везли несколько новеньких, еще с свежим, не потертым лаком колясок, карет и бричек, очевидно только что взятых из лавок расхищенного Каретного ряда. На их козлах, в ботфортах и медных касках, сидели, правя лошадьми, загорелые и запыленные кавалерийские солдаты. Из небольшой, крытой коляски, посмеиваясь и грызя орехи, выглядывали веселые, разряженные пленницы из подмосковного захолустья.

- Что же вы жалуетесь? - сказал Базиль проводнику. - Вот вам, новым римлянам, и пленные сабинянки.

- Не нам, другим! - с жалобным вздохом ответил проводник, указывая на Кремль. - Наш император провел ночь во дворце царей. Ах, какое величие! Он ночью вышел на балкон, любуясь, при луне, этим сказочным царством из тысячи одной ночи. Утром он сообщил королю, что хочет заказать трагедию «Петр Великий». Не правда ли, какое совпадение? Тот шел учиться за вас на Запад, этот сам идет с Запада вас учить и обновлять.

Задержанные обозом, Перовский и его провожатый спустились мимо церкви Василия Блаженного, к покрытой дымом реке и проникли в Кремль через открытые Тайницкие ворота. Здесь, под горой, Базиль увидел ряд наскоро устроенных пылавших горнов и печей. Особые пристава бросали в печные котлы взятые из кремлевских соборов и окрестных церквей золотые и серебряные сосуды, оклады с образов, кресты и другие вещи, перетапливая их в слитки.

- Нас зовут варварами, - сказал Перовский, указав проводнику на это святотатство, - неужели вас не возмущает и это?

- Послушайте, - ответил проводник, - советую вам воздерживаться от критики... она здесь неуместна! Мы думаем о войне, а не о церковных делах. У нас, - усмехнулся он, - знаете ли вы это, на полмиллиона войска, которое сюда пришло и теперь господствует здесь, нет ни одного

---

[31] Где ваши очаровательные барыни и девицы?

духовника... Лучше вы мне, мой милый, - прибавил проводник, - ответьте наконец: ou sont vos barrinnes et vos demoiselles?.. Да, вот мы и у дворца; пожалуйте к лестнице.

При входе во дворец, у Красного крыльца, стояли, в белых шинелях, два конных часовых. Почетный караул из гренадеров старой гвардии располагался на паперти и внутри Архангельского собора, за углом которого на костре кипел котел, очевидно с солдатскою пищей. Проводник, узнав в начальнике караула своего знакомого, сдал ему на время Перовского, а сам поднялся во дворец. Караульный офицер приказал пленному войти в собор. Здесь товарищи офицера осыпали его вопросами, посмеиваясь на его уверение, будто он не пленный. В Архангельском соборе Базиль увидел полное расхищение церковного имущества . Кроме кордегардии, здесь, по-видимому, был также устроен склад для караульной провизии, мясная лавка и даже кухня. Снятые со стен и положенные на ящики с мукой и крупой иконы служили стульями и скамьями для солдат. В алтаре, у горнего места виднелась койка, прилаженная на снятых боковых дверях; на ее постели, прикрытой лиловою шелковою ризой, сидела, чистя морковь, краснощекая и нарядная полковая стряпуха. Престол и жертвенник были уставлены кухонною посудой. На паникадиле висели битые гуси и дичина. На гвоздях, вколоченных в опустошенный иконостас, были развешаны и прикрыты пеленой с престола куски свежей говядины. Солдаты, у перевернутых ведер и кадок, куря трубки, играли в карты. Воздух от табачного дыма и от испарении мяса и овощей был удушливый. Офицеры, окружив Перовского, спрашивали: «Где теперь русская армия? Где Кутузов, Растопчин?» Жаловались, что ушли все русские мастеровые, что нет ни портного, ни сапожника - починить оборванное платье и обувь; что и за деньги, пожалуй, вскоре ничего не достанешь, а тут и самый город с утра загорелся со всех сторон. Базиль отвечал, что более, чем они, терпят, по их вине, и русские. Проводник возвратился. Базиль пошел за ним во дворец к Бертье.

XXI

Пройдя несколько приемных, наполненных императорскою свитою и пажами, в расшитых золотом мундирах и напудренных париках, Перовский очутился в какой-то проходной комнате окнами на Москву-реку. Из маленькой полуотворенной двери направо слышались голоса.

Большая раззолоченная дверь налево была затворена. Близ нее стояли два рослые мамелюка в белых тюрбанах с перьями и в красных куртках и маленький, напудренный, в мундирном фраке и чулках, дежурный паж с записною книгою под мышкой. Мамелюки и паж не спускали глаз с запертой двери. Базиль стал поодаль. Он взглянул в окно. Его сердце замерло. Картина пылающего Замоскворечья развернулась теперь перед ним во всем ужасе. То было море сплошного огня и дыма, над которым лишь кое-где виднелись не тронутые пожаром кровли домов и церквей. Недалекий пожар освещал красным блеском комнату и всех стоявших в ней. Базиль, глядя за реку, вспомнил вечернее зарево над Москвой во время его прогулки с Авророй на Поклонную гору. «Точно напророчилось тогда!» - подумал он со вздохом.

- Что, любуетесь плодами ваших рук? - раздался за спиной Базиля резкий голос. Он оглянулся. Перед ним, как он понял, в красноватом отблеске стоял, окруженный адъютантами, начальник главного штаба французской армии Бертье. Это был худощавый, узкогрудый, с острым носом и, очевидно, больной простудою старик. Его горло было обмотано шарфом, щеки покрывал лихорадочный румянец, глаза сердито сверкали.

- Дело возмутительное, во всех отношениях преступное, - сказал Бертье, - вы... ваши за это поплатятся.

- Не понимаю, генерал, ваших слов, - вежливо отвечал Базиль, - почему вы укоряете русских?

- О, слышите ли, еще оправдания?! Ваши соотечественники, как разбойники, жгут оставленный прекрасный город, жгут нас, - раздражительно кашляя, продолжал Бертье, - и вас не обвинять? Мы узнаем, назначена комиссия о поджигательстве; откроется все...

- Извините, генерал, - произнес Базиль, - я задержан во время перемирия. Пожары начались после того, и я не могу объяснить их причины. Настоятельно прошу вас дать приказ об отпуске меня к нашей армии. В этом мне поручился словом, честным словом французского офицера, генерал Себастьяни.

- Не могу, не в моей воле, - кашляя и сердясь на свой кашель, ответил Бертье. - Мне доложено, вы провели двое суток среди французских войск; вас содержали не с достаточною осторожностью, и вы могли видеть и узнать то, чего вам не следовало видеть и узнать.

- Меня, во время перемирия, задержали французские аванпосты не по моей вине. Спросите тех, кто это сделал. Повторяю вам, генерал, и позволяю себе протестовать: это насилие, я не пленный... Неужели чувство справедливости и чести... слово генерала вашей армии?..

- Честь, справедливость! - с презрительною злобой вскрикнул Бертье, указывая в окно. - Чем русские искупят этот вандализм? Все, что могу для вас сделать, - это передать вашу просьбу императору. Подождите... Он занят, может быть, лично выслушает вас, хотя теперь трудно поручиться...

В это мгновение внизу у дворца послышался шум. Раздались крики: «Огонь, горим!» Все торопливо бросились к окнам, но отсюда не было видно, где загорелось. Поднялась суета. Бертье разослал ординарцев узнать причину тревоги, а сам, отдавая приказания, направился к двери, охраняемой мамелюками. Дверь неожиданно отворилась. На ее пороге показался невысокий, плотный человек, лет сорока двух-трех. Он, как и прочие, также осветился отблеском пожара. Все, кто был в приемной, перед ним с поклоном расступились и замерли как истуканы. Он никому не поклонился и ни на кого не смотрел. Верхняя часть туловища этого человека, как показалось Перовскому, была длиннее его ног, затянутых в белую лосину и обутых в высокие с кисточками сапоги. Редкие каштановые, припомаженные и тщательно причесанные волосы короткими космами спускались на его серо-голубые глаза и недовольное, бледное, с желтым оттенком, полное лицо. Короткий подбородок этого толстяка переходил в круглый кадык, плотно охваченный белым шейным платком. Ни на камзоле, ни на серо-песочном длинном сюртуке, распахнутом на груди, не было никаких отличий. В одной его руке была бумага, в другой - золотая табакерка. Страдая около недели, как и Бертье, простудой, он, в облегчение неприятного насморка, изредка окунал в табакерку покрасневший нос и чихал. Перовский сразу узнал Наполеона. Кровь бросилась ему в голову. В его глазах потемнело. «Так вот он, герой Маренго и пирамид! - думал он, под наитием далеких, опять всплывших впечатлений разглядывая Наполеона. - И действительно ли это он, мой былой всесильный кумир, мое божество? Он тогда скакал к редуту Раевского. Боже мой, теперь я в нескольких шагах от него... И неужели же есть что-либо общее в этом гении со всеми теми, кто его окружает и кто его именем делает здесь и везде столько злого и дурного? Нет, его ниспослало провидение, он выслушает меня, вмиг поймет и освободит...» Перовский сделал шаг в направлении Наполеона. Две сильные костлявые руки схватили его за локти.

- Коснитесь только его - я вас убью![32] - злобно прошептал сзади него голос мамелюка, сильно ухватившего его за руки за спиной прочей свиты. Раздались резкие, громкие слова. «То говорит он! - с восторженным трепетом помыслил Базиль. - Я наконец слышу речь великого человека...»

- Русские нас жгут, это доказано! Вы это передадите герцогу Экмюльскому! - произнес скороговоркою Наполеон, небрежно подавая пакет Бертье. - Утверждаю! Расстреливать десятками, сотнями!.. Но что

---

[32] Si vous osez y toucher, je vous tue!

80

здесь опять за тревога? - спросил он, осматриваясь, и при этом, как показалось Перовскому, взглянул и на него. Базиль восторженно замер.

- Я послал узнать, - склонившись, заговорил в это время Бертье, - сегодня поймали и привели новых поджигателей; они, как и прочие, арестованы. Председатель комиссии, генерал Лоэр, надо надеяться, раскроет все... Да вот и посланный...

Наполеон, потянув носом из табакерки, устремил недовольный, слезящийся взгляд на вошедшего ординарца.

- Никакой, ваше величество, опасности! - согнувшись перед императором, произнес посланный, - загорелись от налетевшей искры дрова, но их разбросали и погасили. Все вокруг по-прежнему благополучно.

- Смотрителю дворца сказать, что он... дурак! - произнес Наполеон. - Все благополучно... какое счастье![33] Скоро благодаря этим ротозеям нас подожгут и здесь. Удвоить, утроить премию за голову Растопчина, а поджигателей - расстреливать без жалости, без суда!..

Сказав это, Наполеон грубо обернул спину к Бертье и ушел, хлопнув дверью. Базиль при этом еще более заметил некрасивую несоразмерность его длинной талии и коротких ног и крайне был изумлен холодным и злым выражением его глаз и насупленного, желтого лица. Особенно же Базиля поразило то, что, сердясь и выругав дворцового смотрителя, Наполеон вдруг, как бы против воли, заторопясь, начал выговаривать слова с итальянским акцентом и явственно, вместо слова «chance», произнес «sance». Плотная спина Наполеона в мешковатом сюртуке серо-песочного цвета давно исчезла за дверью, перед которою безмолвными истуканами продолжали стоять мамелюки и остальная свита, а Перовский все еще не мог прийти в себя от того, что видел и слышал; он неожиданно как бы упал с какой-то недосягаемой высоты. «Выкуп за голову Растопчина! Расстреливать сотнями! - мыслил Базиль. - Но чем же здесь виноват верный слуга своего государя? Так вот он каков, этот коронованный корсиканский солдат, прошедший сюда, через полсвета, с огнем и мечом! И он был моим идеалом, кумиром? О, как была права Аврора! Скорее к родному отряду... Боже, если б вырваться! Мы найдем средства с ним рассчитаться и ему отплатить».

- Следуйте за мною! - раздался голос ординарца Бертье. Приемная наполовину опустела. Оставшиеся из свиты сурово и враждебно смотрели на русского пленного.

- Куда? - спросил Перовский.

- Вам велено подождать вне дворца, пока о вас доложат императору, - ответил ординарец.

---

[33] quelle chance!..

81

Базиль вышел на площадку парадного дворцового крыльца. Внизу, у ступеней, стоял под стражей приведенный полицейский пристав. Караульный офицер делал ему допрос.

- Зачем вы остались в Москве? - опросил он арестанта, - почему не ушли с прочими полицейскими чинами? Кто и по чьему приказанию поджигает Москву?

Бледный, дрожащий от страха пристав, не понимая ни слова по-французски, растерянно глядел на допросчика, молча переступая с ноги на ногу.

- Наконец-то мы, кажется, поймали главу поджигателей! - радостно обратился офицер к ординарцу маршала. - Он, очевидно, знает все и здесь остался, чтобы руководить другими.

Перовский не стерпел и вмешался в этот разговор. Спросив арестанта, он передал офицеру, что пристав неповинен в том, в чем его винят, что он не выехал из Москвы лишь потому, что, отправляя казенные тяжести, сам долго не мог достать подводы для себя и для своей больной жены и был застигнут ночным дозором у заставы.

- Посмотрим. Это разберет комиссия! - строго сказал офицер. - Запереть его в подвале, где и прочие.

XXII

Солдаты, схватив пристава за руки, повели его к спуску в подвал. Они скрылись под площадкой крыльца.

- Могу вас уверить, - произнес Перовский офицеру, - чины полиции здесь ни в чем не виновны; этот же притом семейный человек...

- Не наше дело! - ответил офицер. - Мы исполнители велений свыше.

- Но что же ожидает заключенных в этом подвале? - спросил Базиль.

- Простая история, - ответил офицер, собираясь уходить, - их повесят, а может быть, смилуются и расстреляют.

Ординарец остановил офицера и сказал ему вполголоса несколько слов. Тот, оглянувшись на Перовского, указал на ближнюю церковь Спаса на Бору. Ординарец предложил Базилю следовать за собой. Они, миновав дворец, подошли к дверям указанного храма. С церковного крыльца опять стали видны зарево и дым пылавшего Замоскворечья.

- Зачем мы сюда пришли? - спросил Базиль. Проводник молча отодвинул засов и отворил дверь.

- Вас не позволено оставлять на свободе! - произнес он, предлагая

Перовскому войти в церковь. - Подождите здесь; император, вероятно, вскоре вас потребует... Он теперь завтракает.

- Но зачем я императору?

- Он, может быть, через вас найдет нужным что-либо сообщить вашему начальству... Мы застали здесь тысячи ваших раненных... Докторов так мало, притом эти пожары... Впрочем, я излагаю мое личное мнение... До свидания!

Железная дверь, медленно повернувшись, затворилась. Звякнул надвинутый тяжелый засов. Перовский, оставшись один, упал в отчаянии на пол. Теперь ему стало ясно, его решили не выпускать. Последние надежды улетели. Оставалось утешаться хоть тем, что его не заперли в подвал с подозреваемыми в поджоге. Но что ждало его самого? Прошел час, другой, к пленному никто не являлся. О нем, очевидно, забыли. Пережитые тревоги истомили его невыразимо. Не ев и не пив со вчерашнего утра, он почувствовал приступы голода и жажды. Но это длилось недолго. Мучительные опасения за свободу, за жизнь овладели его мыслями. «Что, если в этой суете и впрямь обо мне забыли? - думал он. - Пьяный ординарец Мюрата, без сомнения, уехал, как и адъютант Себастьяни, а караульного офицера могут сменить. Кто вспомнит о том, что здесь, в этой церкви, заперт русский офицер? И долго ли мне суждено здесь томиться? Могут пройти целые дни!» Предположения, одно мрачнее другого, терзали Базиля. Беспомощно приткнувшись головой к ступеням амвона, он лежал неподвижно. Сильная усталость и нравственные мучения привели его в беспамятство. Он очнулся уже вечером. Зловещее зарево пожара светило в окна старинной церкви. Лики святых, лишенные окладов, казалось, с безмолвным состраданием смотрели на заключенного. Церковь была ограблена, остатки утвари в беспорядке разбросаны в разных местах. Сквозные тени оконных решеток падали на пол и на освещенные отблеском пожара стены, обращая церковь в подобие огромной железной клетки, под которою как бы пылал костер. «Боже, и за что такая пытка? - думал Перовский, - за что гибнут мои молодые силы, надежды на счастье?» Мысли об иной, недавней жизни проносились в его голове. Он мучительно вспоминал о своем сватовстве, представлял себе Аврору, прощание с нею и с Тропининым. «Жив ли Митя? - спрашивал он себя. - И где, наконец сама Аврора? Успела ли она уехать с бабкой? Что, если не успела? Может быть, они и попытались, как тот несчастный, опоздавший пристав, и даже выехали, но и их, как и его, могли захватить на дороге. Что с ними теперь?» Базиль представлял себе плен Авроры, ужас беспомощной старухи княгини, издевательства солдат над его невестой. Дрожь охватывала его и терзала. Мучимый голодом и жаждой, он искал на жертвеннике и на полу остатков просвир, подбирал и с жадностью ел их крошки. Наступила новая мучительная, долгая ночь. Перовский закрывал глаза, стараясь забыться сном, и не мог заснуть. Усилившийся ветер и оклики часовых поминутно будили его. Он в бреду поднимался, вскакивал, прислушивался и опять падал на холодный пол. Никто не подходил к церковной двери. На заре, едва забелело в окна, Перовский услышал сперва неясный, потом явственный шум. У церкви бегали; опять и еще громче раздавались крики: «На помощь, воды!» Очевидно, опять вблизи где-либо загорелось. Не горит ли сама церковь? Базиль бросился к оконной решетке. Окно выходило к дворцовым конюшням. Откуда-то клубился дым и сыпались искры. Из дворцовых ворот под падавшими искрами испуганные рейткнехты наскоро выводили лошадей, запрягали несколько выдвинутых экипажей и грузили походные фуры. Пробежал, оглядываясь куда-то вверх и путаясь в висевший у пояса палаш, пеший жандарм. Сновали адъютанты и пажи. Невдали был слышен барабан. Из-за угла явился и выстроился перед церковью отряд конной гвардии. Войско заслонило дворцовую площадь. Сквозь шум ветра послышался стук отъезжавших экипажей. Впоследствии Базиль узнал, что загорелась крыша соседнего арсенала. Пожар был потушен саперами. Разбуженный новою тревогой, Наполеон пришел в окончательное бешенство. Он толкнул ногой в лицо мамелюка, подававшего ему лосиные штиблеты, позвал Бертье и с ругательствами объявил ему, что покидает Кремль. Через полчаса он переехал в подмосковный Петровский дворец. Отряд гвардии ушел вслед за императором. Площадь опустела. Сильный ветер гудел на крышах, крутя по мостовой столбы пыли и клочки выброшенных из сената и дворцовых зданий бумаг. Из нависшей темной тучи изредка прорывались капли дождя. Перовский глядел и прислушивался. Никто к нему не шел.

- Боже, - проговорил он, в бессильном отчаянии ухватясь за решетку окна, - хоть бы смерть! Разом, скорее бы умереть, чем так медленно терзаться!

За церковью послышались сперва отдаленные, потом близкие шаги и голоса. Перовский кинулся к двери и замер в ожидании: к нему или идут мимо? Шаги явственно раздались у входа в церковь. Послышался звук отодвигаемого засова. Кто-то неумелою рукой долго нажимал скобу замка. Дверь отворилась. На крыльце стояла кучка гренадеров с рослым фельдфебелем. Внизу крыльца двое солдат держали на палке котелок с дымившейся похлебкой.

- Ба, да уж эта квартира занята! - весело сказал фельдфебель, с изумлением разглядев в церкви пленного. - А мы думали здесь позавтракать и уснуть... Капитан, - обратился он к кому-то проходившему внизу, за церковью, - здесь заперт русский; что с ним делать?

Поравнявшийся с крыльцом высокий и худой с светлыми, вьющимися волосами капитан мельком взглянул на пленного и отвернулся. Он, очевидно, также не спал, и ему было не до того. Его глаза были красны и слипались.

- Ему здесь с нами, полагаю, нельзя, - продолжал фельдфебель, - куда прикажете?

- Туда же, в подвал, - отходя далее, небрежно проговорил капитан. Перовский обмер. Он опрометью бросился к двери, силой растолкал солдат и выбежал на крыльцо.

- С кем вы приказываете меня запереть, с кем? - в ужасе крикнул он, подступая к капитану. - Это безбожно! Я знаю, в чем обвиняют этих заключенных и что их ждет!

Озадаченный капитан остановился.

- Меня задержали под городом во время перемирия, - продолжал кричать Базиль, - в суете забыли обо мне! Я не пленный: вы видите, мне оставлено оружие, - прибавил он, указывая на свою шпагу, - а вы...

- Простите великодушно, - ответил капитан, как бы очнувшись от безобразного, тяжелого сна, - я ошибся...

- Но эта ошибка мне стоила бы жизни.

- О, это было бы большим несчастьем! - произнес капитан, с чувством пожимая руку Перовского. - Я сейчас пойду и узнаю, куда велят вас поместить. Через полчаса капитан возвратился.

- Вас велено отвести к герцогу Экмюльскому, - сказал он, - вы дойдете туда благополучно, и вам будет оказано всякое внимание. Вот ваш охранитель.

Он указал на приведенного им конного жандарма. «Этого еще недоставало! - подумал Перовский. - Четвертый арест - и куда же? к свирепому маршалу Даву».

XXIII

Квартира грозного герцога Экмюльского, маршала Даву, была на Девичьем поле, у монастыря, в доме фабриканта, купца Милюкова. Идя за жандармом по обгорелым и во многих местах еще сильно пылавшим улицам, Перовский не узнал Москвы. Они шли Волхонкой и Пречистенкой. Грабеж продолжался в безобразных размерах. Солдаты сквозь дым и пламя тащили на себе ящики с винами и разною бакалеей, церковную утварь и тюки с красными товарами. У ворот и входов немногих еще не загоревшихся домов толпились испачканные пеплом и сажей, голодные и оборванные, чины разных оружий, вырывая друг у друга награбленные вещи. На площадях в то же время, вследствие наступившего сильного холода, горели костры из поломанных оконных рам, дверей и разного хлама. Здесь толпился всякий сброд. У церкви Троицы в Зубове жандарм-проводник, встретив знакомого артиллериста-солдата, остановился, спрашивая его о дальнейшем пути к квартире Даву. Внутри церкви, служившей помещением для командира расположенной здесь батареи, виднелась красивая гнедая лошадь, прикрытая священническою ризой. Она ела из жестяной церковной купели овес, умными глазами бодро посматривая на крыльцо. Ответив на вопрос жандарма, солдат-артиллерист потрепал лошадь по спине и, добродушно чмокая губами, сказал:

- Каков конь! Не правда ли, не животное - человек? Сметлив, даже хитер, все понимает. И хорошо ему тут, тепло, овса вдоволь... Он взят у одного графа. В Париже дадут за него тысячи.

На Зубовской площади, невдали от сгоревшего каменного дома, на котором еще виднелась уцелевшая от огня, давно знакомая Перовскому вывеска: «Гремислав, портной из Парижа», у обугленной каменной колокольни стояла толпа полковых маркитантов и поваров. Внутри этой колокольни была устроена бойня скота, и усатый, рослый гренадер в лиловой камилавке и в дьяконском стихаре окровавленными руками весело раздавал по очереди куски нарубленного свежего мяса. Вдруг толпа бросилась в соседний переулок, откуда выезжали две захваченные под городом телеги. На телегах, под конвоем солдат, сидели плачущие молодые женщины в крестьянских одеждах, окутанные платками. Все с жадным любопытством смотрели на необыкновенную добычу.

- Что это? откуда? - спросил, улыбаясь, гренадер конвойного фельдфебеля.

- Переодетые балетчицы. Их поймали в лесу. Вот и готовый театр.

Распознавая направление сплошь выжженных улиц по торчавшим печам, трубам и церквам, пленник и его проводник около полудня дошли наконец до Девичьего поля. Каменный одноярусный дом фабриканта Милюкова был уже несколько дней занят под штаб-квартиру маршала Даву. Этот дом стоял у берега Москвы-реки, вправо от Девичьего монастыря. Упираясь в большой, еще покрытый листьями сад, он занимал левую сторону обширного двора, застроенного рабочим корпусом, жилыми флигелями и сараями милюковской ситцевой фабрики. Хозяин фабрики бежал с рабочими и мастерами за день до вступления французов в Москву. У ворот фабрики стоял караул. На площади был раскинут лагерь, помещались пороховые ящики, несколько пушек и лошадей у коновязей, а среди двора - служившая маршалу в дороге большая темно-зеленая четырехместная карета. Перовского ввели в приемную каменного дома, где толпились ординарцы и штабные маршала. Дежурный адъютант прошел в кабинет Даву. Выйдя оттуда, он взял у Перовского шпагу и предложил ему войти к маршалу. Кабинет Даву был окнами на главную аллею сада, в конце которой виднелся залив Москвы-реки. Среднее окно, у которого стоял рабочий стол маршала, было растворено. Свежий воздух свободно проникал из сада в комнату, осыпая бумаги на столе листьями, изредка падавшими сюда с пожелтелых лип и кленов, росших у окна. При входе пленника Даву, спиной к двери, продолжал молча писать у окна. Он не обернулся и в то время, когда Базиль, пройдя несколько шагов от порога, остановился среди комнаты. «Неужели это именно тот грозный и самый жестокий из всех маршалов Бонапарта?» - подумал Перовский, разглядывая сгорбленную в полинялом синем мундире спину и совершенно лысую, глянцевитую голову сидевшего перед ним тощего и на вид хилого старика. Перо у окна продолжало скрипеть. Даву молчал. Прошло еще несколько мгновений.

- Кто здесь? - раздался от окна страшный, несколько глуховатый голос. Перовскому показалось, будто бы кто-то совершенно посторонний заглянул в эту минуту из сада в окно и, под шелест деревьев, сделал этот вопрос. Перовский молчал. Раздалось недовольное ворчанье.

- Кто вы? - повторил более грубо тот же голос. - Вас спрашивают, что же вы, как чурбан, молчите?

- Русский офицер, - ответил Базиль.

- Парламентер?

- Нет.

- Так пленный?

- Нет.

Даву обернулся к вошедшему.

- Кто же вы, наконец? - спросил он, уже совсем сердито глядя на Перовского.

Базиль спокойно и с достоинством рассказал все по порядку: как он, во время перемирия, был послан генералом Милорадовичем на аванпосты и как и при каких обстоятельствах его задержали сперва Себастьяни и Мюрат, потом Бертье и, вопреки данному слову и обычаям войны, доныне ему не возвращают свободы.

- Перемирие! - проворчал Даву. - Да что вы тут толкуете мне? Какое же это перемирие, если здесь, в уступленной нам Москве, по нас предательски стреляли? Вы - пленник, слышите ли, пленник, и останетесь здесь до тех пор... ну, пока нам это будет нужно!

- Извините, - произнес Перовский, - я не ответчик за других: здесь роковая ошибка.

- Пойте это другим![34] - перебил его Даву. - Меня не проведете!

- Свобода мне обещана честным словом французского генерала...

Даву поднялся с кресел.

- Молчать! - запальчиво крикнул он, сжимая кулаки. - Дни ваши сочтены; да я вас, наконец, знаю, узнал.

Маршал, как бы внезапно о чем-то вспомнив, замолчал. Перовский с мучительным ожиданием вглядывался в его тонкие, бледные губы, огромный лысый лоб и подозрительно следившие за ним из-под насупленных бровей маленькие и злые глаза.

- Да, я вас знаю! - повторил Даву, с усилием высвобождая морщинистые щеки из высокого и узкого воротника и садясь опять к столу. - Теперь не уйдете... Ваше имя? Перовский назвал себя. Маршал нагнулся к лежавшему перед ним списку и внес в него сказанное ему имя.

- Простите, генерал, - сказал, стараясь быть покойным, Базиль, - вы совершенно ошибаетесь: я имею честь видеть вас впервые в жизни.

Глаза Даву шевельнулись и опять скрылись под насупленными бровями.

- Не проведете, не обманете! - объявил он. - Вы были взяты в плен под Смоленском, освобождены в этом городе на честное слово и, все разузнав у нас, бежали...

- Клянусь вам, - ответил Перовский, - я впервые задержан при входе вашей армии в Москву... Снеситесь с генералами Милорадовичем и Себастьяни.

Даву вскочил. Его лицо было искажено гневом.

- Бездельник, лжец! - бешено крикнул он, тряся кулаками. - Такому негодяю, черт бы вас побрал, говорю это прямо, исход один - повязка на глаза и полдюжины пуль! Маршал позвонил.

- Вы позовете фельдфебеля и солдат! - обратился он к вошедшему ординарцу, откладывая на столе какую-то бумагу. Ординарец не уходил.

- Но это будет вопиющее к небу насилие! - проговорил Перовский, видя с содроганием, как решительно и твердо герцог Экмюльский отдавал о нем роковой и, по-видимому, бесповоротный приказ. - Вы, простите, оскорбляете безоружного пленного и к этому присоединяете убийство без следствия, без суда. Ведь это, герцог, насилие.

- А, вам желается суда? - произнес Даву. - Берегитесь, суд будет короток. Вас отлично помнит мой старший адъютант, бравший вас в плен... О, вы его не собьете!

- Позовите вашего адъютанта, пусть он меня уличит! - сказал Перовский, с ужасом думая в то же время: «А что, если низкий клеврет

---

[34] A d'autres, a d'autres!

88

этого палача все перезабыл и спутал в пережитой ими сумятице и вдруг, признав меня за того беглеца, скажет: да, это он! И как на него сетовать? Ему так может показаться...» Глаза маршала странно улыбнулись, брови разгладились.

- Так вы хотите очной ставки? - спросил он, стараясь говорить ласковее. - Извольте, я вам ее дам... Но помните заранее, если мои слова подтвердятся, пощады не будет. Позвать Оливье! - сказал он ординарцу.

XXIV

Ординарец вышел. Даву стал разбирать и перекладывать лежавшие перед ним бумаги. Базиль, замирая от волнения, едва стоял на ногах. «Броситься на него сзади, удушить тощего старика и выскочить в окно... - вдруг подумал он, - здесь положительно можно... садом добежать до реки, кинуться вплавь и уйти на противоположный берег, в огород и пустыри. Пока найдут адъютанта, явятся сюда, все увидят и начнут погоню - все можно успеть». Руки Перовского судорожно сжимались; озноб охватывал его с головы до пят, зубы постукивали от нервной дрожи.

- Вам сколько лет? - спросил, не оглядываясь, Даву. Перовский вздрогнул.

- Двадцатый год, - отвечал он.

- Молоды... Москву знаете?

- Здесь учился в университете.

Даву обернулся и указал Перовскому на стене, возле стола, карту Москвы и ее окрестностей.

- Вот эти места подожжены русскими, - сказал он, тыкая сухим, крючковатым пальцем по карте, - горят сотни, тысячи домов... Вы, вероятно, также явились сюда поджигать?

Перовский молчал.

- Зачем вы нас поджигаете?

- Ваши солдаты, по неосторожности и хмельные, сами жгут.

- Вздор, клевета! А почему русские крестьяне, несмотря на щедрую плату, не подвозят припасов? - спросил Даву. - Столько вокруг сел - и не является ни один.

- Боятся насилий.

- Вздор! Какие насилия у цивилизованной армии? Говорят вам, мы щедро платим. Это все выдумки людей, подобных вам. Где Кутузов?

Почему он так предательски, без полиции и пожарных инструментов, оставил такой обширный город? Где он?

- Я задержан вторые сутки и дальнейших распоряжений нашего главнокомандующего не знаю.

- Вы отъявленный лжец, - сказал, выпрямляясь в кресле, Даву, - вероломный партизан, дезертир!.. О, вы увидите, как мы наказываем людей, которые к измене присоединяют еще наглую, бесстыдную ложь.

Даву опять позвонил. Вошел ординарец.

- Что же Оливье?

- За ним пошли.

Даву подумал: «Что с ним возиться! надоели!» - и против имени Перовского, занесенного им в список, написал резолюцию.

- Вот, - сказал он, подавая ординарцу со стола пачку бумаг, - это в главный штаб, а этого господина с этим списком отведите к Моллина. «Моллина, Моллина! - повторял в уме Перовский, идя за ординарцем и не понимая, в чем дело, - вероятно, председатель какого-нибудь трибунала». Его привели на площадь, где был расположен лагерь пехоты, и сдали у крайней палатки толстому, с короткою шеей и красным лицом, седому офицеру. «Вот он, Моллина», - подумал Перовский, глядя в подслеповатые и сердитые глаза Моллина. Офицер, выслушав то, что ему сказал герцогский ординарец, кивком головы отпустил последнего и, едва взглянув в поданный ему список, сдал арестанта караулу, стоявшему невдали от палатки. На карауле зашевелились. От него отделилось несколько солдат с унтер-офицером. «Следуйте за мною... Вы понимаете ли меня?» - гневно крикнул унтер-офицер, толкнув растерявшегося, едва владевшего собой Перовского. Три человека спокойно и безучастно пошли впереди его, три - назади. Унтер-офицер шел сбоку. Все спокойно поглядывали на Перовского, но он начинал наконец понимать, в чем дело. Арестанта повели к огородам, бывшим у берега Москвы-реки, в нескольких стах шагах от лагеря. Здесь, на просторной, сыроватой площадке между опустелых гряд капусты и бураков, виднелся столб и невдали от него несколько свежезасыпанных ям. «Могилы расстрелянных! - пробежало в уме Базиля. - Да неужели же эти изверги... неужели конец?» Он бессознательно шагал за солдатами, увязая в рыхлой, сырой земле. Его мучило безобразие и бессилие своего положения. Он видел над собою светлое осеннее небо, кругом - пустынные, тихие огороды, за ними - колокольню Девичьего монастыря, галок, с веселым карканьем перелетавших с этой колокольни в монастырский сад, и мучительно сознавал, что ни он, ни окружавшие его исполнители чужих велений ничего не могли сделать для его спасения. Ему вспомнилось Бородино, возглас доктора Миртова о свидании с ним, через двадцать лет, в клубе. Голова его кружилась. Тысячи мыслей неслись в уме Перовского с поражающею мучительною быстротой. Назади послышался крик. Шедшие оглянулись. От лагеря кто-то бежал, маша руками.

- Что еще? - проворчал, остановясь, унтер-офицер. Прибежавший, в куртке и в шапочке конскрипта, молодой солдат что-то наскоро объяснил ему.

- Отсрочка! - сказал унтер-офицер, обращаясь к Перовскому. - С нашим герцогом это бывает - видно, завтраком забыли предварительно угостить... До свидания.

Арестанта опять повели к маршалу. Даву показался Перовскому еще мрачнее и грознее.

- Удивляетесь?.. Я приостановил разделку с вами, - сказал Даву, увидев Перовского, - требую от вас окончательно чистосердечного и полного раскаяния; указанием на своих сообщников вы облегчите наши затруднения и тем спасете себя.

- Мне каяться не в чем.

- А если вас уличат?

- Я уже просил вашу светлость о следствии и суде, - ответил Перовский.

Даву снова порывисто позвонил.

- Где же наконец Оливье? - спросил он вошедшего ординарца. - Дождусь ли я его?

- Он здесь, только что возвратился от герцога Виченцкого.

- Позвать его!

Дверь сзади Перовского затворилась и снова отворилась.

- А, подойдите сюда поближе! - сказал кому-то маршал. - Станьте вот здесь и уличите этого господина.

Перовский увидел смуглого, востроносого человека с черным хохолком, франтовски причесанным на лбу, в узком поношенном мундире и в совершенно истоптанных суконных ботинках. Его маленькое обветренное лицо выражало безмерную почтительность к грозному начальству. Черные глаза смотрели внимательно и строго. «Пропал!» - подумал, взглянув на него, Базиль.

- Ну, Оливье, - обратился Даву к адъютанту, - приглядитесь получше к этому человеку и скажите мне, - вы, как никто, должны хорошо все помнить, - не этот ли именно господин был нами взят в плен под Смоленском? Подумайте хорошенько... Что скажете? Не он ли провел там у нас в городе, на свободе, целые сутки и ночью, все разузнав, и, несмотря на данное слово, изменнически бежал? Вы должны это в точности помнить. Ваша память - записная книжка... Их , как помните, бежало двое: одного мы вскоре поймали и тогда же на пути расстреляли, а другой скрылся... Не этот ли дезертир теперь стоит перед вами?

«О, приговор мой подписан! - в ужасе, замирая, подумал Базиль. - Этот раболепный офицеришка непременно поддакнет своему начальнику. Иначе не может и быть! Боже, хоть бы мое лицо исказилось судорогой, покрылось язвами проказы, если во мне действительно есть хоть малейшее роковое сходство с тем беглецом».

- Ну, глядите же, Оливье, внимательно, - подсказал Даву адъютанту, - я вас слушаю.

Адъютант, переминаясь остатками ботинок, едва державшихся на его ногах, неслышно подошел ближе к пленнику и пристально взглянул на него.

- Да, помню, - негромко ответил он, - обстоятельство, о котором вы говорите, ваша светлость, действительно было...

- Вы, Оливье, глупец или выпили лишнее! - не стерпев, раздражительно крикнул Даву. - Вас спрашивают не о том, был ли такой случай, или его не было: это я знаю лучше вас. Отвечайте, приказываю вам, на другой вопрос: этот ли именно господин бежал у нас из плена в ту ночь, когда мы заняли Смоленск? Поняли?

Перовский видел, как за секунду угодливые и, по-видимому, совершенно покойные глаза адъютанта вдруг померкли, точно куда-то пропали. Адъютант тронул себя за хохолок, прижал руку к груди и вполголоса, побелевшими губами, произнес что-то, казалось, полное неожиданности и ужаса. Базиль в точности не слышал всех его слов, хотя они ударами колокола звонко отдавались в его ушах. Он явственно только сознавал, как в наступившей затем странной тишине вдруг жалостно и громко забилось его сердце, и он помертвел. От него что-то уходило, что-то с ним навеки прощалось, и ему болезненно, от души было чего-то жаль. И то, о чем он так жалел, была его молодая жизнь, которую у него брали с таким суровым, безжалостным хладнокровием. «Где же истина, где божеская справедливость?» - думал Перовский.

- Я вас не слышу, ближе! - крикнул Даву адъютанту. - Говорите громче и толковее.

- Этот господин, ваша светлость... - произнес Оливье, - я хорошо и отчетливо все помню...

Перовский, держась за спинку близ находившегося стула, едва стоял на ногах, усиливаясь слушать и понять, что именно произносили бледные и, как ему казалось, беззвучные губы адъютанта.

ЧАСТЬ ВТОРАЯ

БЕГСТВО ФРАНЦУЗОВ

И прииде на тя пагуба, и не увеси.
Исайя

XXV

Через два дня после проводов жениной бабки и Авроры Илья Борисович Тропинин, надев плащ и шляпу, отправился в сенат, где, по слухам, была получена какая-то бумага из Петербурга. Он хотел проведать, последовало ли наконец разрешение сенатским, а равно и театральным чиновникам также оставить Москву. В то утро он узнал от бывшего астраханского губернатора Повалишина, что их общий знакомый, старик купец миллионер Иван Семенович Живов, убедившись в приближении французов, запер в Гостином дворе свой склад и, перекрестясь, сказал приказчику: «Еду; чуть они покажутся - слышишь, чтоб ничего им не досталось; зажигай лавку, дом и все!» Едва Илья въехал в Кремль и вошел в сенат, началось вступление французов в Москву, был ими произведен известный выстрел картечью в Боровицкие ворота, и французы заняли Кремль. Тропинин бросился было обратно в Спасские ворота. Он полагал спуститься к Москворецкому мосту и уйти с толпою, бежавшею по Замоскворечью. - «Скорее, скорее!» - торопил он извозчика, У Лобного места его окружила и остановила куча французских солдат, с криками уже грабившая Гостиный двор. Посадив на тротуар этого длинного, близорукого и смешного, в синем плаще, человека, французы со смехом прежде всего стащили с его ног сапоги. Потом, весело заглядывая ему в лицо и как бы спрашивая: «Что? удивлен?» - они сняли с него плащ и шляпу. Огромного роста, в рыжих бакенбардах и веснушках, унтер-офицер, скаля белые, смеющиеся зубы, спокойно отстегнул с камзола Ильи золотую цепочку с часами и принялся было за обручальное кольцо на его пальце. Обеспамятевший Илья очнулся. Он бешено, с силой оттолкнул грабителя и, задыхаясь, с пеной у рта, крикнул несколько отборных французских ругательств. - Каково! он говорит, как истый

93

француз!³⁵ - удивился унтер-офицер. Илью окружили и ввели под аркады Гостиного двора, так как в близком соседстве уже прорывалось пламя пожара над москательными лавками. Пленнику предлагали множество вопросов о том, где в Москве лучшие магазины и погреба, как пройти к лавкам золотых и серебряных изделий, к складам вин и к лучшим модным трактирам. Пользуясь суетой, Илья в одном из темных проходов Гостиного двора бросился в сторону, выбежал к Варварке и скрылся в подвале какого-то опустелого барского дома. Когда стемнело, он переулками добрался до Тверского бульвара, отыскал знакомый ему сад богача Асташевского и здесь, в дальней беседке, решился провести ночь. Забившись в угол беседки, он от усталости почти мгновенно заснул. Его разбудил дым, валивший клубами через деревья из загоревшегося смежного двора. Не сознавая, где он и что с ним, и задыхаясь от дыма, он выскочил из беседки.

Начиналось утро. С разных сторон поднимались густые облака дыма с пламенем. Горели соседние Тверская, Никитская и Арбат. Тропинин, вспомнив приказ Живова о сожжении его собственного дома, оглядывался в ужасе. Его томил голод; разутые ноги окоченели от холода. Куда идти? Дом жениной бабки, где, как он знал, вчера на руках дворника осталось еще немало невывезенных припасов, был невдали. Илья, перелезая с забора через забор, вышел па Бронную. Отсюда было уже близко до Патриарших прудов. Полуодетый, без шляпы и в одних испачканных носках, он, быстро шагая длинными ногами, скоро миновал смежные, теперь почти пустые переулки. Уже виднелась знакомая крыша дома княгини Шелешпанской. Тропинину преградила дорогу кучка солдат, несшая какие-то кули и тюки. Сопровождавший их офицер остановил Илью и приказал ему взять на плечи ношу одного из солдат, которого тут же куда-то услал. Ноша была в несколько пудов. Тропинин молча покорился такому насилию, соображая, что этому будет же вскоре конец. Он донес куль до Кремля. Оттуда его отправили с другими солдатами за сеном, а вечером, дав ему поесть, объявили, что он будет при конюшне главного штаба. В течение пяти дней Илья чистил, кормил и поил порученных ему лошадей, выгребал навоз из конюшни и рубил для офицерской кухни дрова. Посланный с товарищем в депо за овсом, он нагрузил подводу, заметил на обратном пути, что пригнездившийся на подводе усталый товарищ уснул, дал лошади идти, а сам без оглядки бросился в смежный переулок. Место его второго побега было близ Садовой. Он издали узнал церковь Ермолая и, опасаясь погони, бросился в ту сторону. Мимо дымившихся и пылавших улиц Тропинин снова достиг

---

³⁵ Tiens, il parle comm e un vrai francais!

Патриарших прудов и теперь их не узнал. Сколько он ни отыскивал глазами зеленой крыши и бельведера на доме княгини, он их не видел. Все окрестные деревянные и каменные дома сгорели или догорали. Улицы и переулки вокруг занесенных пеплом и головнями прудов представляли одну сплошную, покрытую дымом площадь, на которой, среди тлевших развалин, лишь кое-где еще торчали не упавшие печные трубы и другие части догоравших зданий. Илья с ужасом убедился, что дом княгини Шелешпанской также сгорел. «Боже! неужели это не во сне?» - думал он, оглядываясь. Слезы катились из его глаз. Беспомощно переходя от раскаленных пепелищ к пепелищам, Тропинин близорукими, подслеповатыми глазами усиливался отыскать след этого дома и не находил. Долго неуклюжею, длинною тенью он бродил здесь, прислушиваясь к падению кровель и стен и едва дыша от дыма и пепла. В одном месте, у церкви Спиридония, его охватило нахлынувшим пламенем. Он бросился к какому-то каменному забору и перелез через него. Соскакивая в соседний сад, он сильно ушиб себе ногу и сперва не обратил на это внимания. Нога, однако, разболелась. «Что же я теперь, если охромею, буду делать?» - думал Илья, бродя по саду и разминая ногу. Вдруг он услышал, что его назвали по имени. Тропинин вздрогнул. Между лип полуобгорелого сада он увидел седую голову, глядевшую на него из травы, а подойдя ближе, узнал бледное, в пегих пятнах, лицо княгинина дворника Карпа. Тот выглядывал из ямы.

- Ты как здесь?
- Третьи сутки спасаюсь.
- Чье это место?
- Неужто не узнаете? Наше.

Двор был в развалинах, деревья обгорели. Карп помог измученному голодом и ходьбой Илье спуститься в яму, вырытую им в саду, принес из пруда воды, дал ему умыться, накормил его какими-то лепешками и уложил отдохнуть.

- Все погорело, как видите, дом, людские и кладовая, - объявил, всхлипывая, Карп, - и те злодеи до пожара все разграбили, не помогла и стенка, дорылись и до ямы; телешовский Прошка спьяну навел сюда и указал; а вы-то, вы... Господи!

Карп ушел из подвала и под полой откуда-то притащил старенький калмыцкий тулуп, мужичьи сапоги и такую же баранью шапку.

- Оденьтесь, батюшка Илья Борисыч, - сказал он, - здесь, в западне, сыро. Как вас нехристи-то обидели! в нашем холопском наряде они вас тут хоть и увидят, скорее не тронут. А что же это, и нога у вас болит? Тропинин сообщил о своем ушибе.

- Перебудьте, сударь, здесь, авось наша-то армия вернется и выгонит злодеев. На ночь мы прикроем подвал досками; я на них и землицы присыплю. Наказал нас господь... конец свету!

Илья оделся в принесенные тулуп и шапку, свернулся на соломе, в углу подвала, и под причитания Карпа заснул. Утром следующего дня Карп объявил ему, что накануне приходили какие-то солдаты, шныряли тут, перевертывая тлевшие бревна, и тесаками чего-то все искали, а в сад и к пруду все еще не подходили. Илья не покидал подвала двое суток. Он оттуда, сквозь обгорелые деревья, видел, как пожар в ближних дворах мало-помалу угасал. Изредка, за соседними заборами, показывались неприятельские отряды, слышались французские и немецкие оклики. Дозорные команды, преследуя чужих и своих поджигателей и грабителей, захватывали подозрительных прохожих. В одну из ночей в ближнем закоулке произошла даже вооруженная стычка. Тропинин из подвала явственно слышал, как начальник дозора командовал солдатам: «En avant, mes en f ants! ferme! feu de peloton, visez bieni»[36] Раздался залп преследующих; из-за печей и труб затрещали ответные выстрелы. Несколько вооруженных солдат, ругаясь по-немецки и роняя по пути добычу, перелезли через забор и пробежали в пяти шагах от ямы, где скрывался Илья. Слышались возгласы: «Du lieber Gott! Schwernots Keri von Bonapart!»[37] Карп подобрал несколько хлебов, липовку с медом и узел с женскими нарядами. Хлеб и мед были очень кстати, так как съестные припасы в подвале подходили уже к концу. Через неделю Карп объявил, что все припасы вышли и что он решился пойти к церкви Ермолая проведать, не уцелело ли там, в церковном дворе, чего съестного и что деется в других местах Москвы. Он возвратился измученный, недовольный.

- Враг-то... выбрал начальство над городом из наших же! - сказал он, спускаясь в подвал.

- Кого выбрал?

- Ермолаевский дьяк сказывал... он тоже в погребу там, под церковью, сидит и знает вашу милость; при вашем венце в церкви служил...

- Что же он говорил?

- Нашим пресненским приставом злодеи поставили магазинщика с Кузнецкого моста... Марка, городским головою - купца первой гильдии Находкина, а подпомощником ему - его же сына Павлушку. На Покровке их расправа... Служат, бесстыжие, антихристу! креста на них нет...

Тропинин вспомнил, что он кое-где встречался с кутилою и вечным посетителем цыганок и игорных домов Павлом Находкиным и что

---

[36] «Вперед, ребята, пали! цельтесь лучше!»
[37] Боже милостивый! Проклятый парень Бонапарт! (нем.)

однажды он даже выручил его из какой-то истории, на гулянье под Новинским. Илья в раздумье покачал головой.

- Да что, сударь - произнес Карп, - то бы еще ничего; кощунство какое! Не токма в церковах, в соборах треклятые мародеры завели нечисть и всякий срам. Выкинули на пол мощи святителей Алексея и Филиппа. В Архангельском наставили себе кроватей, а в Чудовом, над святою гробницей, приладили столярный верстак. Ходят в ризах, антиминсами подпоясываются. Еще дьячок сказывал, что видел самого Наполеона. Намедни он тут, по Садовой, мимо их, злодей, проехал; серый на нем балахончик, треуголочка такая, сам жирный да простолицый, из себя смуглый; то, сказывают, и есть сам Бонапартий.

Илья вспомнил, как Наполеона еще недавно обожал Перовский.

- Чего же Бонапарт забрался в Садовую? - спросил он.

- Ушел за город; его, слышно, подожгли в Кремле. Да и бьют же их, озорников, а то втихомолку и просто топят.

- Как так?

- Ноне, сударь, слышно, из каждого пруда вытянешь либо карася, либо молодца. А Кольникур ихний ничего - добрый... Намедни тоже мимо Ермолая ехал, сынка тамошней просвирни подозвал и дал ему белый крендель. Вот и я вам, батюшка, картошек оттуда принес... черноваты только, простите, в золе печены и без соли. Илья с удовольствием утолил голод обугленными картошками.

XXVI

Еще прошло несколько дней. Припасы окончательно истощились. Карп пошел опять на разведки. Тропинин тоже под вечер вышел из подвала - прогуляться между пустырей. Он заметил в чьем-то недальнем огороде, у колодезя, яблоню, на которой виднелись полуиспеченные от соседнего пожара яблоки. Сорвав их несколько штук, он начал жадно их есть. Его грубо окрикнул проходивший мимо пьяный французский солдат. Подойдя молча к Илье, солдат уставился в него, взял с его ладони яблоко, пожевал его и с ругательством бросил остатки Илье в лицо. Илья вспыхнул. В его глазах все закружилось. Он с бешенством ухватил обидчика за шею. Началась борьба. Хмельной солдат ловко наносил кулаками удары Тропинину и чуть не сбил его с ног. Илья устоял, обхватил солдата и, протащив его под деревьями, швырнул в колодезь. Не помня себя и задыхаясь от волнения, он едва дошел обратно до подвала.

Искаженное страхом лицо и взмахнувшие по воздуху башмачонки француза, брошенного им в колодезь, не выходили у него из головы. Карп возвратился с пустыми руками. Опасаясь возмездия со стороны неприятелей, Илья объявил ему, что их место небезопасно, что надо бросить его, и решил с ним наутро отправиться к новому городскому голове.

Ночь Тропинин провел в бессоннице и в лихорадочном бреду. Ему грезились в соседнем огороде обгорелые яблони и между ними черный, покрытый плесенью, сруб заброшенного колодезя. Ночь он видел иную, теплую; странный багровый месяц освещал вершины обгорелых лип и берез, между которыми шла с лукошком, полным спелых яблок, Ксения. Коля, уже мальчик лет пяти, бежал по траве впереди нее. Вдруг из глубины колодезя поднялся и, хватаясь за сруб руками, стал вылезать бледный, покрытый зеленою тиной утопленник. Не успел Илья броситься на помощь жене, как утопленник, шлепая мокрыми ногами, добежал и впился зубами в обеспамятевшего Колю. Тропинин в ужасе проснулся... Крышка над подвалом была приподнята. Кто-то вылезал из ямы. Илья узнал Карпа. «Куда это он?» - подумал Илья и также поднялся наверх. Карп пробирался к ближнему двору, уцелевшему от пожара. Из-за лип от подвала было видно, как он бережно подкрался к крайнему флигелю, стоявшему среди сараев, и присел. «Что он там делает?» - мыслил Илья. У флигеля сверкнули искры. Карп, очевидно, кресал огонь. Еще прошла минута; угол ветхой крыши ближнего сарая осветился. Послышались опять шаги. Карп проворно бежал оттуда; подожженное здание вспыхнуло. «И этот, как купец Живов! - подумал Илья, торопясь спуститься в подвал, чтобы его не увидел Карп. - Знаю теперь, кто поджигает Москву». Он радовался и вместе боялся смутить поджигателя тем, что видел его тайный подвиг. Тропинин с Карпом утром отправился в дом нового городского головы. На стене дома была надпись: «Secours aux indigents»[38]. На фронтоне подъезда красовалась новая, лоснившаяся вывеска: «Гороцкой голова». Доложив о себе Находкину-сыну, Илья поднялся в верхний этаж; Карп остался у подъезда.

Павел Находкин, в модном сером фраке, с белым шарфом через плечо, сидел за столом в приемной, опрашивая каких-то бродяг, приведенных сюда для справок от заведовавшего французскими лазутчиками генерала Сокольницкого. Мужицкий наряд и небритое, обраставшее бородою лицо Тропинина не дали Находкину возможности сразу его узнать. Илья назвал себя. Краска залила моложавое лицо и толстый затылок Находкина. Он, водя пером по бумаге, подождал, пока жандармы увели арестантов, оправил на себе шарф и встал.

---

[38] «Помощь нуждающимся»

- Тэк-с, - сказал он, не глядя на Тропинина, - что же-с... узнаём-с... Что угодно? и как изволили, в такое время, остаться в здешних местах?

Илья передал ему о своем плене и ушибе ноги и просил содействия к разрешению ему и дворнику княгини оставить Москву. Находкин не поднимал глаз.

- Но как же? каким то есть манером? - произнес он. - Мы вам с тятенькой, сказать, оченно благодарны-с... тогда на гулянье гусары... и вы вступились... Но теперь тут совсем иные, иноземные порядки, не наши-с... притом мы не одни...

Павел подумал.

- Разве вот что-с, - сказал он. - Начальник ихних шпионов генерал Сокольницкий, опять же и главный их интендант генерал Лесепс нуждаются в знающих господах... Не окажете ли, сударь, сперва услуги нашим победителям? Было бы кстати-с.

- Какой услуги? - Вы при киятре служили и, кажись, надзирали за размалевкою декораций... сами рисуете.

- Так что же?

- Его величество, значит, ихний, - произнес Находкин, - а пока, так сказать, по здешним местам и наш анпиратор Наполеон затеял, видите ли, для ради своей то есть публики киятер на Никитской. Изволите знать дом Позднякова? Еще возле, там, Марья Львовна жила.

- Какая Марья Львовна?

- Ну, Машенька-актриса, - продолжал Павел, - ужели не помните? Дело прошлое... Так вот-с, возле ее фатеры этот самый киятер и устраивают... Там давно и прежде шли представления, большущий зал с ложами, при нем зимний сад. Обгорела только сцена, декорации и занавесы.

- Где же вы возьмете новые? - спросил Илья, - наш казенный театр, слышно, совсем сгорел...

- Отыскались на это у них мастера; занавес будет вовсе новый, парчовый, из риз, а заместо люстры - паникадило.

Тропинин ушам своим не верил. «Что он? раскольник, что ли? - подумал он. - Да нет, те еще более почтительны к вере».

- И вы, как рисовальщик, - продолжал Находкин, - притом же, зная их язык, могли бы им помочь. Вас в таком разе оденут, накормят; ну, смилуются, а то и вовсе выпустят. Мы же с тятенькой тоже постараемся, и завсегда.

Тропинин, побоздая в себе злобу и негодование, молча мыслил: «Неужели же этот муниципал и в самом деле поможет мне освободиться?».

- Согласны, барин? - спросил Находкин.

- На что?

- Помочь в декорациях и в прочем...

- Согласен, - ответил со вздохом Илья.

- И дело-с. Оченно рад! А таперича, значит, по порядку, мы вас отправим к Григорию Никитичу.

- Кто это?

- На Мясницкой, книгопродавец Кольчугин. Он ныне, по милости анпиратора Бонапарта, покровителя, так сказать, наук-с, тут назначен главным квартермистром для призрения неимущих и пленных. Там и Сокольницкий... Тятенька, вы здесь? - крикнул Павел в соседнюю комнату.

- Здесь, что те? - отозвался оттуда голос. Павел скрылся за дверью и минуты через две вышел оттуда с отцом. Петр Иванович Находкин, невысокий, рябой и лысый старик, с узкою, клином, бородою, был в купеческом кафтане до пят, в высоких, бутылками, сапогах и также с белым шарфом через плечо.

- Поступаете? - спросил он, взглядывая на Илью маленькими, зоркими глазами.

- Ваш сын предлагает.

- Павел говорят дело, - произнес старик, - все мы под богом, не знаем, как и что. В этот кият уже поступили, из наших арестованных, скрипач Поляков и вилончелист Татаринов. Не опасайтесь, не останетесь... а мы добро помним-с...

Тропинин и Карп, с запиской сына Находкина и с жандармом, были отведены на Мясницкую. Здесь, у подъезда длинного каменного дома, где помещался заведовавший частью секретных сведений генерал Сокольницкий, стоял караул из конных латников. Илью и его спутника ввели в большую присутственную комнату. Несколько военных и штатских писцов сидели здесь над бумагами у столов. За перегородкой, у двери, переминаясь и охая, стояла кучка просителей - бабы, нищие, пропойцы и калеки. Илья сквозь решетку узнал Кольчугина, у которого не раз, еще будучи студентом, он покупал книги. Он ему протянул письмо Находкина. Стриженный в скобку и без бороды, Григорий Никитич, заложив руки за спину, стоял невдали от перегородки, у стола, за которым горбоносый, бледный и густо напомаженный французский офицер, с досадой тыкая пальцем по плану города, спрашивал его через переводчика о некоторых домах и местностях Москвы. Учитель математики - переводчик, плохо понимавший и еще хуже говоривший по-французски, выводил офицера из терпения. На Илью долго никто не обращал внимания. У него от ходьбы разболелась нога, и он с трудом мог стоять. Кольчугин наконец взял у него письмо.

- Вы знаете по-ихнему? - радостно спросил он, прочтя письмо. - И отлпчно-с: сами объясните им свое дело, а пока вот помогите, этому офицеру нужно указать на карте, где дома Пашкова. Главный из них сгорел, а в боковых они хотят ладить новый госпиталь и богадельню... Удивляетесь, что я при их службе? - заключил, оглядываясь, Кольчугин. - Что, сударь, делать? Крест несем... силком запрягли.

XXVII

Тропинин, войдя за перегородку, дал нужные объяснения офицеру и затем сообщил ему о предложении Находкина. Сперва офицер слушал его сухо, но едва узнал, что Илья владеет кистью, мгновенно изменился.

- Вы хотя и в грубой одежде, - сказал он, не скрывая своего удовольствия, - видно, что образованный, высшего общества человек. Садитесь. Не думайте, чтобы мы были только завоевателями. Вы увидите, как мы оживим и воскресим вашу страну. О! театр! лучшая пища для души... Я сам по призванию что хотите: певец, стихотворец, актер, словом - артист.

На Илью были устремлены ласковые черные глаза: печальная улыбка не сходила с бледного лица офицера.

- Да, - продолжал последний, - я в молодости, в нашей college[39], в Бордо, играл не только Мольера, по и Расина... Далекие, счастливые времена! Но и здесь между вашими актерами, уверяю вас, есть истинные таланты; не все бежали. О! мы уже пригласили изрядных комиков. Офицер назвал имена нескольких магазинщиков, аптекаря и двух парикмахеров с Кузнецкого моста. - А ваш балетмейстер Ламираль, вот дарование! Он вызвался быть у нас режиссером и ставить даже танцы... Потом, как его, как? очень милый господин... мы с ним обедали на днях в его премилой семье... Он взял подряд поставить театральную утварь... Вспомнил! - торговец сукнами Данкварт... еще у него на вывеске герб императора Александра.

- Все ваши соотечественники, французы, - сказал Илья.

- Вы этим хотите сказать, - произнес офицер, - что вам, как русскому, хотя так превосходно говорящему по-французски, неприлично участвовать в наших удовольствиях? Не так ли?

- Да, - ответил Илья.

---

[39] Коллеж (франц.).

- Полноте, помогите нам.

- Но чем же?

- Вы рисуете красками?

- Да.

- Это все, что нам нужно. И если вы согласны, скажите, чем, в свой черед, и я могу вам служить? Шарль Дроз, к вашим услугам, - заключил, вежливо кланяясь, офицер, - капитан семнадцатого полка и адъютант штаба... а в свободные часы - любитель всего изящного и в особенности театра.

- Я голоден, мосье Дроз! - мрачно произнес Илья. - Со вчерашнего дня ничего не ел.

- Боже мой, а я-то, извините... прошу вас ко мне! - сказал, вставая, капитан. - Мы оба - артисты... Что делать? жребий войны... Я здесь недалеко, тут же во дворе; только кончу дело. А вы, мосье Никичь, - обратился он, через переводчика, к Кольчугину, - снабдите господина... господина Тропин... не так ли? приличною одеждой и обувью из нашего склада... я сам о том доложу генералу...

Тропинина провели в какую-то каморку, полную разного хлама, одели во французскую военную шинель и фуражку и в новые, еще не надеванные сапоги, по-видимому, добытые в какой-либо ограбленной лавке обуви. Выйдя из каморки, он встретил Карпа.

- А меня-то, батюшка Илья Борисович, отпустите? - спросил тот, едва узнав Илью в новом наряде.

- Куда ты?

- Землячка тут нашел, пойдем бураки и картошку копать.

- Где копать? Знаю я, куда ты и зачем...смотри, не попадись...

- Убей бог, в казенных огородах, возле казарм. Накопаем им, аспидам, да авось и уйдем.

Освободившись от занятий, капитан Дроз провел Илью внутренними комнатами в обширный барский, почти не тронутый огнем двор, в задних флигелях которого размещались адъютанты начальника розыскной полиции, чины его канцелярии и конные и пешие рассыльные. В помещения капитана, в проходной тесной комнатке, у окна, с пером в руке и в больших очках на носу, сидел седенький в военной куртке писец.

- Пора, Пьер, кончать, темно! портишь глаза! - ласково сказал Дроз писцу, идя с Ильей мимо него.

- Нельзя, капитан, - ответил, не отрываясь от бумаги, писец, - машина станет! списки герцога Экмюльского... только что принесли...

- О, в таком случае кончай, - объявил Дроз.

- В чем эта работа, осмеливаюсь узнать? - спросил Илья, когда капитан потребовал ему от своего денщика закусить и усадил его за блюдо холодной телятины.

- Да, mon bon monsieur[40], горька доля воюющих! - со вздохом ответил капитан. - Часто я проклинал судьбу, что из артиста стал солдатом... а теперь меня наряжают для разных следствий... в эти же списки вносятся имена пленных маршала Даву. Дроз достал из шкафа бутылку и налил гостю стакан вина.

- Что же делают потом с этими списками? - спросил Илья.

- Их пересылают, к сведению, в главный штаб и сюда.

- И только?

- Нет, канцелярия маршала делит вносимых в эти списки на две части. В одну вносятся менее опасные, заурядные лица; в другую - особенно подозрительные.

- Что же ожидает первых и вторых?

- Против имени первых канцелярия обыкновенно делает отметки: под арест или на работы; против вторых же сам маршал ставит собственноручные резолюции: к повешению или к расстрелянию... Печальные бывают развязки. Война не шутит. У меня на этот предмет есть стихи. Не хотите ли, я вам их прочту? - спросил он, покраснев. - Мои собственные стихи о войне.

- Сделайте одолжение.

Дроз встал, протянул руку и, с грустью глядя па гостя, как бы призывая его в судьи своей тоски и одиночества, нежным певучим тенором продекламировал элегию о разоренном гнезде малиновки и о коршуне, похитившем ее птенцов. Он сам с напомаженным хохолком напоминал малиновку. Голос и стихи Дроза тронули Илью. Его щеки от этого чтения и вкусной еды, запитой вином, раскраснелись. Красивый, с горбом нос капитана между тем стал еще бледнее, а глаза печальнее. Он в раздумье молча глядел в пространство. В это время старичок-писец принес переписанные бумаги. Капитан повертел их в руках и вздохнул.

- Да, - сказал он, - отличный почерк, но на какое дело! Есть ли у вас, в России, такие искусники?

Он показал гостю копии, бережно положил их на окно и объявил, что сам отнесет их к генералу, а подлинники велел отправить в канцелярию главного штаба, в Кремль.

- Стаканчик! знаешь, той? - обратился он к писцу, добродушно подмигивая ему на кубышку перцовки в шкафу. - Таким почерком переписывать только Шенье, Бомарше...

Дроз налил из кубышки, которую он называл «bou-che de feu» - «огненным ртом».

- Капитан! - восторженно произнес писец, отставя руку и глядя на

---

[40] Мой дорогой (франц.).

поданный ему стакан перцовки. - Век не забуду ваших ласк и доброты! Он медленно выпил стакан, отер рукавом усы и крякнул.

- Это напиток богов! Исполнение желаний ваших, господа, и дорогих вашему сердцу! - сказал он, уходя.

- Хотя последние теперь, очевидно, далеко.

Капитан, уныло сгорбившись, молчал.

- Дорогие нашему сердцу! - произнес он, отгоняя тяжелые мысли. - Моя семья далеко; ваша же, собрат по музам? вы женаты?.. где ваша семья?

- Ничего не знаю, - ответил Тропинин, - я женат, но моя жена бежала отсюда за два дня до моего плена... и что с нею, жива ли она, убита ли, господь ведает...

- Бежала и она! но зачем же? - искренне удивился капитан.

- А эти ваши списки? - произнес Илья, указывая на принесенные писцом бумаги. - Что, если бы она попала в эти красиво переписанные бумаги, да еще в первый разряд? ведь ваш грозный маршал, сами вы говорите, не любит шутить: а он и женщину мог бы счесть за опасную...

Капитан покраснел до ушей.

- Что за мысль! полноте! - возразил он. - Мы не индейцы и не жители Огненной земли; можете быть спокойны, женщины у нас неприкосновенны. И ни одной, ручаюсь в том, вы не найдете в этих списках. Да, мое поприще - искусство, пластика. Даже сам я и мои формы, не правда ли, пластичны? - произнес капитан, вставая и перед зеркалом протягивая свои руки и выпячивая грудь и плечи. - Это не мускулы, мрамор, не правда ли, и сталь? Итак, завтра я вам дам письмо к Ламиралю, и вы украсите вашею кистью наш театр. Артистов у нас, повторяю, довольно. Кроме найденных здесь прелестной Луизы Фюзи, Бюрсе и замечательного комика Санве, явились и другие охотники. Сверх того, как, вероятно, и вы уже знаете, захвачен целый балет танцовщиц одного вашего графа... comte Cherem e te[41]. А теперь полагаю, и на покой!.. Вот вам кровать, я улягусь на этом сундуке.

- Очень вам благодарен, - ответил Илья, - но это уже чересчур, с какой же стати?

- Без возражений, коллега; мы оба - слуги муз, и вы мой гость... Устраивайтесь, а мне надо нести бумаги к генералу, но прежде я загляну в канцелярию; знаете, народ нынче ненадежный, особенно здесь, - чрез меру поживились военною добычею и не совсем исправно себя ведут.

---

[41] Граф Шереметев (франц.).

XXVIII

Офицер вышел. Илья прислушался у двери к его шагам и бросился к бумагам, лежащим на окне. «Имею ли я право прочесть? - подумал он. - Ведь это вероломство, нарушение прав гостеприимства... А они? а эта война?» Тропинин поднес бумаги к свече, пробежал заголовки и начал наскоро просматривать списки. Были короткие и длинные. Одни из списков, набросанный несколько дней назад, особенно занял его. В нем было занесено много арестованных с отметками: «поджигатель», «грабитель», «шпион». Тропинин просмотрел первую страницу, перевернул лист, прочел еще столбец имен и обмер. Протерев глаза, он снова заглянул в прочитанное. В перечне имен «особенно подозрительных»[42] он прочел явственно написанное: «Lieutenant Perosski»[43]. Рядом с этим именем стояла отметка: «Le deserteur de Smolensk»[44] а сбоку, разом очеркивая несколько имен, было, очевидно, старческою рукою маршала Даву, приписано: «Расстрелять»[45]. Кровь бросилась в голову Тропинина. Он выронил бумаги на окно и несколько мгновений не мог опомниться. Комната с горевшей свечой, стол с неубранными тарелками, сундук и предложенная ему кровать капитана вертелись перед ним, и сам он едва стоял на ногах. «Перосский, очевидно - он, Базиль Перовский! - в ужасе думал Илья. - Но каким образом он мог быть схвачен в Смоленске и стать дезертиром, когда писал нам уже после Вязьмы и ни единым словом не намекнул на подобный случай? очевидно, роковая вопиющая ошибка». Илья ломал себе руки, не зная, на что решиться и что предпринять. Сказать капитану, что он просматривал его секретные бумаги? Но тогда тот справедливо может обидеться, а то и еще хуже - донесет на него.

Дроз возвратился.

- А вы еще не спите? - спросил он. - Ложитесь, иначе вы меня обидите...

Не подозревая особой причины смущения Ильи, он настоял, чтобы тот лег на его кровати, а сам, раздевшись и подмостив себе под голову шинель, улегся на сундуке и погасил свечу.

Прошло с полчаса. Приятный запах розовой помады разносился по комнате.

---

[42] «tres suspects»

[43] «Лейтенант Перосский» (франц.)

[44] «Бежавший в Смоленске» (франц.)

[45] «Fusiller»

- Скажите, капитан, - обратился к нему Илья, видя, что офицер еще не спит, - случается ли, чтобы страшные резолюции маршала иногда отменялись или почему-либо не приводились в исполнение?

Капитан, медленно повернувшись к стене, тяжело вздохнул.

- Увы! - ответил он, помолчав. - У герцога Экмюльского этого не может быть; решения при допросах он пишет сам, а кто ослушается его приказаний? Вы, хотя и русский, я полагаю, знаете, да это и не тайна, - прибавил вполголоса Дроз, - Даву не человек, а, между нами сказать, тигр...

- Но не все же, наконец, решения вашего герцога-тигра исполняются мгновенно, без проверки и суда? - произнес Илья, хватаясь за тень надежды. - Решено, положим, утром; неужели же не откладывают, для справок, хотя бы до вечера?

- В чем дело? не понимаю вас, - спросил Дроз.

- Вот в чем, - проговорил Илья. - Здесь, в Москве, как я узнал, был схвачен и заподозрен в побеге один мой соотечественник. Он, клянусь вам, не виновен в том, в чем его подозревают.

- Когда он схвачен и в чем обвиняется?

Илья подумал.

- Времени его ареста не знаю, - ответил он, - а, по слухам, винят его в том, будто он - дезертир... ну, как вам объяснить? что, будучи взят в плен под Смоленском, оттуда бежал... Это клевета. Я в точности знаю, что он вплоть до Бородина нигде не был в плену. Ради бога, молю вас, это мой товарищ и друг; если он жив еще, попросите за него.

- Но кого просить?

- Герцога, самого императора.

- Мало же вы знаете герцога и нашего императора! - сказал, обернувшись от стены, капитан. - Прибегать с такою просьбою к герцогу - все равно, что молить у гиены пощады животному, которое она держит в окровавленных зубах... а император... да знаете ли вы его? - прошептал капитан, даже привстав впотьмах и садясь на сундуке. - Нас тут не слышат, вы понимаете, и я, между нами, могу это сказать... Недавно он, при докладе Бертье о нуждах солдат, выразился: «Лучше, князь, вместо солдат поговорим о их лошадях!» Станет он думать об экзекуциях Даву... у него на уме другое... Капитан замолчал.

- А жаль! - проговорил он через минуту. - Не ему ли было бы лучше остаться во Франции, покровительствовать искусствам, литературе? Боязнь покоя, критики - вот что увлекает его в новые и новые предприятия... Впрочем, не нам, мелким, судить великого человека. А пока он успокоится, мы сами, дорогой собрат, не правда ли, займемся театром!

Итак, до завтра! - заключил, опять ложась, капитан. - Дадим великой армии отдохнуть и вспомнить, хотя здесь, в вашей Скифии, наши былые, лучшие, тихие времена.

- Но я бы вас все-таки просил, - сказал Илья, - если будет случай и это вас не затруднит, справьтесь о моем друге, чем кончилась его судьба?

- Как его имя?

Тропинин назвал.

- Попытаюсь, мой дорогой, - произнес капитан, - только, знаете, в эти смутные дни в наших штабах столько возни и хлопот. Не обо всем оставляют след в бумагах.

Сказав это, Дроз окончательно смолк. В комнате раздался его сперва тихий, потом громкий и, по-видимому, совершенно счастливый храп. Он видел во сне Францию, маленький провинциальный театр, где он играл на сцене и мечтал о будущности Тальма, не подозревая, что, благодаря конскрипции Наполеона, из актера он станет воином, а затем попадет в штаб «заведывающего секретными сведениями». «Несчастный Базиль! - мыслил тем временем Тропинин. - Дело, очевидно, кончено! Вот чем отплатил тебе твой любимый идол, герой! Сын магната, министра... Погибнуть в числе подозреваемых в поджогах и грабежах! И никто об этом не знает, никто ни защитит... Бедная Аврора... предчувствует ли она, что постигло ее жениха?..» Илье вспомнилась его жена, недавний тихий семейный круг. Слезы подступали к его горлу, и он ломал голову, как ему самому уйти из плена и избегнуть участи, постигшей его друга. Проснувшись утром, он увидел, что капитан уже встал и что-то пишет.

- Вот вам письмо, - сказал озабоченно Дроз, - отнесите его к Ламиралю, и желаю вам всякого успеха и благополучия. Меня же, к сожалению, сейчас вызывали к генералу; он посылает меня на следствие в другое место. До свидания.

- А узнали вы что-нибудь о моем товарище Перовском? - спросил Илья.

- Справлялся, - ответил сухо Дроз, - по бумагам ничего не видно, хотя я рылся немало; дел теперь столько, столько...

Капитан ушел; Тропинин, при помощи его денщика, умылся, побрился и пошел на Никитскую, в дом Позднякова. Бывший навеселе с утра, режиссер Ламираль недолго с ним говорил. Он провел Илью за кулисы и без дальних слов предложил ему заняться изображением декорации какой-то итальянской виллы. Краски в горшках и огромные кисти были готовы. Илья надел фартук, растянул на полу холсты и принялся за работу. Он трудился, не разгибая спины, весь день. Вечером его позвали обедать в соседний дом, где помещались, изучали роли и продовольствовались набранные для театра актеры и актрисы. Так прошло несколько дней. Илья пытался в это время заговорить со своими новыми сожителями об участи пленных вообще и тех, которые попадали на Девичье поле, к маршалу Даву. Веселые и беззаботные артисты при таких вопросах вмиг смолкали и, поднимая глаза к небу, смущенно говорили:

- Ужас! Расстреливают и вешают ежедневно, без суда.

Дроз раза два еще навещал работы Ильи и сильно его хвалил, потом окончательно исчез. Его надолго прикомандировали к какой-то комиссии, в другой части города, у Сухаревой башни. Холсты для декораций между тем были почти готовы. Ламираль готовил веселые и, как говорили, любимые Наполеоном пастушеские оперетки с переодеваньями, в которых остановка была только за декорациями. То были пьесы «Martin et Frontin», «Les folies amoureuses» и «Guerre ouverte»[46]. Он с важностью объявил Илье, что весьма доволен его работою. За опереттой Ламираль затеял даже поставить нечто вроде небольшого балета. Потребовались новые декорации, за которыми Илья просидел опять довольно долго. Под видом наблюдения за театром сюда, полюбезничать с пленными танцовщицами, заезжали разные французские власти, в том числе и сам король Мюрат.

К Илье привыкли и ему доверяли. Он решил этим воспользоваться и однажды отпросился у режиссера проведать Дроза. Ламираль к последнему имел, кстати, одно неоконченное дело по театру. Он дал Илье к нему письмо, а для свободного прохода к Сухаревой башне достал ему от коменданта охранный лист. Это было вечером, в конце сентября. В этот день артистов снова навестил Мюрат, и Илья был личным свидетелем его ухаживанья за черноглазою, статною танцовщицей Лизой. На все любезности венчанного селадона неуступчивая плясунья, бешено сжимая кулаки и плача, отвечала:

- Сгинь ты, тьфу, черт пучеглазый! пусти душеньку на покаяние!

Король, не понимая ее, милостиво улыбался. Погода стояла прохладная. Тропинин невдали от Сухаревой башни, на Садовой, обогнал французского молодого рекрута из эльзасцев. Немец-солдатик шел, с сумкой и с ружьем на плече, устало посматривая по сторонам и как бы ища дороги. Илья заговорил с ним и узнал, что рекрут был послан из Кремля с бумагами в Лефортово, где во дворце был устроен главный французский госпиталь.

- А вы куда? - спросил Илью румяный, с ямочками на щеках, белокурый эльзасец.

- И мне туда же, - подумав, объявил Тропинин.

- Отлично, господин, веселее будет, идем... А я, как видите, сбился в

---

[46] «Мартен и Фронтен», «Шалости любви», «Открытая война» (франц.)

сторону и таки порядочно притомился... Не совсем ладно: лошади дохнут, как мухи осенью, и теперь все приходится пешком... Вы, не правда ли, штабной?

- Да, рассыльный, как и вы.

- Но у вас сапоги будут поновее.

- Дали в награду.

- Отлично, и мы заслужим вместо этого тряпья, - произнес солдат, поглядывая на свои худые, обвязанные веревочками сапожонки.

Новые знакомцы, беседуя, миновали Басманную и, через Немецкую улицу, вышли за Яузу. Окончательно стемнело. Тропинин в сумраке указал спутнику на освещенные окна лефортовских зданий. За дворцовым садом и церковью Петра и Павла, у ручья Синички, как он знал, было загородное Введенское кладбище. Илья помнил эти места, так как во время студенчества не раз навещал в этих местах одного товарища.

- Что, друг, не зайдете ли и вы со мной в госпиталь? - спросил, отирая лицо, солдат, - там обещали меня угостить бульоном выздоравливающих и их вином... говорят, прелесть, особенно уставши...

- Нет, лучше вы меня проводите вон до той церкви, - сказал, осматриваясь, Илья, - поздновато, я хоть и штабный, но без оружия; с вами будет спокойнее!.. здесь, слышно, пошаливают мародеры...

- Охотно. Но странно, - заметил солдат, - я уже однажды был здесь и даже вот у этой церкви; там еще стояла на днях артиллерия. Теперь же кругом так тихо, точно иду здесь впервые; спасибо, что вы провели, я, знаете ли, близорук и плохо помню места.

- Мне к командиру этой артиллерии, - спокойно сказал Илья.

- Отлично, пойдем.

Солдат и Илья направились к церкви Петра и Павла. Невдали от нее их окликнул часовой ночной цепи. Путники ответили, что идут по службе.

- Куда?

- В церковный дом, - ответил Илья.

- Кой черт, в такую пору! - проворчал конный гренадер, наскакивая на них впотьмах и приглядываясь к ним с седла. - Куда лезете? в этой глуши шныряют казаки; еще отнимут ружье и ограбят вас, если не будет и хуже того.

- Будь спокоен, друг, нас двое! - смело проговорил Илья, шлепая далее по липкому и скользкому переулку, у сада. - Не на таких нападут.

- Помните, там уже конец ведетов.

XXIX

Миновав госпиталь и часть поля, путники дошли до церковной ограды. Кругом было мертвенно пустынно. Ветер шумел в вершинах берез, окружавших ограду.

- Ну, дорогой мой, идите обратно, я вас догоню или найду в госпитале, - сказал Илья солдату, между тем мысля: «Не вырвать ли у него ружье и не приколоть ли его здесь, наедине, чтоб убежать успешнее?»

- Да к кому же это вы? - спросил Илью солдат с удивлением, убедившись, что ни возле церкви, ни за нею не было признаков артиллерии, стоявшей здесь на днях. - Или, - засмеялся он, - ваше поручение к покойникам?

«Приколоть?.. - опять пробежало в мыслях Ильи. - Что, как он догадался и даст знать часовым цепи?» Солдат в это время положил ружье и оправлял на ногах веревочки. Илья помедлил. «Нет, - решил он, - иди себе с миром, добрый белокурый немчик; ты против воли попал в полчище этого злодея, бог с тобой!»

- Неужели вы не видите? - спокойно сказал он. - Вон домишко между деревьями; огни погашены; командир, очевидно, спит, не спят часовые; их отсюда не видно... Я разбужу, кого мне надо, отдам бумаги и вас еще догоню.

- До свидания! и то правда, я так близорук, что иной раз думаю: ну зачем взяли в рекруты такую слепую курицу. Кстати, разузнайте у ваших артиллеристов, скоро ли наконец отпустят нас с вами домой? Может быть, они знают; да берегитесь, не подстрелил бы вас какой часовой.

- Спрошу непременно и буду беречься.

Солдат пошел обратно. Илья прислушался к его шагам, бережно миновал церковь, прилег за оградой и снова стал слушать. Ветер то затихал, то опять шумел, качая верхи деревьев. Вправо и влево отсюда раздавались оклики сторожевой цепи вплоть до берега Синички. Сзади, над городом, стояло зарево. Широким пламенем загоралась местность к стороне Басманной, где он так недавно прошел. «Неужели я проскользну за вражескую черту? - с лихорадочной дрожью подумал Илья. - И в самом ли деле мне удастся это затеянное безумное бегство? Нет, солдата могут остановить и спросить, куда делся его недавний спутник; часовые поймут, что их обманули, и бросятся меня искать... Скорее, скорее далее...». Тропинин вскочил на ноги. Он, нагнувшись, пополз, потом побежал, сам не зная куда. Спотыкаясь впотьмах о рытвины и попадая в лужи, он опомнился, когда увяз по колено в каких-то кочках. То был берег Синички. Илья заполз в высокую траву, выбрал более сухое место и решился здесь ждать утра. Его нога опять разболелась. «Да, не уйти мне, - мыслил он, - напрасная мечта! поймают, захватят и отведут обратно; а там, может быть, откроется и дело о колодце... Боже! дай силы, дай мне жить на счастье осиротелой семьи, в прославление твое!»

Прошло более часа. Ночь в отблеске дальних пожарищ казалась еще мрачнее. Тропинин забылся в лихорадочной дремоте. Вправо за кустами как бы что-то побелело, «Неужели рассвет?» - подумал он, приподнимаясь в траве. Кругом было еще темно. Только плесо ручья и часть ближней рощи были освещены вышедшим из-за облаков месяцем. Илья знал, что к роще, за ручьем, примыкало Введенское кладбище, а далее шли овраги, сплошной лес и поля. «Пора, пора!» - сказал он себе, разделся, придерживая над головой одежду и обувь, вошел в воду и, медленно ощупывая ногами болотное дно, направился к другому берегу. Он несколько раз скользил, оступался и чуть не выронил платья. На средине ручья холодная, как лед, вода была ему по горло. Ручей стал мельче. Илья еще подался и, дрожа всем телом, вышел на ту сторону. Обтершись кое-как травой, он оделся, обулся и ползком направился к кладбищу. Месяц скрылся. Долго пробирался Илья; наконец невдали он приметил деревья и кресты кладбища. Запыхавшись и согревшись от движения, он забрался между могил и стал обдумывать, что ему делать далее? Так лежал он долго. Окликов часовых здесь уже не было слышно. Снова стало виднее.

- Нет, надо уйти до рассвета, - сказал себе Илья, - заберусь хоть в ближний лес.

Он встал и бережно сделал несколько шагов. Вправо, между могил, послышался шорох. Илья вздрогнул и в ужасе стал присматриваться. В нескольких шагах от него, полуосвещенный месяцем, образовался высокий, бородатый, в истрепанном подряснике, человек. Незнакомец был, очевидно, также смущен. При виде французской военной шинели п такой же фуражки Ильи он долго не мог выговорить ни слова.

- Враг ты или друг?[47] - проговорил по-латыни густым, дрожащим басом незнакомец. - Взгляни и пощади![48] - жалобно прибавил он, указывая на ребенка, лежавшего у его ног, в траве.

«Вероятно, кладбищенский священник! - радостно подумал Илья. - Принимает меня за француза».

- Успокойтесь, батюшка, я сам русский, - ответил Илья, - и такой же несчастный, как, очевидно, и вы! мое имя - Илья Тропинин.

- Я же дьякон Савва Скворцов из Кудрина, а это мой племяшек! - сказал незнакомец. - Что испытал, страшно и передать. Грабители, ох, господи,

---

[47] Utrum hostis, aut amicus es?
[48] Respice et parce!

сожгли дом! - это бы еще ничего; отняли все имущество - и это преходящее дело: наг родился, наг и остался. Но они, в мое отсутствие, увели мою жену... Поля, Полечка, где ты? - тихо проговорил, всхлипывая, дьякон. Он, ухватясь за голову, опустился на могильную плиту. Его плечи вздрагивали. Проснувшийся племянник испуганно глядел на дядю и стоявшего перед ним Илью.

- Как завидел вас, - проговорил дьякон, - ну, думаю, поиск, ихний патруль, опять в их руках, кончено... а тут вы встали да прямо на меня... Душа подчас, как видите, бренна, хоть телом я и Самсон... и за все их злодейства, вот так бы, хоть и слуга алтаря, с ножом пошел бы на них.

Тропинин рассказал о своем плане.

- Не подобает мне клястись, ваше благородие, - произнес дьякон Савва, - сам вижу! только я поклялся... Искал я жену везде в их вертепах, ходил, подавал просьбы их начальству и маршалам, - еще и смеются. Взял я тогда этого препорученного мне сироту, вышел сегодня огородами, думал на Андрониев монастырь, да заблудился, попал сюда. Дай господи, дотянуть до своих, сдать племянника. Попомнят, изверги, Савву.

- Вам, отец дьякон, куда?

- На Коломну.

- И мне туда же, на Рязань; моя семья в Моршанском уезде.

- Не будем же, сударь, терять времени, - сказал дьякон, - коли угодно, вместе двинемся с богом в путь; кажись, рассветает.

Путники миновали поляну и вошли в лес. Долго они пробирались чащей дерев и кустами. Утро их застало у прогалины, на которой стояла пустая лесная сторожка. Они ее обошли и решили отдохнуть у озерка, в гущине леса. У дьякона оказалось несколько сухарей. Они закусили, напились и, остерегаясь встречи с врагами, просидели здесь до заката солнца. Савва рассказал Илье, что он кончил учение в семинарии, был несколько лет певчим в Чудове, женился только весною и в ожидании священнического места пока был поставлен в дьяконы. Его горю при воспоминании о жене не было границ. Он твердил, что, едва сдаст родным племянника, готов взять оружие и идти на врагов; авось примут в ополчение. Вечером путники двинулись снова в дорогу, шли всю ночь и утром следующего дня радостно заслышали собачий лай. Невдали перед ними, за лесом, стал виден посёлок. Кто в нем? Свои или чужие? Они вышли на Владимирскую дорогу.

XXX

Стоя на грозном допросе перед маршалом Даву, Перовский наконец разобрал и понял то важное и роковое, что о нем говорил адъютант герцога Оливье.

- Этот господин, - почтительно сказал Оливье, - я отчетливо и хорошо это помню - моложе и ниже ростом того пленного, о котором ваша светлость спрашиваете.

Точно сноп солнечных лучей блеснул в глаза Перовскому; полное ужаса гнетущее бремя скатилось с его груди. Он с усилием перевел дыхание, стараясь не проронить ни слова из того, что далее говорил перед ним его нежданный защитник. Лицо маршала, к удивлению Базиля, также прояснело. В нем явилось нечто менее угрюмое и жесткое.

- Но вы опять мямлите, - сказал адъютанту герцог, будто не желая поддаться осенившему его доброму впечатлению, - у вас вечно, черт возьми, точно недоеденная каша во рту.

- Тот пленный, ваша светлость, - так же почтительно и мягко проговорил Оливье, - был головою выше этого господина... я как теперь его вижу... Он был в морщинах и с родимым пятном на щеке... ходил переваливаясь. И если бы вам, - продолжал дрогнувшим голосом и побледнев Оливье, - не угодно было мне поверить, я готов разделить с этим пленным ожидающую его судьбу.

- Довольно!.. - резко перебил Даву. - В вашем великодушии не нуждаются, а вы, - обратился он к Перовскому, - как видите, спасены по милости этого моего подчиненного... Можете теперь идти к прочим вашим товарищам.

Перовокий неподвижно постоял несколько мгновений, вглядываясь в Даву, который, очевидно, был доволен и своим решением, и растерянностью своего пленного. Не кланяясь и не произнеся ни слова, Базиль обернулся и, пошатываясь, направился к двери. Как его затем провели на крыльцо, указали ему калитку в сад и сдали на руки стражи, оберегавшей жилище пленных, он едва сознавал. Арестанты маршала помещались в недостроенном деревянном флигеле, покрытом черепицей, но бывшем еще без полов и печей. Не доходя до этого здания, Базиль услышал пение и гул голосов тех, кто в нем помещался. Здесь были захваченные на улицах и при выходе из Москвы торговцы, господские слуги, подозреваемые в грабеже и в поджогах чернорабочие, два-три чиновника и несколько военных и духовных лиц. Между последними Перовский разглядел и толстяка, баташовского дворецкого Максима; тот, увидя его, заплакал. Люди из простонародья коротали свои досуги мелкими работами на французов и добыванием для себя харчей, а выпросив у французов водки и подвыпив, - заунывными песнями. Дворянский, духовный и купеческий отдел флигеля был благообразнее и тише. Большинство здесь заключенных сидели молча и мрачно, понурившись или вполголоса беседуя о том, скоро ли конец войны и их плена.

Здесь Базиль узнал, что Наполеон, с целью поднятия раскольников, посетил Преображенский скит, а на днях призывал к себе во дворец продавщицу дамских нарядов с Дмитровки, Обер-Шальме, и что эта «обер-шельма», как ее звали москвичи, толковала с ним об объявлении воли крестьянам. Перовский увидел, что во флигеле, в отведенным ему углу, ему приходилось спать на голой земле. Тут к нему с услугами обратился румяный, рослый и постоянно веселый малый, которого звали Сенька Кудиныч. С рыжеватыми кудрявыми волосами, серыми смеющимися глазами, этот, как узнал Базиль, лакей какой-то графини обитал на половине чернорабочих, где особенно голосисто запевал хоровые песни. Он, добродушно поглядывая на Базиля, без его просьбы наносил ему из сада сухих листьев, нарвал травы и живо из этих припасов устроил ему постель. Скаля белые, точно выточенные из слоновой кости зубы и приговаривая: «Вот так будовар! только шлафрока да туфельков нету; заснете, ваша милость, как на пуховичке!» - он даже подмел вокруг этой постели и посыпал песком. Разговаривая с ним, Базиль узнал, что у Кудиныча была зазноба, горничная его графини, Глаша, и, по его просьбе, написал ей от его имени письмо.

- Но как же ты ей пришлешь письмо? - спросил он его. Сенька ответил:

- Не век тут будем сидеть; улов не улов, а обрыбиться надо! - и спрятал письмо за голенище.

В первые дни своего пребывания в садовом флигеле Перовский, как и прочие пленные, ходил, в сопровождении конвоя, в окрестные огороды и сады на Москве-реке собирать картофель, капусту и другие, тогда еще не расхищенные, овощи. Пленных отпускали также в мясное депо, то есть на бойню, устроенную невдали, в переулке, на Пресне, где они помогали французам в убивании и свежевании приводимых фуражирами великой армии коров, быков и негодных для службы лошадей, причем на долю пленных доставались разные мясные отбросы и требуха. Кудиныч в такие командировки особенно всех потешал своими песнями и шутовскими выходками. Вскоре, однако, эта фуражировка прекратилась. Припасы у французов сильно истощились. Пленных стали кормить только сухарями и крупой. Однажды - это было недели через две после водворения в садовом флигеле милюковской фабрики - Перовский заметил особое оживление и суету у квартиры Даву. Он понял, что у французов готовилось нечто особенное. Из сада было видно, как у дома, занимаемого маршалом, сновали адъютанты, по двору бегали ординарцы и куда-то скакали верховые. «Поход, поход! - радостно говорили друг другу арестованные. - Нас, очевидно, решили разменять и отправят на аванпосты».

Было утро семнадцатого сентября. Русских пленных вывели из их жилья, сделали им перекличку и повели, но не в Рогожскую или Серпуховскую заставу, а в Дорогомиловскую. Здесь они увидели еще несколько сот других пленных, содержавшихся до тех пор в иных местах Москвы. «Вас куда?» - спрашивали товарищей пленные герцога Даву. «Не знаем...» Подъехал верхом толстый озабоченный генерал. Он бегло осмотрел пленных и дал знак. Прогремел барабан, часть конвоя стала впереди отряда, другая - сзади него. Раздалась команда, и все двинулись по пути к старой Смоленской дороге. «Да ведь это опять к Можайску, - толковали пленные, - неужели французы отступают?» Одни радовались, другие молча вздыхали. Отряд прошел верст десять. Перовский разглядывал пеструю, двигавшуюся рядом с ним и впереди его толпу. Двое из пленных русских офицеров в этом отряде еще ехали в собственной коляске одного из них, приглашая в нее отставших на пути товарищей. При этом несколько переходов и Базилю довелось проехаться с ними. Он радовался и удивлялся этой льготе, видя, что и другие пленные, слуги и торговцы, которых по бороде считали за переодетых казаков, были также не лишены разных снисхождений от своих надсмотрщиков. У купцов оказалась запасная провизия и даже чайник для сбитня. Дворовые же разных бар, в том числе баташовский Максим и Селька Кудиныч, шли еще в собственных фраках, ливреях, ботфортах и даже в шляпах с галуном и плюмажами. Льготы вскоре, однако, прекратились. Перед одним из привалов высокий, рябой и плоскогрудый, с женской мантильей на плечах, начальник конвоя, подойдя к офицерам, ехавшим в коляске, молча взял одного из них за руку, вывел его в дверцы, потом другого и, спокойно поместившись со своим помощником в экипаже, более туда уже не допускал его хозяев. Прошли еще несколько верст. К ночи пошел дождь и подул резкий, студеный ветер.

На привале все сильно продрогли. Разбуженный на заре Базиль увидел, как медленно, в туманном рассвете, поднимался и строился к дальнейшему походу отряд. Ливрей и шляп на пленных лакеях уже не было, и они, в большинстве, поплелись по грязи полураздетые и босиком. Мелкий, холодный дождь не прекращался. Базиль прозяб, хотя надеялся от движения согреться. Но едва отряд двинулся к какому-то мосту, конвойный фельдфебель остановил Базиля у входа на этот мост и, предложив ему сесть у дороги, вежливо снял с него крепкие его сапоги и, похлопывая по ним рукою и похваливая их, бережно надел «а себя, а ему дал свои опорки. Базиль, опасаясь более наглых насилий, решил до времени это снести. Он пошел далее, обернув полученные опорки какими-то тряпками. Баташовский дворецкий, в первый день плена так радушно угощавший Базиля, шел также в одних портянках.

- И с тебя сняли сапоги? - спросил его Перовский.

- Сняли, - безучастно ответил Максим.

- А скажи, так, откровенно, между нами: ты тогда, помнишь, как стоял у вас Мюрат, поджег ваш двор? Дворецкий оглянулся и подумал.

- Я, - ответил он, вздохнув.

- Кто же тебя надоумил?

Максим поднял руку.

- Вот кто, - сказал он, указывая на небо, - да граф Федор Васильевич Растопчин, он призывал кое-кого из нас и по тайности сказал: как войдут злодеи, понимаете, ребята? начинайте с моего собственного дома на Лубянке. Мы и жгли...

Дождь вскоре сменился морозом. Дорога покрылась глыбами оледенелой грязи. Изнеможенные, голодные, с израненными, босыми ногами, пленные стали отставать и падать по дороге. Их поднимали прикладами. Привалы замедлялись. Конвойные офицеры выходили из себя. Тогда начались известные безобразные сцены молчаливого пристреливания французами больных и отсталых русских. Это, как заметил Перовский, начали совершать большею частью при подъеме отряда с ночлега, впотьмах. Впервые заслыша резкие, одиночные выстрелы сзади поднятого и снова двигавшегося отряда, Перовский спросил одного из шедших близ него конвойных, что это такое. Солдат, мрачно хмурясь и пожимая плечами, ответил: «Ночная похлебка ваших собратий!»[49] Содрогаясь при повторении этих звуков, Перовский со страхом стал поглядывать на свои босые, обернутые тряпьем ступни. «Боже, - думал он, - долго ли разболеться и моим бедным, усталым ногам? эта участь, эта ночная похлебка ждет и меня!» Он, в такие мгновения, вынимал с груди образок, данный Авророй, и горячо на него молился. На одном из привалов Базиль увидел вспыхнувшие в темноте одиночные огни и, услышав эти знакомые роковые выстрелы, не утерпел и с укоризной обратился к начальнику конвоя.

- Как можете вы, капитан, допускать такое бесчеловечие? - сказал он. - У моих товарищей отняли экипаж, у меня сняли сапоги; это еще понятно - право сильного... но неужели вам предписаны эти убийства?

- Воля императора, - сурово ответил конвойный офицер.

---

[49] «Soupe de minuit de vos confreres!»

- Но чем может быть оправдано такое зверство? и чем, извините, это лучше возмездия индейских каннибалов, съедающих своих беззащитных пленных?

Офицер, оправляя на себе воротник, жавший ему щеки, покосился на жалкую обувь Перовского.

- Послушайте! вы непозволительно резко выражаетесь, - строго ответил он, - берегитесь! тем более что всяк из вас, в том числе и вы, можете подвергнуться тому же. Он помолчал.

- Вы нас укоряете, наконец, в насилиях, - заключил он, - но сами же вы во всем виноваты; вы безрассудно сожгли собственные села и города, госпиталей и аптек у вас нет. Куда же, скажите, девать нам ваших же немощных и больных? сдавать вашим партизанам? слуга покорный! Вы отлично поймете, что отсталые и больные оправятся, а оправясь, нанесут нам неисчислимый вред. Необходимость каждой войны... а вы - ее зачинщики...

Лежа в бурю и стужу на мерзлой земле и чем далее, тем чаще слыша ужасные, каждый день повторяющиеся выстрелы, Перовский с ужасом увидел, что его ноги разболелись и стали пухнуть. Он опасался заснуть, чтобы во сне не отморозить ног. Забываясь краткою, тревожною дремотой, он вскакивал в испуге и начинал ходить, стараясь себя размять и отогреть.

Отряд с пленными миновал Можайск и подошел к Бородину. Здесь, пятьдесят два дня назад, в присутствии Перовского, гремело столько орудий и пало столько мертвых и раненых. Невдали же отсюда, из Новоселовки, три с половиною месяца назад Базиль уезжал в армию такой счастливый и с такими светлыми надеждами. Стало таять. Был ветреный, холодный вечер. Начинал опять накрапывать дождь. Окоченелые от стужи пленные и их провожатые обрадовались привалу, прилегли в обгорелых остатках какой-то деревушки, невдали от обширного холма, по бокам и у подошвы которого во множестве еще валялись неубранные тела людей и лошадей.

- Боже мой! - сказал пленный русский офицер, у которого отняли коляску. - Смотрите, я узнал... ведь это курганная батарея Раевского!

Базиль вспомнил Наполеона, скакавшего сюда со свитой на белом коне. Едва пленные прилегли, между ними неожиданно раздалась залихватская плясовая песня. Иные встретили ее дружным хохотом. Пел веселый верзила Сенька Кудиныч. Он, вскидывая руки вверх и глядя на свои ноги, плясал и приговаривал:

> Сидит сова на печи,
> Крылышками треплючи;
> Ноженьками топ, топ,
> Оченьками лоп, лоп.

Сенька, очевидно, проделывал ногами и глазами то, о чем пел, так как смех слушателей не прекращался. Перовский с содроганием слушал это лакейское шутовство. Он размотал тряпки на своих ступнях, приподнял их и увидел, что его ноги, от колен до подошв, были покрыты ссадинами, а кое-где даже и ранами. В тот день он был очень голоден и сильно обрадовался полугнилой луковице, найденной в соре деревушки, где остановили пленных. «Погиб я, погиб!» - думал он, безучастно глядя на французских солдат, которые тем временем пустились рыться в пепле и соре деревушки, также отыскивая там жалкие остатки съедомого. Рослый фельдфебель, снявший с Базиля сапоги и в последнее время ходивший в заячьей женской душегрейке и в белой, где-то добытой шелковой муфте, взял часть конвойных и с топором повел их к редуту. В сумерках вечера оттуда послышались странные звуки, точно там, на безлесном холме, рубили дрова.

- Рубят ноги мертвецам, - усмехнулся, подсаживаясь к Перовскому, Кудиныч, - сапоги сымают.

- Ну, так что же, - ответил, заплетая себе ноги, Базиль, - мертвому все равно...

- А как ён еще жив?

- Кто? - удивился Базиль. Кудиныч опять оскалил зубы.

- Да мертвец-то, - сказал он.

- Полно, Семен, почти два месяца прошло.

- Не верите, барин? Давеча Прошка, Архаровых буфетчик, набрел в партии у Татаринова, что ли, на одного такого же убитого, ткнул его, этак-то на ходу ступней, а ён и охнул... жив! Мы к нему; чем ты, сердечный, жил столько дён? Я, говорит, ребятушки, лазил ночью, вынимал из сумок у настоящих мертвых сухари и ел.

- Куда же вы его? - спросил Базиль.

- Кого?

- Да этого-то живого?

- А куда же, - ответил Кудиныч, - ён все просил - прекратите вы меня, ради Христа, выходит - добейте; ну, куда? не все наши разбежались, авось его найдут и сберегут.

XXXI

Отряд пленных достиг Красного. Невдали от него Перовский убедился, что силы окончательно ему изменяют. Он уже едва тащился, не помня и не сознавая, как и где он шел. То он видел себя впереди отряда, то чуть не сзади всех. Его била лихорадка, попеременно бросая его в холод и жар. Он пришел к ясному и бесповоротному убеждению, что его конец близок. В тот день французы пристрелили еще несколько отсталых. Смеркалось. Перовский, в бреду, в полузабытьи, шагал из последних сил. Он, замирая, вглядывался в придорожные, безлистые вербы, к которым приблизился отряд, и с болезненным трепетом соображал, у какой же именно из этих верб он окончательно пристанет, упадет и его безжалостно пристрелят.

- Барин! - раздался возле него знакомый голос Кудиныча. Перовский испуганно обернулся.

- Что тебе? - спросил он.

- Тише, барин, - проговорил вполголоса Кудиныч, - вижу, вы измаялись; моченьки нету и моей... замыслил я, сударь, бежать; так мне все теперь равно, возьмите мои лапти.

- Как лапти? а тебе? - возразил, не останавливаясь, Перовский. - Опомнись, где тут думать о побеге? поймают, убьют...

- Одна, ваше благородие, смерть! - ответил Кудиныч. Вперед ее наживайся - придет, не посторонишься; сподобит господь, уйду и в подвертках! а это - снаружи только лапти, а снутри валенки... оченно удобно! Вот и привал...

Отряд в это время подошел к опушке леса и остановился. Кудиныч проворно сел на землю и снял с себя валенки.

- Извольте принять Сенькину память, - сказал он.

- Одумайся, Семен, - ответил Базиль, - у тебя, наверное, есть мать, отец; когда-нибудь да увиделся бы с ними, а так...

- Голяк я, сударь, и сирота как есть... а что затеял - исполню.

- Одумайся, говорю тебе, следят за нами в столько глаз; поймают...

- Оно точно, налетает топор и на сук; только увидите, - ответил, загадочно куда-то посматривая, Кудиныч, - валенки же, сударь, мне Глаша про запас к осени поднесла, как уезжала из Москвы с господами; сапоги отняли французы, а в этих дошел - дойдете и вы.

Перовский не возражал. Сенька помог ему переобуться. Ощущая невыразимую отраду от надетых просторных, теплых и оплетенных сверху лыками валенок, Базиль даже не пошел к общему котлу, а прилег в затишье оврага, куда от ветра попрятались более изморенные пленные, и крепко заснул. «И у Сеньки своя зазноба!» - думал, засыпая, Базиль. Хмурый вечер, редут с мертвыми телами, конвойные и овраг - все исчезло. Перед ним снова было летнее небо, а на небе ни тучки. Базилю представилось, что он с Авророй шел по какой-то зеленой, чудно пахучей поляне. Голубые и розовые цветы сплошь застилали травяной ковер. С небесной синевы неслись песни жаворонков. Над поляной порхали бабочки, роились мухи и жучки. «А молишься ли ты Покрову божьей матери?» - спросила Перовского Аврора. Он расстегнул мундир, стал искать иконку, которою, как он помнил, она благословила его на прощанье, и не находил. Его пальцы судорожно бегали по груди, опускались в карманы жилета и истрепанной, порванной его шинели. Он, смешавшись и не глядя на Аврору, думал: «Боже мой! да где же образок? неужели я его потерял?.. и где, где?» Аврора, пристально глядя на него, ожидала. Кто-то сильно толкнул Перовского. Над его ухом раздался громкий, суровый оклик. Он открыл глаза. Над ним стоял, в женской меховой кофте и с белою шелковою муфтой на перевязи, фельдфебель. Начинался рассвет. Кругом опять моросил дождь.

- В дорогу, пора! экой соня! - твердил, теребя Перовского, фельдфебель. Базиль быстро встал, оглянулся. Отряд уже был выстроен над окраиной оврага и готовился выступить. Но едва передовая часть пленных двинулась и, волнуясь, вошла в опушку леса, раздался выстрел, потом еще несколько. Базиль вздрогнул, удивляясь, что знакомые ему выстрелы необычно послышались впереди, а не сзади отряда. В бледных сумерках утра перед опушкой леса что - то суетилось. Базиль, пройдя еще несколько шагов, разглядел, что часть конвоя, отделясь от отряда, гналась за кем-то по лесу. Другие осматривали что-то неподвижное и темное, лежавшее навзничь у дорожной канавы. Раздавались тревожные крики. Отряд скучился, остановился. Пошли толки. Все спрашивали, и никто не мог дать точного ответа. Вскоре оказалось, что один из идейных - именно Кудиныч - при входе в лес нежданно выхватил у ближайшего конвойного ружье и, отмахиваясь его прикладом, бросился в кусты. Будивший Перовского длинный фельдфебель в кофте и с белою муфтой первый опомнился и скомандовал стрелять по беглецу, достигшему уже чащи дерев. Выстрелы затрещали. Сенька обернулся, прицелился из-за ветвистого дерева и уложил фельдфебеля на месте. Пока остальные спохватились и, со штыками наперевес, по вязкой желтой грязи погнались за ним, этот сильный, рослый человек, мелькая обернутыми в тряпки ногами, как легкий степной заяц, перемахнул через ближние кусты и поляну, бросился в гущину, достиг небольшого ручья, кинулся в воду, переплыл на другой берег и скрылся в темной чаще без следа. Погоня снова стреляла по нем, уже наугад, потом оставила его, решив, что одним из выстрелов беглец, перебегая поляну, был ранен и, по всей вероятности, опасно. Это было перед Вязьмой .

Все уменьшаясь в количестве, отряд пленных дошел до Смоленска и направился к Витебску. Выпал снег. Путь становился непроходим. Вынося тяжкие, нечеловеческие страдания, первые отряды пленных миновали русскую границу в страшную метель и при двадцатиградусном морозе. Перовский благодаря валенкам Сеньки более терпеливо перенес тягости пути. «Кудиныч, Кудиныч! - мыслил он, вспоминая его. - Ты спас меня, добрая русская душа, но жив ли, уцелел ли ты сам? И если действительно, как уверяют, ты ранен погоней, спаси тебя бог и вознагради за то, что ты мне, молодому, жаждущему жизни, дал средство еще пожить, дал возможность бороться, страдать и надеяться. Не вечно же над нами будет длиться эта пытка цивилизованных палачей! Рано ли, поздно ли, авось возвратится то, что было мне так близко и что я, по-видимому, навсегда потерял». В Польше пленных взяли на подводы. Пруссию они миновали, хотя сильно голодая, в крытых экипажах. Перовский в Пруссии заболел; лихорадка сменилась горячкой, и он пролежал более двух месяцев в госпитале. Здоровье Базиля возвратилось с весной. Сердобольная жена и дочь лечившего его врача, когда он стал оправляться, принесли ему букет весенних цветов. Увидев цветы, он разрыдался. «Аврора, Аврора, - мысленно повторял он, глядя на солнце и цветы, - где ты? увидимся ли с тобой?».

XXXII

Княгиня Анна Аркадьевна Шелешпанская, оставив Москву за два дня до вступления туда французов, изнемогла дорогою от огорчений и суеты и, с остановками, то разбивая палатку у дороги, то заезжая на постоялые дворы, успела добраться только до своего коломенского поместья, сельца Ярцева, через которое обыкновенно лежал ее дальнейший путь в ее тамбовскую вотчину, село Паншино. При малейшем овраге или холме княгиня кричала: «Стой, стой, не могу!» - и выходила из экипажа. В Паншине издавна была более устроенная усадьба, и теперь, с начала августа, там, в ожидании бабки и сестры, проживала с сыном Ксения Валерьяновна Тропинина. Ярцево было в стороне от большой дороги, верстах в девяноста от Москвы и около двадцати верст не доезжая Коломны. На второй день пути, поздно вечером, уже в виду Ярцева, странники приметили за собою сильное зарево.

- Ах, бабушка, ведь это горит Москва! - первая вскрикнула ехавшая в карете с бабкой Аврора. Экипаж остановился. Кучер и слуги, разглядывая зарево, делали разные предположения. Сомнения нс было: французы заняли и зажгли Москву. От такой новости княгиня еще более смутилась и расхворалась. С трудом доехав до Ярцева, она объявила, что далее двинуться не в силах и должна некоторое время перебыть здесь. Кстати, в Ярцеве она застала свой московский обоз с Маремьяшей, новоселовскою Ефимовной и прочею прислугою.

- Французы воротились от Бронниц, - говорила княгиня, - я теперь покойна; до них отсюда далеко, да их и сторожит Кутузов. С помощью Авроры и Маремьяши ярцевский дом был наскоро приведен в порядок, и все в обиходе княгини, по возможности, было налажено. В полуопустелой Коломне накупили провизии, нашли и договорили врача - навещать больную, а в запущенном флигеле и дворовых избах кое-как разместили прибывшую с княгиней и при обозе ее многочисленную московскую дворню, слуг, буфетчиков, поваров, парикмахеров и горничных. Разобрав сундуки и ящики, Аврора нашла даже кровать княгини на стеклянных ножках, с шелковыми подушками и одеялом, и, в видах спасения от грозы, как в Москве, снабдила ими спальню бабки. Княгиня, завидев при этом шелковый портрет Наполеона, вышла из себя и велела привесить его в зале, с надписью «Assassin et scelerat»[50]. В Ярцеве кое-как устроилась жизнь, похожая на ту, которую Анна Аркадьевна обыкновенно вела в Москве. Утро проходило в одеванье княгини и в ее жалобах на здоровье и в кормлении собачек Лимки, Тимки и Тутика; потом Аврора, в ее спальне или в гостиной, если туда входила княгиня, читала ей что-нибудь вслух. Княгиню обрадовал урожай плодов в ярцевском саду; ей на блюде были принесены ее любимые яблоки: «звонок» и «мордочка».

Вечером, у чайного стола, либо опять было чтение, либо Маремьяша и Ефимовна поочередно, с чулками в руках, рассказывали о том, что слышали в тот день от старосты и дворовых о местных и иных новостях, а княгиня под их толки раскладывала пасьянс. Лакеи играли в передней в носки. Горничные хором в девичьей пели песни, причем им подтягивали густым басом Влас и нежным баритоном арапчонок Варлашка. Ложились спать после раннего ужина. В этом селе и в его окрестностях было, впрочем, полное отсутствие новостей с недалекого театра войны. И если бы не уездный врач и коломенский предводитель дворянства, изредка заезжавшие к княгине с отсталыми газетами и словесными слухами о русской армии, оставившей Москву, можно было бы, глядя на эти мирные поля и обычно копошившихся по ним крестьян, предполагать, что грозная, упавшая на Россию война происходила где-либо не в восьмидесяти верстах оттуда, а за тридевять земель и в ином, тридесятом государстве. Это возмущало и выводило из себя Аврору столько же, как и балет и опера, шедшие в Москве чуть не в самый день вступления туда французов.

---

[50] «Убийца и злодей»

Погода с половины и до конца сентября стояла теплая, светлая и сухая. Листья на деревьях в саду и в окольных березовых лесах еще были свежи и почти не осыпались. Их зелень только кое-где была живописно тронута золотом, лиловыми и красными тенями. Сельские работы шли своим чередом. Ярцевские и соседние мужики, посеяв рожь, пахали, двоили пахоть под яровые хлеба, убирали огороды, чинили свои избы и дворы и ездили на ярмарки и в леса. Старики и бабы по вечерам и в праздники являлись к давно невиданной ими княгине, поднося ей кур, яйца и грибы и обращаясь к ней с разными нуждами и просьбами. Свои и чужие мужики просили старую барыню о дозволении нарубить хворосту в заповедной господской роще, занять в барском амбаре овсеца или круп либо предлагали купить у них собственного изделия сукон и холста. Были и такие, что просили Анну Аркадьевну разобрать ссору, из-за гусей или поросенка, какой-нибудь бабушки Маланьи с падчерицей либо тетки Устиньи с деверем. Аврора смотрела на эту муравьиную копотню, слушала просьбы, приносимые княгине, и удивлялась, как могут кого-либо теперь занимать такие пустяки! Мучимая сомнениями об исходе войны и об участи жениха, Аврора искала отдыха в уединении. Она была рада, что в Ярцево, с обозом, привели ее верхового коня. Садясь на Барса, она вечером уезжала в окрестные поля и леса и носилась там до поздней ночи. Вести о действиях русской армии, о Бородине, о ране и смерти Багратиона и о других тяжких событиях, к изумлению Авроры, не производили особого смущения в Ярцеве и ближних деревнях. Газетные вести опаздывали невероятно. «Московские ведомости» прекратились 31 августа и снова начали выходить уже гораздо позже, только 23 ноября. Прибавления к «С.-Петербургским ведомостям» и к «Северной почте», помещавшие донесения Кутузова через две и три недели по их отправлении, получались в Зарайском уезде через неделю и более по их выходе в Петербурге. Одно, что непрестанно напоминало о войне, было страшное, не потухавшее зарево день и ночь горевшей Москвы. Аврора с содроганием, проводя ночи без сна, разглядывала из своей комнаты это зарево, думая о том, что выражало оно и сколько страданий, сколько гибели скрывалось за ним. Но и ужасающие подробности пожара и гибели Москвы, донесясь сюда с последними московскими беглецами, не особенно и ненадолго заняли досуги местных жителей. Их вскоре сменили толки о других событиях. Ярцевский староста сперва Маремьяше, потом Авроре сообщил, что крестьяне окольных и более дальних деревень, прослышав о каких-то французских печатных листах, стали сперва втихомолку, потом громко уверять, будто скоро всем откуда-то объявится полная воля, что государя Александра Павловича ждут во

Владимир, а затем почему-то и в самую Коломну и что одних из господ государь ушлет куда-то на Кавказ, других - по русским городам, «писать бумаги», а господские земли, леса, усадьбы и прочие угодья раздаст крестьянам . Мужики, вследствие этих слухов, начали грубить приказчикам и старостам и отказываться от обычных работ на барщине, а иные, и вовсе, наконец, выйдя из повиновения властям, стали грабить имущество владельцев и уходить за Волгу и в соседние леса. Кое-где начались и поджоги помещичьих усадеб.

- Я поговорю с крестьянами, зови их! - смело объявила Аврора. - Они не понимают, их, очевидно, мутят злые люди.

- Что вы, что вы, барышня, - ответил староста, - наши покойны; еще наведете их на какое баловство и грех; оставьте их, набрешутся и перестанут.

Аврора нашла нужным предупредить о том бабку. Недомогавшая княгиня еще более расстроилась и, уже начав было оправляться, вовсе слегла в постель. Аврора послала нарочного гонца в Паншино к сестре. «Наверное, и Илья Борисович уже там, - мыслила она, - он приедет и всему даст настоящий толк и лад». Но из Паншина приехала одна Ксения с ребенком. Она была непохожа на себя и, вместо утешения, привезла в Ярцево новое горе: о ее муже также не было никаких известий. Он, очевидно, не успел выехать из Москвы и попал в плен. Сестры обменялись мыслями, наплакались и общими силами решили успокоить бабку. Княгиня была безутешна.

- Боже, и за что я такая несчастная, - говорила она, вздыхая, - только бремя для себя и всех вас! Вон опять и кашель и такие все мысли... Скорее бы в Паншино, подалее от этих мест...

- И не думайте, бабушка, - возражала Ксения, - да вы и понятия не имеете... там еще хуже; я измучилась... Здесь хоть поблизости город, доктора, все-таки кое-что к нам доходит и о недалекой Москве... Там же дичь и глушь и также волнуются мужики; но какая разница? здесь невдали войско, целая армия, а там кто защитит? солдат вывели, и во всем уезде один с инвалидами исправник!

Аврора поддержала сестру. Княгиня покорилась их совету. Терпеливо раскладывая пасьянс, она думала: «Не может же дело долго длиться; на днях, без сомнения, будет новое генеральное сражение, - кто кого побьет, неизвестно, - но затем, разумеется, вскоре объявится мир, и мы вернемся в Москву. Ну, кое-что там и ограбили, да мы все почти главное вывезли, а дом, наверное, цел». Так прошло несколько дней. Но как-то вечером Аврору вызвали на крыльцо. Там стояла в слезах Ефимовна. Она, всхлипывая, объявила что пришел новоселовский староста Клим.

- Откуда он? - спросила Аврора, вспомнив, что Новоселовка сгорела.

- Его и других наших мужиков, - ответила Арина, - французы гоняли в Москву возить своих раненых; он только что оттуда убежал.

- Зови, няня, зови его! - сказала Аврора.

- Да вот он, - ответила Арина, указывая с крыльца. Из темноты выдвинулся оборванный, босой и с повязанною головой староста. За ним стояла, тоже плачущая, Маремьяша.

- Долго ты был в Москве? - спросила Аврора.

- Все это время, барышня, почитай месяц! запрягли нас, ироды, в работу: мы на себе таскали им всякую всячину, рубили дрова, копали картошку, носили воду и мололи ручными жерновами муку.

- Бонапартовы зато подданные стали! - заметила, злобно плюнув, Ефимовна.

- А про Василия Алексеевича... Перовского... что-нибудь слышал? - спросила Аврора.

- Где, матушка барышня, было слышать! Надругался над нами враг, истомил, истиранил, а кого и прямо за ослушание извел. Мне привелось уйти... - Был же ты, Климушка, на Патриарших прудах? - спросила Аврора.

- Видел наш дом?

- Посылали нас злодеи в Разумовское и на Пресню, проходили мы и в тех местах; только ни Бронной, ни возле прудов, ни Микитской, ни Арбата как есть уже не нашли... все погорело, все господь прибрал.

Аврора взглянула на Маремьяшу; та утирала слезы.

- А бабушкин дом? - спросила Аврора.

- Все стало пусто, один пепел, - ответил Клим. - Тут мы с ребятами и решили наутек.

- Ушли благополучно?

- Какое! сцапали нас на Орловом лугу эти французы, - ответил Клим, - и стали уже держать взаперти; посылали на работу не иначе как с конвоем. Да и тут нам помог господь. Пошли мы раз, с заступами и ведрами, к графскому чьему-то колодцу; вода там преотличная. Велено было набрать воды и окопать колодезь. Уж больно там намесили грязи, не подойти. Конвойных было четверо, а нас, пленных, с десяток, и все-то мы хворые, голоднешеньки, едва ноги волочим. Солнце село, место было глухое, а французы такие веселые, перед тем где-то, видно, выпили. Мы и сговорились, первый надоумил Корнюшка, - что терпеть? переглянулись у колодца, кинулись разом, да всех как есть французов, с их ружьями, и побросали вглубь; засыпали их тут же землей и ушли огородами в лес, а ночью и далее.

- Живых засыпали? - с ужасом спросила Аврора.

- А то как же? - ответил Клим. - Они талалакали, талалакали по-своему, пока ребята заступами кидали на них землю, а там и стихли... Господь их простил! - заключил Клим, взглянув на небо и набожно крестясь. - И такие все были красивые... а один унтер, должно быть из дворян, нарядный да белолицый такой, в сторонке держался, да все весело что-то напевал.

XXXIII

Сестры не решились сообщить бабке тяжелую весть о сожжении ее московского дома. Они отправили Клима в Паншино. «Пусть бабушка надеется, что ее дом уцелел, - думали они, - а тем временем как-нибудь ее подготовим». Они день и ночь горячо молились, прося у бога - одна мужу, другая жениху - здоровья и сил для перенесения тяжких испытаний, посланных им провидением. Но живы ли они? об этом они страшились и думать. Раз только Аврора, как бы нечаянно, сказала: «А если Базиля нет более на свете...» Она хотела продолжать и не могла. «О, если это так, - с ужасом досказала она себе, - тогда все кончено... я знаю, что мне тогда остается предпринять...»

Однажды, в праздник, Аврора с Ксенией поехали в соседнее село Иванчиных-Писаревых Чеплыгино, в церковь, во время обедни выслушали полученное здесь, запоздавшее, воззвание святого синода о защите отечества и православной веры от нашествия нового Малекиила, Бонапарта. Старик священник с чувством прочел это воззвание. В нем русский народ побуждался к непримиримой борьбе с галлами, причем Россия уподоблялась богобоязненному и смиренному Давиду, а Наполеон - дерзкому и безбожному Голиафу. «Где же, в сущности, этот избавитель Давид?» - спрашивала себя в слезах Аврора, поглядывая в церкви на понурившихся и молча вздыхавших крестьян, которые на ее глазах так мало принимали к сердцу общее всем горе войны, а напротив, как она узнала, толковали об этой войне, как о чем-то, что, по их мнению, должно было им принести новое и невиданное счастье на земле. «Давид и пастухом был в душе поэт, - мыслила Аврора. - Только возвышенной одаренной благами просвещения природе доступны высокие сознательные порывы любви к родине и отмщения за ее честь. Базиль в плену, быть может, погиб, как гибнут тысячи других, истинных героев. Кто же за них призовет утеснителя к суду? Кто отомстит за их страдания, их гибель и смерть?».

Священник, прочтя воззвание, сказал простую и трогательную

проповедь на слова пророка Исаии: «И прииде на тя пагуба, и не увеси», - а после службы, за отсутствием помещиков своего села, подойдя в церкви к плакавшим Авроре и Ксении, пригласил их к себе на чай. С его женой, навещавшей княгиню, они познакомились ранее и охотно пошли в его дом. За чаем разговорились. Священник старался успокоить сестер. Он им передал слух, что Бонапарт, по всей вероятности, вскоре попросит мира, а при этом несомненно произойдет и размен пленных.

- Где же теперь Бонапарт? - спросила Ксения.

- Пагуба придет равно и на него, - ответил священник, - он это чует и, аки лев, ходит взад и вперед по своей клетке. Не дождались грабители выгод... Наше войско цело и у себя дома, а их армия, аки воск пред лицом огня, тает и убывает с каждым днем.

Сестры с жадностью слушали эти радостные слова.

- А сколько горя и убытков! - сказала старуха попадья. - Одни Разумовские да граф Бутурлин, слышно, от пожара понесли убытку по миллиону. Пленных мучат работами, истязают...

- Ну, не всех обижают и теснят, - перебил священник, знаками останавливая жену, - многие спаслись. Зарайский мельник намедни передавал, что князь Дмитрий Голицын, можно сказать, на собственных руках вынес ночью из Москвы больного Соковнина, когда в город уже вступили французы. Негде было достать лошадей; спасавшиеся сначала шли пешком, а у заставы князь прямо поднял себе на плечи друга, истомленного хворобой и ходьбой, да и пронес его пустырем к нашему арьергарду. Много было истинно славных подвигов. Растопчин лично поджег в Воронове свой дом и на его воротах прибил бумагу: «Жгу, чтоб ни единый француз не переступил моего порога».

- Ведь это - сосед нашего дяди Петра, - обратилась Ксения к сестре.

- Так у вас есть дядюшка? - спросил священник.

- Петр Андреевич Крамалин, мы по отцу Крамалины.

- Что же вам пишет дядюшка? От Серпухова ведь вблизи вся наша армия.

- Он часто хворает, - ответила Ксения, - и редко пишет. Последнее письмо писал нам в Паншино.

«Да, - рассуждала Аврора, слушая этот разговор, - из Москвы могли спастись те, кто туда дошел или захвачен там... а Базиль? Остался ли он жив после Бородина? И найдется ли для него, как для Соковнина, спаситель-друг?».

В душе Авроры, несмотря на ее сомнения, теплилась какая-то смутная, ей самой непонятная надежда касательно судьбы жениха. «Он спасен, - думала она, - и я его когда-нибудь, может быть, даже скоро, увижу! Не может погибнуть такая молодая жизнь!». Простясь с священником, сестры

127

собрались обратно домой. Ксения, любуясь погодой и желая развлечь опять загрустившую Аврору, предложила ей пройтись несколько пешком. Попадья проводила их за околицу Чеплыгина. Отсюда до Ярцева было версты четыре, не более. Дорога шла вперемежку, холмами, лесом и полями. Сестры, распустив зонтики, пошли кратчайшим проселком. Сперва их сопровождала коляска. Но чтоб остаться вполне наедине, они, простясь с попадьей и пройдя версты две, велели кучеру ехать вперед, а сами пошли еще прямее, боковою межой. День был превосходный. В прозрачной и светлой синеве неба кучились кудрявые барашки легких, белых облаков. Вороны и галки, лениво каркая, перелетали с одной лесной заросли на другую. Аврора и Ксения, спустясь в лощину и опять поднявшись на косогор, зеленевший всходами молодой ржи, толковали о посланном в Коломну за покупками нарочным, который к ночи должен был привезти давно ожидаемую новую почту. Кругом была полная тишина. В безветренном, теплом и пахучем от соседнего леса воздухе тянулись нити бродячей паутины. Уже виднелась старая ярцевская роща, и слышался лай собак скрытой за рощею деревни. Аврора увидела, что из рощи показалась какая-то девочка, бежавшая в кустах, вдоль опушки.

- Смотри, - сказала она, хватая за руку сестру.

- Ну, что ж, - ответила Ксения, сама вспыхнув от непонятной тревоги, - -девочка... рвала в роще ягоды или грибы, увидела лесника и прячется в кусты.

- Нет, нет, Ксаня! да смотри же вон! - продолжала, остановившись, Аврора. - Она полем, сюда... прямо к нам... неужели не видишь?

- Какая ты, право, смешная, - ответила Ксения, продолжая идти и усиливаясь казаться спокойною, - во всем ты видишь необычное.

- Стой! она машет! - проговорила Аврора. Ксения также остановилась. Девочка, маша руками, действительно бежала от рощи к косогору, по которому шли сестры. Спустясь в ложбинку, где, среди конопляников, был мостик через ручей, она снова показалась на пригорке. Скоро на межнике, между ближних зеленей, послышался бег проворных босых ножек девочки.

- Да это Феня, племянница Ефимовны! - радостно сказала Ксения. - Наверное, что-нибудь важное.

Аврора, бледная как мел, молча впивалась глазами в подбегавшую девочку.

- Это ко мне! - не вытерпев, вскрикнула она и, путаясь ногами в платье, бегом бросилась навстречу Фене. «Но почему же именно к ней? - с завистью подумала, идя поспешно за нею, Ксения, - Неужели ей, счастливице, удастся ранее меня? Нет, какая же я завистница! Бог с ней...».

- Дьякон, дьякон! - радостно крикнула Аврора подходившей и растерянно на нее смотревшей сестре.

- Какой дьякон? - спросила, запыхавшись, Ксения.

- Из Москвы бежал... вдвоем, вдвоем! - как безумная кричала Аврора, то обнимая сестру, то тормоша и целуя растрепанную, покрасневшую от бега Феню.

- Где дьякон и с кем бежал? - спросила, едва помня себя, Ксения.

- У нас в Ярцеве! - ответила, ломая руки, смеясь и плача, Аврора. - Его подвезли с поля мужики; Ефимовна первая догадалась к нам Феню... а тот еще в городе...

- Да кто в городе, кто? - обратилась Ксения к девочке.

- Барин.

- Какой?

- Не знаю...

XXXIV

Сестры без памяти бросились домой, миновали рощу, деревню и, едва переводя дыхание, прошли черным ходом в дом.

- Где он? где дьякон? - спросила Ксения, бурей пробегая через девичью.

- Тамотко, - ответила сияющая Ефимовна, указывая на спальню княгини. Ксения, ухватясь за сердце, остановилась у двери, сзади Авроры. Силы ей изменяли, кровь стыла в жилах, Она была готова упасть. «Кто же этот дьякон? - мыслила Аврора, с тревогой берясь за скобку двери. - Ужели и впрямь господь помог и с дьяконом возвратился Базиль?». Дверь отворилась. Аврора вошла и остолбенела. У кровати княгини рядом с человеком в рясе сидел кто-то, обросший бородою, в дубленке и высоких сапогах. Аврора сперва не узнала его. В комнате, где так скоро еще не ждали сестер, вдруг как-то странно стихло. «Что же они все молчат и смотрят на меня? - подумала, цепенея, Ксения. - Очевидно, привезена страшная весть, и они собираются меня к ней приготовить... Ильюша убит, его нет более на свете!» Мгновенно вспомнилось ей тайное решение, принятое ею на днях: если ее муж убит, броситься в омут за садом. Ее мыслям представилась знакомая дорожка в саду, крутизна и под нею река, с шумом бегущая к мельнице. «И что же иное мне остается без него?» - решительно подумала она . Вдруг кто-то тронул Ксению за плечо. Она вздрогнула, подняла голову и замерла. Перед нею с ребенком на руках стояла кормилица. Только что проснувшийся Коля, в чепчике, сбившемся с лысой головы на румяное заспанное лицо, с миловидною родинкой, протягивал к ней сжатые, пухлые кулачки. Но все смотрят не на Колю. За ним виднелось чье-то другое, полузнакомое и как бы где-то Ксенией виденное лицо, с добрыми и счастливо улыбавшимися глазами. «Да что же это, что?» - подумала Ксения, радостно и беспомощно простирая перед собою руки.

- Он!.. Ильюша! - в безумном восторге вскрикнула она, бросаясь в объятия мужа и целуя его бледное, бородатое лицо. Все радостно плакали.

- Ах, Ксанечка, Ксаня, - твердила, отирая слезы, Аврора, - счастливица ты и достойна своего счастья.

Тропинин, как показалось Авроре, с грустью смотрел на нее. «Он что-то знает тяжелое, роковое, - подумала она, - и, очевидно, таит от меня, не решается сказать». Общая беседа в спальне княгини, с бесконечными расспросами, воспоминаниями и предположениями, длилась до поздней ночи. Здесь странников накормили обедом, здесь они пили чай. Княгиня вспомнила о бане и велела ее готовить гостям. Илья в баню ушел с Власом. Дьякон отказался.

- Где думать о скудельной плоти, - сказал он, - когда душа ноет и разрывается.

Он, по желанию княгини, подробнее передал о своем горе и о бегстве из Москвы. Странники пешком и на ямских добрались в Паншино и, узнав от Клима, что семья княгини в Ярцеве, направились сюда. Тарантас, в котором они ехали, обломался в нескольких верстах от Ярцева, и они сюда были подвезены соседними мужиками. Аврора подсела к дьякону.

- Где же спасенный вами племянник? - спросила она.

- Оставил в Коломне; там в певчих его крестный.

- Вы тоже оттуда родом?

- Нет, я из Серпухова; отец и мать давно померли; но там, в подгородном селе, брат моей жены держит постоялый, и я до времени еду к нему. Это - не доезжая Серпухова, за Каширой.

- Ну, пора странникам и на покой, - сказала княгиня, когда возвратился Илья, Все стали расходиться. Аврора, выйдя в залу, обратилась к свояку.

- А Базиль? что же вы ничего не говорите о нем? - спросила она. - Быть не может, вы что-нибудь знаете.

- Где же, сестра, мне знать? - ответил Илья. - Я был схвачен в самом начале, а пленных держат не в одном месте. Успокойтесь, я убежден, что Базиль спасен и что вы его скоро увидите.

XXXV

«Нет, он, наверное, что-нибудь знает и держит в тайне от меня и от всех! - шептал Авроре внутренний голос. - Сестре возвращен любимый человек, а их ребенку отец. Они вместе, и я не смею им завидовать. Но я-то, я? Что будет со мной?» Сон бежал от Авроры. Мысли одна мрачнее другой роились в ее голове. Простясь со всеми, она вошла в свою комнату, села к окну и задумалась. В доме после необычной суеты все наконец затихло. В окно глядела теплая , безлунная, но светлая ночь. Звезды ярко мерцали на небе. Аврора набросила на голову платок и вышла в сад. Ее мучило сознание, что она точно лишняя на свете, что все идет мимо нее, и что она ни в чем, что совершается вокруг, не принимает и не может принять близкого участия. Три обстоятельства, бывшие особенно для нее важными в жизни, пришли ей в голову: смерть матери, разлука с отцовским домом и отъезд жениха в армию. И против всего этого, упавшего на нее так нежданно и негаданно, она оказалась беспомощною . «Да иначе и быть не могло! - рассуждала Аврора, бродя по саду. - Я, нет сомнения, обречена на одни страдания; так мне определено скупою и злою судьбой!» Ей вспомнился ее детский ужас и слезы у гроба матери, ее крики: «Мама, встань, оживи!» Она представляла себе отца, когда он вез ее и Ксению в институт, и она, как теперь помнила, почему-то тогда предчувствовала, что расстается с ним навсегда. Ей вспомнилась до мелочей минувшая весна, знакомство с Перовским, ее помолвка, последние с ним свидания и его отъезд из Москвы. «Сколько с тех пор событий! сколько нового горя! - сказала она себе, глядя с верхней, садовой, поляны за реку, над которой все еще светился отблеск московского зарева.

- Он тогда, на прогулке, - мыслила она, - сравнил вечерний вид Москвы с морем огня, а церкви и колокольни с мачтами пылающих кораблей... Его сравнение пророчески сбылось...» Аврора спустилась в нижний сад. Нагибаясь в темноте от нависших знакомых ветвей, она шла береговою дорожкой. Вверху послышалось ржание лошади. «Барс, - подумала Аврора, - это отзывается он: я сегодня в суете не покормила его, и он окликает меня». Ей вспомнился дядя Петр, его деревенька, верховой конь Коко и поездки с дядей на охоту. О, как бы она теперь желала видеть дядю! Снизу, сквозь деревья, проглянул на пригорке очерк дома. В одном из его окон мерцал слабый свет. «Лампадка в детской, над изголовьем Коли, - сказала себе Аврора, - все спят, пора и мне». Но ей не хотелось еще уходить. Ночь была так обаятельно тиха. За рекою паслось «в ночном» крестьянское стадо. Оттуда, при всяком шорохе на лугу, доносилось блеяние овец и лай собак. Вспомнив о скамье под липами, у реки, где в последнее время она так часто сидела, глядя к стороне Москвы, Аврора направилась туда. «Посижу, еще притомлюсь, - решила она, - сон придет скорее...» Аврора подошла к липам. За ними она услышала голоса. «Кто бы это?» - подумала она, замедлив шаги. За деревьями разговаривали двое. Аврора узнала их. То были Ксения и ее муж.

- Вот безумие, - говорил Тропинин, - и неужели ты, такая христианка и нежная, любящая мать, решилась бы?

- Это мне пришло в голову вдруг и неожиданно для меня самой, - ответила Ксения, - и если бы ты не возвратился, если бы тебя не стало на свете, клянусь я бросилась бы с этой крутизны, и новым покойником в нашей семье было бы более...

Лай за рекой заглушил слова Ксении. «Новый покойник в семье! - вздрогнув, подумала Аврора. - Умер Митя Усов; теперь же это о ком?» Она, напрягая слух, стояла неподвижно, чувствуя, как холод бежал по ней, охватывая ее члены.

- Он не был еще женат, - проговорил Тропинин, - но какая роковая, потрясающая драма; я всегда говорил...

Дружное блеяние испугавшихся чего-то овец помешало Авроре слышать далее.

- И это ты наверное знаешь? - донеслись до нее опять слова Ксении.

- Видел списки, а чем завершилось - не мог узнать. Конец, впрочем, обычный...

- Но неужели этот маршал... без справок, без суда?

Далее, хотя все стихло за рекой, Аврора ничего не слышала. Ухватясь за сердце, она медленно отошла, поднялась в верхний сад и без памяти бросилась к дому. Пройдя ощупью в свою комнату, она упала лицом в подушку, и долго в темной комнате раздавались ее заглушенные, отчаянные рыдания. «И что я? куда теперь? - мыслила она. - Ужели обычная колея - траур? явится новый жених, добрый, обыкновенный человек, и я, кисейная скромная барышня, выйду за него?.. Прощайте, несбыточные грезы и чувства, прощай, мой заветный, дорогой!» Давно рассвело. Настало утро. Дом пробудился. Готовили чай. Комната Авроры не растворялась. Горничная Стеша в щелку двери видела, что барышня еще не встает, и, полагая, что она с ночи, по обычаю, долго читала, не решалась ее будить.

- Пусть ее поспит, - сказала Ксения, выйдя с мужем к чаю, - тяжело ей, бедной...

К чаю в залу вышла и княгиня, «Ильюша возвратился, возвратится и жених Авроры», - мыслила она и была в духе. Тропинин прочел вслух из полученных с почты писем и газет последние известия об армии. Аврора явилась в конце чтения. Ее лицо было бледнее обыкновенного, губы сжаты, глаза светились решимостью. Это был уже другой человек. Она слушала, спрашивала, говорила, но ее глаза были устремлены куда-то вдаль, и она точно не видела и не слышала окружающих ее. Дьякон рассказал княгине, что Троице-Сергиевскую лавру отстоял господь. Французы трижды туда подходили с целью ограбить святыню, и трижды се заслонял густой туман.

- Наши охраняют путь к Калуге? - спросила Аврора Илью, когда он, после рассказа дьякона, прочел вслух какое-то письмо.

- Да, - ответил Тропинин. - Наполеон из Москвы посылал к светлейшему - с переговорами о мире; князь, сказывают, прикинулся дряхлым, немощным, плакал и говорил: «Видите мои слезы? вся надежда моя на Наполеона!» - а в конце прибавил: «Впрочем, нечего думать о мире, война только начинается».

Аврора заботливо помогла сестре убрать чашки. Когда же Ксения с мужем удалилась на свою половину, а дьякон пошел готовиться в дальнейший путь, она предложила княгине дочитать вслух начатый роман «Адель и Теодор» и до вечера, как и весь следующий день, казалась совершенно спокойною.

- Удивительная Аврора! - сказала Ксения мужу. - Сколько в ней нравственной силы, как переносит горе! Но что, если бы она все узнала?

Утром следующего дня дьякон Савва пришел поблагодарить княгиню за гостеприимство. Его щедро снабдили деньгами и провизией и дали ему лошадей до Каширы. Оттуда в Серпухов он рассчитывал добраться с каким-либо попутчиком. Когда его кибитка уже стояла у крыльца, Аврора, через Ефимовну, позвала его в свою комнату.

- Вы, отец дьякон, будете в Кашире? - спросила она.

- Как же, сударыня, - не миновать.

- Сдайте там на почту эти два письма.

- С удовольствием, - ответил Савва, просматривая надписи на пакетах, - одно вашему дядюшке, а это... министру? вот к какой особе!

- Мой жених, Перовский, - сказала Аврора, - питомец этого министра; Илья Борисович вам, без сомнения, о нем говорил. Граф, пожалуй, не знает о его судьбе, а мог бы оказать помощь своим влиянием и связями... притом же... Хлынувшие слезы помешали Авроре договорить.

- Успокойтесь, сударыня. - произнес Савва, - я бережно сдам на почту оба письма.

- Не все, не все еще, - проговорила Аврора, отирая слезы, - как честный человек, скажете ли мне истину на мой вопрос?

- По всей моей совести.

- Вы обо многом говорили по пути с моим зятем; скажите, жив ли Перовский? Савва смущенно молчал.

- Я вам облегчу вопрос, - произнесла Аврора. - Перовский попал в плен и внесен в список приговоренных к смерти. Все это я знаю... ответьте одно: жив ли он или погиб?

- Если вам, сударыня, все известно, - ответил дьякон, - что же я, малый, скудоумный, могу прибавить к тому? Богом вседержителем клянусь, ничего более не знаю.

Аврора сидела неподвижно. Слезы бежали по ее лицу.

- Погиб, погиб! - сказала она, подняв глаза на образ. - Все кончено... остается одно... Дядя невдали от Серпухова, заезжайте к нему, вручите письмо лично.

- Будьте спокойны.

- Да ответ... попросите дядю скорее ответить.

Прошло около недели. Был конец сентября. Княгиня оправилась и однажды утром, кликнув Маремьяшу, объявила ей, что теперь, когда возвратился Илья Борисович и пока еще стоит такая хорошая погода, ничто более не удержит ее от отъезда в Паншино. Авроре и Ксении она прибавила, что французы, двинувшись от Москвы, могут, пожалуй, снова направиться в эту сторону, а потому медлить было нечего. Сестры не возражали, тем более что решения княгини обыкновенно были бесповоротны. Начались сборы в путь. Ксения с прислугой принялась за уборку и укладку вещей. Аврора также усердно помогала всем в общих хлопотах, возилась с ящиками, узлами и чемоданами и была, по-видимому, совершенно покойна.

Она зашла как-то в комнату сестры. Был вечер. Ксения, в кофте и юбке, засучив рукава, мыла на лежанке, в корытце, Колю. Аврора, присев возле, с любовью смотрела, как раскрасневшаяся, счастливая сестра мылила и терла мочалкой розовую спинку и смеющееся личико Коли. Обнаженная, нежная шея сестры, с золотистыми завитками волос у подобранной на гребень густой косы, точно дымилась от пара, поднимавшегося с корытца, где весело плескался ее ребенок.

- Вот удивительно, - сказала Ксения, - муж говорит, что Коля более похож на тебя, чем на меня: такой же черноглазый, красавчик и ласковый. Теперь черед за тобой... Аврора подняла на сестру глаза.

- Не понимаешь? - улыбнулась Ксения. - Надо, чтоб твой будущий сын походил не на тебя, а на меня.

- Ах, Ксаня! за что такая жестокость?

- Но почему же, почему?

Аврора встала, закрыла рукой глаза и молча вышла из комнаты сестры. В тот же вечер она встретилась с сестрой в полутемном коридоре. Ксения несла связку каких-то вещей.

- Послушай, Ксаня, - сказала, остановив ее, Аврора, - странные вы люди: скрываете, а я все знаю...

- Что же ты знаешь? - смущенно спросила Ксения.

- Ну, да уж бог с вами!

Сказав это, Аврора прошла далее в гостиную.

- Дьякон проговорился! - решил Тропинин, когда ему, после ужина, об этом сказала жена, - вот я его!

- Нет, Ильюша, - ответила Ксения, - сегодня с почты привезли Авроре какое-то письмо, и она долго над ним у себя сидела.

XXXVI

Накануне отъезда княгини Тропинин навестил соседа-предводителя. Он ездил к нему с целью поблагодарить его за внимание к княгине и просить о защите покидаемого ею имения. Аврора также выразила желание проститься с женою чеплыгинского священника. Чтобы не томить упряжных лошадей, она поехала верхом на Барсе. Наступил вечер. За чаем сказали, что Аврора обратно прислала коня и передала через его провожатого, что к попадье приехали коломенские знакомые и она осталась, чтоб дослушать привезенные ими рассказы, а возвратится позднее, на лошадях священника. День кончился в суете последней укладки. Истомленная прислуга едва двигалась. Подали ужин. Аврора не возвращалась.

- Экая темень! тучи нашли, не быть бы завтра дождю! - заметила Ксения, глянув в окно. - Аврору, верно, не пустили, оставили там переночевать.

- И хорошо сделали, - сказала княгиня, - послать бы к ней Маремьяшу или Ефимовну.

- Арина Ефимовна тоже там-с, - объявил Влас, все время в Ярцеве бывший как-то в тени, а теперь, в ожидании новой дороги, опять принявший важный и внушительный вид.

- Зачем Арина в Чеплыгине?

- Барышня Аврора Валерьяновна приказали накидку теплую доставить, а там всенощная, завтра канун Покрова богородицы, и Арину Ефимовну наши ярцевские мужики туда подвезли.

Настало утро. Главные дорожные вещи были окончательно укупорены и уложены в экипажи. Дормёз, коляска и две троечные кибитки стояли запряженные у конюшни. Но туда то и дело еще носили разные ящики, корзины и узлы. Не видя Авроры, Тропинин позвал Власа и велел ему ехать за нею в коляске. Тем временем в зале готовили дорожный завтрак.

Отдавая последние приказания наблюдавшему за сборами приказчику, Илья вышел на крыльцо и увидел наконец коляску, въезжавшую в ворота. Она внутри была пуста.

- А барышня? - спросил Илья Власа, когда тот подъехал к крыльцу и, мрачно насупив седые брови, слез с козел. Влас вынул из-за пазухи письмо и молча подал его Тропниину.

- От кого это?

- От барышни Авроры Валерьяновны.

- Да где же она? что все это значит?

- Барышня с вечера написали и приказали вам это передать, когда опять за ними пришлют.

Тропинин вскрыл пакет. «Не ищите меня, - писала зятю Аврора, - и не старайтесь догнать меня и остановить. Я, по долгом обсуждении, окончательно решилась и еду к дяде Петру Андреевичу, Он нездоров и на мою просьбу прислал за мною экипаж и лошадей. В Кашире пробуду не более двух-трех часов. Навещу дядю и, при его содействии и советах, проберусь далее, в штаб армии. Не пугайтесь, квартира Кутузова недалеко от Серпухова. Я располагаю явиться лично к светлейшему и просить его о справках. Сил моих нет, я истомилась. Авось что-либо верное узнаю о судьбе Базиля. Прошу дорогую бабушку меня простить за этот самовольный отъезд и не беспокоиться; я еду с Ефимовной, а всех и тебя, милая Ксаня, прошу - не поминайте меня лихом. Мое предприятие, может быть, неосуществимо, безумно; но я не отступлю. Вскоре узнаете все. Постараюсь подробнее написать из Серпухова и из других мест, куда меня занесет судьба. Прощайте, дорогие, до свиданья, если буду жива. Но если нам, в это страшное время, не суждено более видеться, помолитесь, прошу, за всех тех истинных патриотов, кто искренне любит и чтит нашу, поруганную теперь, родину, за которую столько пролито крови. Другого выхода нет, я не в силах долее бороться с собой. Ваша Аврора».

Тропинин прочел это письмо, еще раз пробежал его и расспросил Власа, когда, как и в чем уехала барышня. Влас ответил, что была прислана бричка от Петра Андреевича Крамалина, что священник и Ефимовна останавливали барышню, но та ответила, что отлучится ненадолго, догонит бабушку, и уехала. Тропинин бросился к жене. «Вот они, женщины! - думал он. - Средины нет: либо кроткий ангел, либо демон скрытых и сильных страстей». Илья и Ксения долго не решались передать этой вести княгине; наконец кое-как, при помощи Маремьяши, они приготовили Анну Аркадьевну и все ей сообщили. Княгиня сперва всполошилась, крикнула приказчика, людей и велела скакать в погоню за Авророй. Илья ее остановил. Время было упущено, и Аврора, уехавшая в ночь на тройке дяди, в Кашире могла взять свежих ямских и теперь, по всей вероятности, уже подъезжала к дяде, который, без сомнения, ей даст совет скорее возвратиться домой. Княгиня раскрыла ридикюль, вынула и понюхала спирту и спросила, который час. Тропинин ответил, что скоро полдень.

- Прикажи, Ильюша, подавать завтрак, и едем, - сказала Анна Аркадьевна, - коляску же, мой хороший, оставь, и едва Аврора возвратится, вели приказчику лично проводить ее в Паншино... Такова непоседа была и ее мать; все делала по-своему и не спросясь... Впрочем, Арина - баба разумная, сбережет ее... А этому старому сумасброду, Петру Андреевичу, я, как приедем, сама напишу. Век чуфарился и нас обходил, пренапыщенный. И где ему давать советы о штабе? Это не гонянье с борзыми! Оба они, с покойным братом, только умели заглядывать в чужие цветники, а теперь, видно, застрял в своей трущобе и трусит выглянуть, как мышь.

Аврора с Ефимовной благополучно прибыли в Дединово, имение дяди. Старик Петр Андреевич, разбитый параличом, был неузнаваем. Он, сильно обрадовавшись Авроре, плакал, как дитя, осыпал ее ласками, расспрашивал о ней и о ее горе, жаловался, что крестьяне его не слушают и почти бросили. Беспомощный, седой и исхудалый, он теперь особенно напоминал Авроре ее покойного отца. «Те же добрые, внимательные глаза и тот же ласковый голос», - думала она, глядя на него.

- Эх, не будь я прикован да будь помоложе, - сказал старик, - сел бы на чубарого и тебе нашел бы скакуна, и полетели бы мы с тобою в штаб светлейшего - искать твоего сокола-молодца!

Пробыв с дядей дня три, Аврора, с его денежною помощью и благословением, отправилась в Серпухов. По мере удаления от Дединова и с приближением к Серпухову странницы встречали более и более общей растерянности и суеты. Некоторые селения на пути были уже совершенно безлюдны, так что на Арину напал сильный страх, и она все охала. Покормить лошадей было негде, и Аврора всю дорогу ехала на притомленной тройке дяди, не кормя. В Серпухов она приехала днем. Он поразил ее своею пустынностью. Половина его жителей, особенно позажиточнее, давно бежала в Тулу, Орел и Чернигов. По городу виднелись только военные, двигались полковые фуры, пушки и обозы с продовольствием для армии. Аврора остановилась в лучшем заезжем трактире и послала отыскивать дьякона.

- На что он тебе? - спросила Ефимовна. - Что еще затеяла? и где его тут найти?

- Нужен он мне, знает эти места; его родич здесь под городом держит постоялый.

- Ну, справляйся, матушка, в своих делах, да и домой!.. Эка в какую даль заехали; все военные да пушки... Уж достанется нам от бабушки!

- Она добрая, простит, - ответила Аврора, - а я поговорю с дьяконом, завтра повидаюсь с городничим и с военным начальством и - даю тебе слово - немедленно домой.

Отца Савву разыскали. Крайне удивленный появлением Авроры, он радостно поспешил к ней. Она ему сообщила, что намерена ехать в Леташёвку, где была квартира главнокомандующего, и просила его разыскать для нее лошадей и подводу, чтоб пробраться туда. Дьякон ушел и возвратился только вечером. Он был сильно не в духе. Оставшиеся в городе вольные ямщики заломили непомерную цену: сто рублей за два перегона.

- Давайте им, что потребуют, - сказала Аврора.

- Но как же вы поедете туда? Ужели одни?

- Возьму няню, хоть не желала бы подвергать ее опасностям.

Дьякон задумался. Он, повидавшись с шурином, втайне решил: снять рясу и поступить в ополчение. «Отплачу врагам за жену, - мыслил он, - не одного злодея положу за нее!» Теперь был случай и ему ехать до Леташёвки, и он думал предложить себя в провожатые Авроре, но не решался. Ефимовна внесла самовар и стала готовить чай. Из общей залы трактира давно несся шум голосов и звон посуды. Там пировали какие-то военные. «Экие озорники! - подумал Савва. - Так поздно, не сообразят, что здесь девица!» Он вышел, поговорил с половым и наведался в залу; веселые крики в последней несколько стихли.

- Кто там? - спросила Аврора, когда он возвратился.

- Проезжие гусары, и между ними партизан, подполковник Сеславин, - ответил дьякон, - лихой да ласковый такой, меня угостил ромом.

- Что это за партизаны? - спросила Аврора, наливая дьякону чай.

- Охотники проявились за эти дни. Они составляют доброхотные отряды, следят за врагом и бросаются кучей и в одиночку в самые опасные места. Их немало теперь - Сеславин, князь Кудашев, и о них много говорят.

- Что же о них говорят?

- Не только офицеры, мужики с дрекольем идут на злодеев, стерегут их, поднимают на вилы, топят в колодцах и прудах. Прошка Зернин под Вязьмой, сотский Ключкин... а старостиха Василиса в Сычёвках? Чем не героиня? Сущая, можно сказать, Марфа Посадница, а по храбрости - амазонка или даже, по своему подвигу, библейская Юдифь...

- Какой подвиг? - с жадным любопытством спросила Аврора, кутая в мантилью дрожавшие от волнения плечи.

- А как же-с. Эта старостиха собрала сычевских мужиков, с косами, топорами и с чем попало, села верхом на лошадь и во главе их пошла...

- Баба-то? - не стерпев, отозвалась от двери Ефимовна. - И охота тебе, отец дьякон, молоть такое несуразное.

- Право слово, бабушка, вот те Христос.

- Куда же она пошла? - спросила Аврора.

- На французов... наскочила на них врасплох, убила косою по голове их офицера, а мужики уложили с десяток солдат, и вся их партия была разбита и бежала. Потом, слышно, Василиса пошла лесом к их лагерю.

- Боже, господи! - воскликнула, крестясь, Ефимовна. - И страха на них нет! Зачем же к лагерю-то?.. Ведь там, чай, их стража, часовые, туда не проберешься.

- Везде, бабушка, коли захочешь, пройдешь.

- Да зачем же так-то прямо, на смерть?

- Сказывают, видела сон в нощи и решила, подкравшись из-за дерева, убить какого-нибудь важного генерала, не то и повыше. И как не идти? злодеи насильничают над всеми; у помещика Волкова, под Смоленском, двух красавиц дочек силою увезли. Я сам недоумеваю, ох, не идти ли в охотники?

Рассказ дьякона о партизанах поразил Аврору. Она молча соображала то, что он ей говорил. Савва стал прощаться.

- Так постарайтесь же, отец дьякон, - сказала Аврора, - что ни потребуют, давайте, лишь бы завтра, с утра, я могла уехать.

Дьякон ушел. Утром Аврора написала несколько писем и вынула с груди ладанку, в которой был вложен пук крупных ассигнаций. То был подарок, полученный ею на расставании от дяди. Она отложила и подала Ефимовне одну из ассигнаций.

- Вот, няня, - сказала она, - пока я схожу здесь по делам, ты все уложи и приготовься.

- Да зачем же мне деньги-то? - удивилась Арина.

- Сама же ты говорила, что мелких нету: разменяй, понадобятся; купи провизию нам и для кучера дяди, также овса лошадям. Возвращусь, сейчас уедем.

Едва Ефимовна ушла, Аврора упала на колени перед образом, помолилась, приоделась и, позвав трактирного слугу, послала его к подполковнику Сеславину - спросить его, не навестит ли он, по нужному делу, постоялицу, девицу Крамалину? К ней, через четверть часа, охорашиваясь, вошел невысокий, черноволосый и курчавый партизан Сеславин. Когда Ефимовна с узлом провизии, запыхавшись, возвратилась в трактир, ее встретил смущенный Савва.

- Я добыл, матушка, крытую кибитку и добрых коней, - сказал он, - но нашей барышни, о господи, и след простыл.

- Где же она? - спросила, всплеснув руками, Ефимовна.

- Оставила вот эти письма родным, а сама укатила с гусарами.

Арина остолбенела. Она не помня себя бросилась в комнату Авроры. Комната была пуста.

XXXVII

В начале октября, незадолго до битвы под Тарутином, главные русские силы, при которых находился Кутузов, стояли в окрестностях села Леташёвки. С утра шел мелкий, непрерывный дождь. По небу неслись клочковатые, мутно-серые облака. К вечеру дождь, разогнанный налетевшим ветром, на некоторое время прекратился. Грязь по улицам Леташёвки стояла невылазная. Квартира светлейшего находилась вблизи Тарутина, на окраине села Леташёвки, у церкви, в более чистой и поместительной избе священника. Начальник главного штаба, генерал Ермолов, с адъютантами квартировал на другом конце деревни, в служительской избе брошенной помещичьей мызы. Был одиннадцатый час ночи. Ермолов, кончив обычный вечерний доклад светлейшему, возвратился домой пешком, чуть не по колени увязая в жидкой и скользкой грязи, сопровождаемый вестовым, который нес перед ним фонарь. В непроглядной тьме от надвигавшегося света фонаря направо и налево по улице выделялись то полусломанные плетни и сарайчики дворов, то почернелые от дождя соломенные крыши изб, с которых еще струилась вода. Сердитый, в намокшей шинели и в сплюснутой фуражке, едва прикрывавшей копну отросших за войну кудрявых и взъерошенных волос, Алексей Петрович Ермолов сильным взмахом ноги ступил на мокрое крыльцо и оттуда в сени своей избы. У дверей перед ним, в темноте, посторонился ожидавший его адъютант, бывший с кем-то другим, как бы посторонним.

- Кто это еще с вами? - недовольно спросил Ермолов, войдя в освещенную комнату, куда денщик уже вносил приготовленный для генерала ужин.

- Не говорит своего имени; в простом мещанском наряде, но, по-видимому, светский и образованный человек.

- Что же ему?

- Имеет весьма спешное и важное дело к светлейшему.

- Как? к князю? и в эту пору? - изумился Ермолов, сердито вытряхивая об пол мокрую фуражку.

- Говорит, что дело первой государственной важности и без отлагательства.

- Ну, у них все государственные дела, - с досадою произнес Ермолов, искоса глянув на стол, от которого уже доносился приятный запах чего-то жаренного в масле, с луком, и где стояла бутылка шабли, присланная в тот день Алексею Петровичу в презент от штабного маркитанта, общего любимца и мага по добыванию тонких питий. Надо было опять возиться с нежданным делом. Хрип невольной досады послышался из широкой, богатырской груди Ермолова.

- Где этот непрошеный гость? зовите его! - сказал он адъютанту, садясь на скамью.

Из сеней вошел мешковатый, высокого роста, человек лет тридцати пяти, круглолицый, с приплюснутым носом и большими, навыкат серыми глазами. В его лице было что-то бабье; рыжеватые волосы спадали на лоб и на уши, как у чухонцев, прямыми космами; широко разошедшиеся брови и крупные, сжатые губы придавали этому лицу выражение недовольства и как бы испуга. «Баба!» - подумал бы всякий, впервые взглянув на него, если бы не жиденькие бакенбарды, шедшие по этому лицу от ушей до подбородка. Незнакомец был одет в бараний, крытый серым сукном тулупчик и в высокие мещанские сапоги; в руках он держал меховой, с козырьком, картуз.

- Кто вы? - спросил Ермолов. Вошедший молча оглянулся на адъютанта. Тот по знаку Ермолова вышел.

- Имя ваше, звание? - спросил Ермолов.

- Отставной штабс-капитан артиллерии, Александр Самойлов Фигнер, - негромко произнес незнакомец.

- Что же вам нужно? - спросил Алексей Петрович, досадливо сопя носом и своими сокольими карими глазами вглядываясь в серые, вяло на него смотревшие глаза гостя, имя которого он уже встречал в реляциях.

- Могу уверить, иначе бы не посмел, - дело первой важности и экстренной - не торопясь и старательно выговаривая слова, ответил Фигнер. - И обратите внимание, генерал, то, что ныне еще возможно и доступно, при медленности может стать недоступным и невозможным. Кроме вашего превосходительства да светлейшего, об этом пока никто не должен знать.

- Без предисловий, излагайте скорее, - произнес Ермолов, сев на скамью и, с понуренной головой, приготовясь слушать, - мы здесь одни, - в чем ваше дело?

- Я служил в третьей легкой роте одиннадцатой артиллерийской бригады, а в последнее время состоял в Тамбовской губернии городничим, - начал Фигнер. - Движимый чувством патриотизма и удручаемый всем, что случилось, я бросил службу и семью, обращался в августе к графу Растопчину и к другим, а этими днями снова проникал, переряженный, в Москву.

- Вы были в Москве? - спросил Ермолов.

- Так точно-с... блуждал, то в мундире французского или итальянского офицера, то в крестьянской одежде, по пожарищу, пробирался и в дома, занятые врагами, все высмотрел и нашел, что легко и возможно разом положить человеческий предел не только занятию первопрестольной, но, можно сказать, и самой войне, всем бедствиям России и человечества.

- Вот как! - сказал Ермолов. - Кончить войну?

- Да-с, войну, - ответил Фигнер, - и это моя тайна...

«Что он, этот чухонец или жид, нелегкая побрала бы его, сумасшедший? или нахал и себе на уме, дерзкий хвастун? - подумал Ермолов, гневно глядя на стоявшего перед ним незнакомца. - Уж не новый ли воздушный шар Лепиха придумал, или что-нибудь вроде этой галиматьи? возись еще с этим штафиркою!»

- Вы произнесли такие слова... - сказал он. - Легкое ли дело разом кончить громадную войну? Тут ухищрения стратегии, великих, сложных сил... а у вас... Впрочем, в чем же эта ваша, столь заманчивая, великая панацея?

Молча слушавший насмешливые возражения Ермолова Фигнер ступил ближе к нему.

- Решаясь на самоотверженное и, смею выразиться, - проговорил он, - беспримерное по отваге дело, я все обдумал строго и со всех сторон... Но мой план, как и всякое человеческое предприятие, может не удаться... Могу ли поэтому знать наперед, смею ли питать надежду, что в случае неудачи этого плана, а вследствие того и неизбежной моей гибели, царь и отечество не оставят без призрения моей осиротелой семьи? Я человек недостаточный... мне довольно одного вашего слова. ..

- Что же вам нужно прежде всего для исполнения вашего предприятия? - спросил нетерпеливо Ермолов.

- Мой тезка, Александр Никитич Сеславин, предложил мне вступить в его отряд, он ждет ответа; но я надумал другое. На основании общего устава о партизанских отрядах я попросил бы дозволить мне действовать самостоятельно, а именно, предоставить в мое распоряжение и по моему личному выбору хотя бы человек семь-восемь казаков.

- Ваша семья будет обеспечена, - сказал, подумав, Ермолов, - теперь говорите, для чего вам казаки и в чем ваш план?

Серые, круглые глаза Фигнера зажглись странным блеском, и он сам оживленно вытянулся и точно вырос. Его лицо побледнело, нижняя челюсть слегка затряслась.

- Мой план очень прост и несложен, - произнес он, судорожно подергивая рукой, - вот этот план... Я - кровный враг идеологов! О, сколько они нанесли вреда! их глава и вождь...

Он остановился, пристально глядя на Ермолова, и, казалось, не находил нужных слов.

- Я задумал, - проговорил он, помолчав, - и моя мысль бесповоротна... я решился истребить главную и единственную причину всего, что делается... а именно, убить Наполеона...

142

- Что вы сказали? - спросил, привстав, Ермолов. - Убить вождя французов...

«Да, он не в здравом уме! - подумал, разглядывая Фигнера, Ермолов. - А впрочем, почему же не в здравом? Не отчаянный ли скорее фанатик, гонимый непреоборимою душевною потребностью? Да и не он один. Лунин тоже предлагал отправить его парламентером к Наполеону и вызывался, подавая ему бумагу, заколоть его кинжалом». Ермолов поднялся со скамьи.

- Так вы действительно на это решились? - спросил он, все еще недоумевая, что за человек стоял перед ним в эту минуту.

- Решился и не отступлю, - ответил Фигнер.

- Как же вы полагаете исполнить ваше намерение? Одно дело - задумать, а другое - исполнить задуманное.

- Что бог даст: либо выручит, либо выучит! Я снова переоденусь, смотря по надобности, нищим или мужиком, проберусь в Кремль или в другое место, где будет злодей, и глаз на глаз лично нанесу ему удар. Пособники мне будут нужны только для предварительных разведок и приготовлений.

- Вы говорите, у вас семья? - спросил Ермолов. - Жена и пятеро детей, мал мала меньше.

- Где они?

- Решась проникнуть в Москву, оставил их в Моршанске.

- Как вы проникли в Москву?

- С французским паспортом; они сами мне его дали, назвав меня cultivateur, помещиком.

- Что вы делали там?

- Следил за выходом оттуда неприятельских фуражиров, разбивал их под Москвой с охотниками и отнимал их подводы... в делах штаба должны быть обо мне упоминания.

- Да, о вас доносили. И вы готовы на такой шаг, не боитесь?

- На всякую беду страха не напасешься - бог не выдаст, боров не съест! - ответил Фигнер. - Брут убил своего друга Цезаря, мне же корсиканский кровопийца не друг... Я день и ночь молился, клялся.

« Рисуется немчура, - подумал Ермолов, - а впрочем, посмотрим».

- Что же вы желаете получить в случае удачи? - спросил он. - Говорите прямо.

Фигнер слегка покраснел. Его глаза глядели холодно и спокойно.

- Ничего, - ответил он. - Я приношу себя в жертву отечеству. Россия вскормила меня; душою я русский.

- А родом?

- Остзеец.

- Есть с вами бумаги?
- Вот они...

XXXVIII

«Чудеса! - раздумывал, просмотрев бумаги, Ермолов, - ферфлюхтер, а говорит с пафосом и русскими пословицами, даже слова как-то особенно старательно отчеканивает». Он задал еще несколько вопросов Фигнеру. Тот на все отвечал здраво и обдуманно. «Как быть? - терялся в догадках Ермолов, - умолчать об этом гусе перед светлейшим невозможно... Что бы ни вышло впоследствии, ответственность падает на меня первого... ну, да его с этою затеей, вероятно, без уважения сплавит сам князь». Ермолов кликнул адъютанта, сдал ему на руки Фигнера и, снова надев мокрую фуражку, пошел по лужам и скользкой грязи к главнокомандующему. Адъютант было предложил оседлать для него коня; Ермолов, с досадой махнув рукой, отправился опять пешком. У ворот квартиры Кутузова провожатый вестовой наткнулся на княжеского денщика, шедшего притворять ставни.

- Все спят-с! - сказал денщик, разглядев при свете фонаря фигуру Ермолова, вынырнувшего из темноты.

- А сам светлейший? - спросил Ермолов,

- Тоже в постели, хотя свечи у них еще горят.

- Доложи.

Денщик через сени вошел в темную приемную, оттуда в спальню Кутузова. Ермолов был приглашен в комнату, из которой вышел всего полчаса назад. Кутузов, в одной рубахе, сидел на постели, спустив на коврик босые ноги, прикрытые бухарским халатом. Перед ним на круглом столике лежала карта России, утыканная булавками, с головками из красного и черного сургуча, изображавшими русские и французские войска. Он перед приходом Ермолова рассматривал эту карту. Комната, по обычаю старого князя, любившего теплоту, была жарко натоплена.

- Что, голубчик? - спросил он, устремив навстречу входившему Ермолову не совсем довольный, утомленный взгляд. - Все ли у вас благополучно?

- Слава богу, ничего нового; но вот что случилось...

Ермолов неторопливо и в подробностях передал светлейшему о прибытии и предложении Фигнера.

- Я счел священным долгом, - заключил он, - не мешкая обо всем доложить... Что прикажете? Фигнер у меня, ждет решения.

- Так вот что, - произнес Кутузов, натягивая себе на плечи сползавший с него халат, - штука казусная... все ли ты терпеливо выслушал и расспросил?

- До точности, ваша светлость.

- А как полагаешь, он не насчет перпетуум-мобиле, не из желтого дома? приметил ты, в порядке ли его мозги?

- Мне этот вопрос прежде всего пришел в голову, - ответил Ермолов, - я его так и этак, на все стороны допрашивал; говорит толково, в глазах змейки не бегают, нет ничего подозрительного... Осуществимо ли его предприятие - дело другое. Отважен же он и смел, кажется, действительно без меры, и его решимость, по-видимому, искренняя и прямая.

Старчески обрюзглое лицо Кутузова поникло. Он задумался. На гладко выбритом, жирном и белом его подбородке, от тепла комнаты или от душевного волнения, выступила испарина. Он нервным движением пухлой руки тронул себя за подбородок и, задумавшись, устремил свой единственный зрячий глаз куда-то в сторону, мимо этой комнаты и Ермолова, мимо этой ночи и всего того, что ей предшествовало и так доныне подавляло дряхлого телом, но бодрого духом старого вождя.

- Ведь вот, шельма, придумал! - разведя руками и опять хватаясь за увлажненное лицо, сказал князь, - а дело, надо признаться, из ряда вон и во всяком случае необычное. Но на чем основаться?

Князь медленно повернулся на подостланной под него перине.

- Разумеется, бывали примеры в древности, и именно в Риме, во время войны Пирра и Фабриция, - продолжал он, - только там, сколько припомню, разыгралось все иначе. Ну, как это было? пришли и говорят Фабрицию, что некий врач из греков - это в Риме было то же, что в России наши немцы, - с целью разом прекратить войну вызвался, без колебания, отравить Пирра. Ну, Фабриций, как помнишь, выслушал, как и ты, этого немца, да и отослал врага-предателя в распоряжение самого Пирра. Остроумного лекаришку Пирр, разумеется, вздернул на первую осину или там, по-ихнему, смоковницу, что ли... тем дело и кончилось... Ты что на это скажешь?

Ермолов, нахмурясь, молчал. Догоравшие свечи уныло мигали на столе. Кутузов взглянул в ближайшее к кровати окно, из которого в эту ночь опять виднелось зарево над Москвою.

- Мое мнение, - произнес он, - убей этот чухонец и в самом деле Бонапарта, все скажут - не он, а я да ты, Алексей Петрович, предательски его ухлопали. Ведь правда?

145

- Положим, ваша светлость, то было давно и в Риме, - ответил Ермолов, еще не угадывавший, куда клонит князь, - и прошлое не всегда урок для настоящего. Но я позволю себе, однако, только спросить, чем этот новый, вторгшийся к нам Атилла лучше какого-нибудь Стеньки Разина или Пугачева? Те изверги шли из-за Волги, этот из Парижа - в том вся и разница; сходства же в разрушителях много... Владеть отуманенною ими, раболепною толпой, двигать, при всяческих обманах, полчищами жадных до наживы, одичалых бандитов, вторгаться, для удовлетворения собственного самолюбия, в мирную страну, предавая а ней все грабежу, огню и мечу... Чем же это не отверженец людского общества, чем не Разин или не Пугачев? Кутузов отодвинул стол, нашел босыми ногами и надел туфли, медленно поднялся с постели и, оставя халат, в одном белье начал, заложа руки за спину, вперевалку, прохаживаться по комнате.

- Именно, отверженец нового сорта! - сказал он, помолчав. - Ты выразился верно!.. Но как разрешить вопрос? подумай... Если бы я и ты, лично напав на Наполеона, начали с ним драться явно, один на один... дело другое... А тут, выходит, точно камнем из-за угла.

- Как угодно вашей светлости, - почтительно-сухо проговорил Ермолов, как бы собираясь уйти.

- Да нет, погоди! - остановил его Кутузов. - Мы с тобою полководцы девятнадцатого века, вот что я хочу сказать. А наши противники достойны ли этого имени? Я предсказывал, что они будут есть конину - едят... говорил, что Москва для их идола и их армий станет могилой - стала... их силы с каждым днем тают... - Князь опять прошелся по комнате. - Прогоним их, увидишь, - сказал он, - я не доживу, ты дождешься... Те же французы свергнут своего кумира и так же бешено и легкомысленно проклянут его и весь его род, как свергли, казнили и прокляли своего истинного короля... Жалкая нация...

Кутузов, опершись руками о подоконник, глядел на небо, окрашенное заревом.

- Опять огонь... догорает, страдалица! Вспомнят они этот пожар, - сказал он, - поплатятся за эту сожженную Москву!

- Так что же прикажете, ваша светлость, относительно предложения Фигнера? - спросил Ермолов. - Всякие шатаются теперь, и чистые и темные люди. Кутузов обернулся к нему и развел руками.

- Дело, не подходящее ни под какие артикулы! - сказал он, - а впрочем, Христос с ним! Знаешь поговорку - смелого ищи в тюрьме, труса в попах... Дай ему, голубчик, по положению о партизанах восемь казаков, бог с ним. Глас народа - глас божий; пусть творит, что хочет, если на то воля свыше, а приказа убивать... я ему не даю!

Партизаны Сеславин и Фигнер, по условию, съехались у деревни князя

Вяземского, Астафьева. Фигнер объявил, что ему на время разрешено действовать самостоятельно, и просил наставлений и советов у более опытного товарища. Сеславин уступил ему из своего отряда двух кавалеристов, в том числе молоденького юнкера, который особенно просился к Фигнеру. Невысокий, черноволосый и сухощавый, этот юнкер, в казачьей одежде, казался робким мальчиком, но лихо ездил верхом. Купленный им у казаков донской конь Зорька был сильно худ, но не знал усталости. Фигнер в ту же ночь с этим юнкером ускакал по направлению к Москве.

XXXIX

Французы окончательно покинули Москву 11 октября. Известие об этом, напечатанное лишь через девять дней в Петербурге, в «Северной почте» от 19 октября, достигло Паншина, где в это время проживала с семьей княгиня, лишь в конце октября. Газетные реляции, впрочем, были уже предупреждены словесной молвой. Все терялись в догадках, куда скрылась Аврора. Известий от нее, после письма из Серпухова, не приходило. Княгиня была в неописанном горе. Ксения и ее муж не знали, как ее утешить. Прогремели сражения под Тарутином, где был убит ядром Багговут, под Малоярославцем и Красным, где французы потеряли почти всех своих шедших с ними пленных. Не допущенный русскими к Калуге, Наполеон поневоле бросился на опустошенную им же самим дорогу к Смоленску. Французская армия, гонимая отдохнувшими и окрепшими русскими войсками, шедшими за нею по пятам, вдвинулась в пространство между верховьями Днепра и Двины. Озлобленный неудачами, Наполеон повел эту армию к Березине, теряя от трех, открытых им в России, стихийных сил - невылазной грязи, страшного мороза и казаков - тысячи солдат и лошадей. Не менее того на этом пути вредили неприятелю и отважные партизаны.

Пронеслись вести о подвигах полковника-поэта Давыдова, Орлова-Денисова, князей Кудашева и Вадбольского, Сеславина, Фигнера и других отчаянных смельчаков. Называли и другие, менее известные имена, в том числе дьякона Савву Скворцова, мстившего за похищенную у него жену. Он в какой-то вылазке, подкравшись из леса, размозжил дубиною голову французскому артиллеристу, готовившемуся выпалить картечь в русский отряд, и небольшая французская батарея стала добычею русских без боя. О партизанах рассказывали целые легенды. Фигнер, по слухам, не застав

Наполеона в Москве, усилил свой отряд новыми охотниками и бросился по Можайской дороге. Здесь он отбил обширный неприятельский обоз, захватил более сотни пленных и, на глазах французского арьергарда, взорвал целый вражеский артиллерийский парк. В толках о партизанах стали упоминаться и женские имена. В обществе говорили об отваге и храбрости девицы Дуровой, принявшей имя кавалериста Александрова, и о других двух героинях, не оставивших потомству своих имен. Предводительствуя небольшими летучими отрядами из гусаров, казаков и доброхотных разночинцев, смелые партизаны неожиданно появлялись то здесь, то там и день и ночь тревожили остатки великой французской армии, отбивая у нее подводы с припасами и московскою добычей, артиллерию и целые транспорты больных и отсталых. При обозах отбивали и отряды пленных, которых враги гнали с собою в качестве носильщиков и прислуги. Победы русских под Красным окончательно расстроили французскую армию. В этих сражениях, с 3 по 6 ноября, французы потеряли более двадцати шести тысяч пленными, в том числе семь генералов, триста офицеров и более двухсот орудий. Началось сплошное бегство разбитых и изнуренных бездорожьем, голодом и болезнями остатков Наполеоновых полчищ.

Поля давно покрылись снегом. Начались сильные морозы, сопровождаемые ветром и метелями. Но вдруг снова потеплело. Стужа сменилась туманами. Начало таять. По дорогам образовались выбоины и невылазная грязь. Кутузов, сопровождая свои ободренные победой отряды, ехал то в крытых санях , то в коляске и даже, смотря по пути, на дрожках. На дневке, 6 ноября, князь, осматривая верхом биваки, часу в пятом дня приблизился к лагерю гвардейского Семеновского полка. Его сопровождали несколько генералов и адъютантов. Все были в духе, оживленно и весело толковали об окончательном поражении корпуса Нея, причем в одном из захваченных русскими обозов был даже взят маршальский жезл грозного герцога Даву.

Вечерело. Густой туман с утра плавал над полями, среди него кое-где, как острова, виднелись опустелые деревеньки и чернели вершины леса. Светлейший подъехал к палатке командира гвардейцев, генерала Лаврова, невдали от которой молоденький офицер в артиллерийской форме снимал карандашом портрет с тяжелораненого, тут же сидевшего своего товарища. Князь и его свита сошли с лошадей. Князю у палатки поставили скамью, на которую он, кряхтя и разминая усталые члены, опустился с удовольствием, поглядывая на смешавшегося рисовальщика.

- Как ваша фамилия? - спросил Кутузов, подозвав его к себе.

- Квашнин, ваша светлость, - ответил, краснея, офицер, - я это так-с, карандашом для его отца

- Что же, и отлично. Я вас где-то видел?

- После моего плена в Москве, и ваша светлость еще тогда удивлялись, как я вынес, - заторопился, еще более краснея, офицер, - я был тогда ординарцем Михаила Андреича...

- А с кого рисовали?

- Тюнтин, товарищ... оба мы под Красным...

Кутузов более не слушал офицера. Сопровождавшие князя гвардейские солдаты-кирасиры, сойдя в это время с лошадей, стали вокруг него с отбитыми неприятельскими знаменами, составив из них для защиты от ветра, нечто вроде шатра. Кутузов смотрел на эти знамена. Туман вправо над полем разошелся, и заходящее солнце из-за холма ярко осветило ряды палаток, пушки, ружья в козлах и оживленные кучки солдат, бродивших по лагерю и сидевших у разведенных костров. Денщики полкового командира разносили чай. Кто-то стал читать вслух надписи над знаменами.

- Что там? - спросил, опять глянув на эти знамена, Кутузов. - Написано «Аустерлиц»? да, правда, жарко было под Аустерлицем; но теперь мы отомщены. Укоряют, что я за Бородино выпросил гвардейским капитанам бриллиантовые кресты... какие же навесить теперь за Красное? Да осыпь я не только офицеров - каждого солдата алмазами, все будет мало. Князь помолчал. Он улыбался. Все в тихом удовольствии смотрели на старого князя, который теперь был в духе, а за последние дни даже будто помолодел.

- Помню я, господа, лучшую мою награду, - сказал Кутузов, - награду за Мачин; я получил тогда георгиевскую звезду. В то время эта звезда была в особой чести, я же был помоложе и полон надежд... Есть ли еще здесь кто-нибудь между вами, кто бы помнил тогдашнего, молодого Кутузова? нет? еще бы... ну, да все равно... Вот и получил я заветную звезду. Матушка же царица, блаженной памяти Екатерина, потребовала меня в Царское Село. Еду я; приехал. Вижу, прием заготовлен парадный. Вхожу в раззолоченные залы, полные пышными, раззолоченными сановниками и придворными. Все с уважением, как и подобало, смотрят на храброго и статного измаильского героя, скажу даже - красавца, да, именно красавца! потому что я тогда, в сорок шесть лет, еще не был, как теперь, старою вороной, я же... ни на кого! Иду и думаю об одном - у меня на груди преславная георгиевская звезда! Дошел до кабинета, смело отворяю дверь... «Что же со мной и где я?» - вдруг спросил я себя. Забыл я, господа, и «Георгия», и Измаил и то, что я Кутузов. И ничего как есть перед собою невзвидел, кроме небесных голубых глаз, кроме величавого, царского взора Екатерины... Да, вот была награда!

Кутузов с трудом достал из кармана платок, отер им глаза и лицо и задумался. Все почтительно молчали.

149

- А где-то он, собачий сын, сегодня ночует? - вдруг сказал князь, громко рассмеявшись. - Где-то наш Бонапарт? пошел по шерсть - сам стриженый воротился! не везет ему, особенно в ночлегах. Сеславин сегодня обещал не давать ему ни на волос передышки, а уж Александр Никитич постоит за себя. Молодцы партизаны, спасибо им!.. Бежит от нас теперь пресловутый победитель, как школьник от березовой каши.

Дружный хохот присутствовавших покрыл слова князя. Все заговорили о партизанах. Одни хвалили Сеславина и Вадбольского, другие - Давыдова, Чернозубова и Фигнера. Кто-то заметил, что в партии Сеславина снова отличилась кавалерист-девица Дурова. На это красневший при каждом слове Квашнин заметил, что и в отряде Фигнера, как он наверное слышал, в одежде казака скрывается другая таинственная героиня. Квашнина стали расспрашивать, что это за особа. Он, робко взглядывая то на князя, то на хмурые лица огромных кирасирских солдат, стал по-французски объяснять, что, по слухам, это какая-то московская барышня, которой, впрочем, ему не удалось еще видеть. - Кто, кто? - спросил рассказчика светлейший, прихлебывая из поданного ему стакана горячий чай.

- Еще амазонка?

- Так точно-с, ваша светлость! - ответил совсем ставший багровым Квашнин. - Московская девица Крамалина. Она, как говорят, являлась еще в Леташёвке; ее привез из Серпухова Александр Никитич Сеславин.

- Зачем приезжала?

- Кого-то разыскивала в приказах и в реляциях... я тогда только что вырвался из плена и не был еще...

- Ну и что же она? нашла? - спросил князь, отдавая денщику стакан.

- Никак нет-с; а не найдя, упросилась к Фигнеру и с той поры состоит неотлучно при нем... Изумительная решимость: служит, как простой солдат... вынослива, покорна... и подает пример... потому что... Окончательно смешавшийся Квашнин не договорил.

- Вчера, господа, этот Фигнер, - перебил его, обращаясь к офицерам, генерал Лавров, - чуть не нарезался на самого Наполеона, прямо было из-за холма налетел на его стоянку, но, к сожалению, спутали проводники... уж вот была бы штука... поймали бы красного зверя...

- Да именно красный, матерой! - приятно проговорил, разминаясь на скамье, Кутузов. - Сегодня, кстати, в числе разных и в прозе и пиитических, не заслуженных мною посланий я получил из Петербурга от нашего уважаемого писателя, Ивана Андреевича Крылова, его новую, собственноручную басню «Волк на псарне». Вот так подарок! Кутузов, заложа руку за спину, вынул из мундирного кармана скомканный лист синеватой почтовой бумаги, расправил его и, будучи с молодых лет отличным чтецом и даже, как говорили о нем, хорошим актером, отчетливо и несколько нараспев начал:

Волк, ночью думая попасть в овчарню, Попал на псарню...

Он с одушевлением, то понижая, то повышая голос, картинно прочел, как «чуя серого, псы залились в хлевах, вся псарня стала адом» и как волк, забившись и угол, стал всех уверять, что он «старинный сват и кум» и пришел не биться, а мириться, - словом, «уставить общий лад...» При словах басни:

Тут ловчий перервал в ответ: «Ты сер, а я, приятель, сед!» -

Кутузов приподнял белую, с красным околышем, гвардейскую фуражку и, указав на свою седую, с редкими, зачесанными назад волосами голову, громко и с чувством продекламировал заключительные слова ловчего:

«А потому обычай мой
- С волками иначе не делать мировой,
Как снявши шкуру с них долой...»
И тут же выпустил на волка гончих стаю!

Окружавшие князя восторженно крикнули «ура», подхваченное всем лагерем.

- Ура спасителю отечества! - крикнул, отирая слезы и с восторгом смотря на князя, Квашнин.

- Не мне - русскому солдату честь! - закричал Кутузов, взобравшись, при помощи подскочивших офицеров, на лавку и размахивая фуражкой. - Он, он сломил и гонит теперь подстреленного насмерть, голодного зверя...

XL

Снова настала стужа, подул ветер и затрещал сильный мороз. Голодный, раненый зверь, роняя клочками вырываемую шерсть и истекая кровью, скакал между тем по снова замерзшей грязи, по сугробам и занесенным вьюгою пустынным равнинам и лесам. Он добежал до Березины, остановился, замер в виду настигавших его озлобленных гонцов, готовых добить его и растерзать, отчаянным взмахом ослабевших ног бросил по снегу, для отвода глаз, две-три хитрых следовых петли, сбил гонцов с пути и, напрягая последние усилия, переплыл за Березину. Что ему было до его гибнувших сподвижников, которых, догоняя, враги рубили и топили в обледенелой реке? Он убежал сам; ему было довольно и этого. Французы, теряя свои последние обозы, переправились по наскоро устроенным, ломавшимся мостам через Березину, у Студянки, 14 ноября. Озадаченные их нежданною переправою и уходом, русские вожди растерялись и, взваливая друг на друга вину этого промаха, с новою силой бросились по пятам вражеских легионов, бежавших обратно за русскую границу. Партизаны и казаки, обгоняя беглецов по литовским болотам и лесам, преследовали их, по выражению Наполеона, как орды новых аравитян. Сеславин гнался за французами слева, Фигнер справа. Оба втайне стремились исправить ошибку Березины, схватить в плен самого Наполеона. Сеславину едва не удалось достигнуть этого у села Ляды. Он подкрался ночью, проник в село и даже перерезал пикет, охранявший путь императора. Но вспыхнувший пожар предупредил Наполеона, и он со свитой объехал Ляды сбоку. Фигнер со своим отрядом бросился окольными лесами, в перерез французам, на городок Ошмяны. Туда же, с другой стороны, направился и Сеславин. Каждый из них составил свой собственный план и мечтал о его успешном исполнении. Измученный и возмущенный рядом неудач, Наполеон в местечке Сморгони нежданно призвал Мюрата и других бывших с ним маршалов и объявил им, что пожар Москвы, стужа и ошибки его подчиненных заставляют его сдать войско Мюрату и что он едет обратно в Париж - готовить к весне новую, трехсоттысячную армию и новый поход против России. Из Вильны, к которой направлялся Наполеон, была заранее, с фельдъегерем, тайно вытребована для охраны его пути целая кавалерийская дивизия Луазона. Этот отряд, не зная цели нового движения, спешил навстречу бегущему императору, занимая по пути занесенные снегом деревни, мызы и постоялые дворы. Слух о причине похода из Вильны дошел наконец до передового полка этой дивизии, наполовину состоявшего из итальянцев и саксенвеймарцев. Южные солдаты, невольные соратники великой армии, с отмороженными лицами, руками и ногами, в серых и дымных литовских лачугах, чуть не вслух роптали за скудною овсяною похлебкой, проклиная главного виновника их бедствий.

- Он снова позорно бежит, предавая нас гибели, как бежал из Египта! - толковали солдаты и офицеры этого отряда. - Недостает, чтобы казаки схватили и посадили его, как редкого зверя, в железную клетку.

Было 23 ноября. После двухдневной непрерывной бури и метели настала тихая, ясная погода. День стоял солнечный; мороз был свыше двадцати градусов. По белому, ярко блестящему полю столбовой, обставленною вербами дорогой несся на полозьях с обитыми потертым волчьим мехом стеклами, жидовско-шляхетский возок, в каком тогда ездили зажиточные посессоры, арендаторы и помещики средней руки. За ним следовала рогожная кибитка, с полостью в виде зонтика. Оба экипажа охраняло конное прикрытие из нескольких сот сменявшихся по пути польских уланов. Снег визжал под полозьями. Красивые султаны, мелькавшие на шапках прикрытия, издали казались цветками мака на снежной равнине. В возке, в медвежьей шубе и в такой же шапке, сидел Наполеон. С ним рядом, в лисьем тулупе, - Коленкур, напротив них, в бурке, - генерал Рапп. На козлах в мужичьих, бараньих шубах, обмотав чем попало головы, сидели мамелюк Рустан и, в качестве переводчика, польский шляхтич Вонсович. В кибитке следовали обер-гофмаршал Дюрок и генерал-адъютант Мутон. Наполеон ехал под именем «герцога Виченцкого», то есть Коленкура.

- Да где же их проклятые села, города? - твердил Наполеон, то и дело высовывая из медвежьего меха иззябший, покрасневший нос и с нетерпением приглядываясь в оледенелое окно. - Пустыня, снег и снег... ни человеческой души! Скоро ли стоянка, перемена лошадей?

Рапп вынул из-под бурки серебряную луковицу часов и, едва держа их в окостенелой руке, взглянул на них.

- Перемена, ваше величество, скоро, - сказал он, - а стоянка, по расписанию, еще за Ошмянами, не ближе, как через четыре часа.

- Есть с нами провизия? - спросил Наполеон.

- Утром, ваше величество, за завтраком, - отозвался Коленкур, - вы все изволили кончить - фаршированную индейку и страсбургский пирог.

- А ветчина?

- Остались кости, вы велели отдать проводнику.

- Сыр?

- Есть кусок старого.

- Благодарю: горький и сухой, как щепка. Ну хоть белый хлеб?

- Ни куска; Рустан подал за десертом последний ломоть.

Верст через пять путники на белой поляне завидели новый конный пикет, гревшийся у костра близ пустой, раскрытой корчмы, и новую, ожидавшую их смену лошадей. Наполеон, сердито поглядывая на перспряжку, не выходил из экипажа. Возок и кибитка помчались далее. Наполеон дремал, но на толчках просыпался и заговаривал с своими спутниками.

- Да, господа, - сказал он, как бы отвечая на занимавшие его мысли, - ко всем нашим бедствиям здесь еще и явственная измена, Шварценберг, вопреки условию, отклонился от пути действий великой армии; мы брошены на произвол собственной участи... И как сражаться при таких условиях?

Возок въехал на сугроб и быстро с него скатился.

- А стужа? а эти казаки, партизаны? - продолжал Наполеон. - Они вконец добивают наши обессиленные, разрозненные легионы. Подумаешь, эта дикая, негодная конница, способная производить только нестройный шум и гам... она бессильна против горсти метких стрелков, а стала грозною в этой непонятной, бессмысленной стране... Наша превосходная кавалерия истреблена бескормицей; пехоту интендантство оставило без шуб и без сапог... все, наконец, голодают.

На лице нового Цезаря его спутники в эту минуту прочли, что голод - действительно скверная вещь. Проехали еще с десяток верст. Вечерело. Наполеон, чувствуя, как мучительно ноют иззябшие пальцы его ног, опять задремал.

- Нет, не в силах, не могу! - решительно сказал он, хватаясь за кисть окна. - У первого жилья мы остановимся. Найдем же там хоть кусок мяса или тарелку горячего.

- Но, ваше величество, - сказал Рапп, - не беспокойтесь, до назначенной по маршруту стоянки не более двух часов. Это замок богатого и преданного вам здешнего помещика... Вонсович ручается, что все у него найдем...

- Черт с вашим маршрутом и замком; я голоден, шутка ли, еще два часа! не могу...

- Но нам до ночи надо проехать Ошмяны...

Наполеон не вытерпел. Он с сердцем дернул кисть, опустил стекло и высунулся из окна. Верстах в трех впереди, вправо от дороги, виднелось какое-то жилье.

- Мыза! - сказал император. - Очевидно, зажиточный дом и церковь. Мы здесь остановимся.

- Простите, ваше величество, - произнес Коленкур, - это против расписания, и вас здесь не ожидают...

- При этом возможно и нападение, засада, - прибавил Рапп.

- Что вы толкуете! Поселок среди открытой, ровной поляны, - сказал Наполеон, - ни леса, ни холма! а наш эскорт? Велите, герцог, заехать.

Коленкур остановил поезд и для разведки послал вперед часть конвоя. Возвратившиеся уланы сообщили, что на мызе, по-видимому, все спокойно и благополучно. Возок и кибитка направились в сторону, к небольшому, под черепицей, домику, рядом с которым были конюшня, амбар и людская изба. За домом, в занесенном снегом саду, виднелась деревянная церковь, за церковью - небольшой, пустой поселок. Обогнув дом, возок подкатил к крыльцу. Во дворе и возле него не было видно никого. Стоявшая на привязи у амбара, лошадь в санках показывала, однако, что мыза не совсем пуста.

XLI

В сенях дома путников встретил толстый и лысый, невысокого роста, ксендз. За ним у стены жался какой-то подросток. Одежда, вид и конвой путников смутили ксендза. Он, бледный, растерянно последовал за ними. Войдя в комнату, Наполеон сбросил на подставленные руки Рустана и Вонсовича шубу и шапку и, оставшись в бархатной на вате зеленой куртке, надетой сверх синего егерского мундира, присел на стул и строго взглянул на Вонсовича.

- Кушать государю! - почтительно согнувшись, шепнул Вонсович священнику. Пораженный вестью, что перед ним император французов, ксендз в молчаливом изумлении глядел на Наполеона, с которого Рустан стягивал высокие, на волчьем меху, сапоги.

- Чего-нибудь, - продолжал Вонсович, - ну, супу, борщу, стакан гретого молока. Только скорей...

- Нет ничего! - жалостно проговорил ксендз, сложив на груди крестом руки.

- Так белого хлеба, сметаны, творогу.

- Ничего, ничего! - в отчаянии твердил помертвелыми губами священник. - Где же я возьму? Все ограбили сегодня прохожие солдаты.

- Что он говорит? - спросил Наполеон. Вонсович перевел слова священника.

- Они отбили кладовую, - продолжал ксендз, - угнали последнюю мою корову и порезали всех птиц... я остался, как видите, в одной рясе и сам с утра ничего не ел.

- Но можно послать на фольварк, - заметил Вонсович.

- О, пан капитан, все крестьяне и мои домочадцы разбежались, и, если бы не мой племянник, только что подъехавший за мной из местечка, я, вероятно, погиб бы с голоду, хотя не ропщу.. О, его цезарское величество, я в том убежден, со временем все вознаградит...

Вонсович перевел ответ и заключение ксендза. Наполеон при словах о грабеже и о том, что нечего есть, нахмурился. Но он сообразил, что делать нечего и что таковы следствия войны для всех, в том числе и для него, и решил показать себя великодушным и выше встреченных невзгод. Милостиво потрепав ксендза по плечу, он сказал ему, через переводчика, что рад случаю видеть его, так как в жизни встречает первого священника, который так покорен обстоятельствам и не корыстолюбив.

- Да, - вдруг обратился он по-латыни непосредственно к ксендзу, - у нас есть общий нам, родственный язык; будем говорить по-католически, по-римски.

Священник в восхищении преклонился.

- Я никогда не расставался с Саллюстием, - сказал Наполеон, - носил его в кармане и с удодольствием прочитывал войну против Югурты. А Цезарь? его галльская война? мы тоже, святой отец, воюем с новейшими дикими варварами, с галлами Востока... Но надо покоряться лишениям.

Говоря это, Наполеон прохаживался по комнате. Радостно изумленный ксендз и свита благоговейно внимали бойким, хотя и не вполне правильным римским цитатам нового Цезаря. В уютной комнате кстати было так тепло. Вечернее же солнце так домовито и весело освещало скромную мебель, в белых чехлах, гравюры по стенам и уцелевшие от грабителей горшки цветов на окнах, что всем было приятно. Наполеон еще что-то говорил. Вдруг он, нагнувшись к окну, остановился. Он увидел на дворе нечто, удивившее и обрадовавшее его. В слуховое окно конюшни выглянула пестрая хохлатая курица. Уйдя днем от грабителей на сенник, она озадаченно теперь оттуда посматривала на новых нахлынувших посетителей и, очевидно, не решалась в обычный час пробраться в разоренный птичник на свой нашест, как бы раздумывая: а что как поймают здесь и зарежут?

- Reverendissime, ecce pulla![51] - сказал Наполеон, обращаясь к священнику.

Ксендз и прочие бросились к окну. Они действительно увидели курицу и выбежали во двор. Уланы справа и слева оцепили конюшню и полезли на сенник. Курица с криком вылетела оттуда через их головы в сад. Офицеры, мамелюк Рустан и Мутон пустились ее догонять. Им помогал, командуя и расставляя полы шубы, даже важный и толстый Дюрок. Наполеон с улыбкой следил из окна за этою охотой. Курица была поймана и торжественно внесена в дом.

- Si item[52]... Если ты такой же умелый повар, - сказал Наполеон ксендзу, - как священник, сделай мне хорошую похлебку.

- С великим удовольствием, государь![53] - нерешительно ответил ксендз. - Боюсь только, может не удаться.

Подросток - племянник священника растопил в кухне печь, Рустан иззябшими руками ощипал и выпотрошил зарезанную хохлатку.

- Но, ваше величество, - заметил, взглянув на свою луковицу, Рапп, - мы опоздаем; какую тревогу забьют в замке того помещика, где ожидают вас, и в Ошмянах!

- А вот погоди, уже пахнет оттуда! - ответил Наполеон, обращая нос к кухне. - Успеем, еще светло... Расставлена ли цепь?

---

[51] Почтеннейший, вот курицах!

[52] Если также... (лат.)

[53] Magna cum voluptate, Caesar!

- Расставлена...

Похлебку приготовили. К дивану, на котором сидел Наполеон, придвинули стол. Ввиду того, что вся посуда у ксендза была ограблена, кушанье принесли в простом глиняном горшке; у солдат достали походную деревянную ложку.

- Дивно, прелесть![54] - твердил Наполеон, жадно глотая и смакуя жирный, душистый навар. Мамелюк прислуживал. Он вынул куриное мясо, разрезал его на части своим складным ножом и подал на опрокинутой крышке горшка часть грудинки с крылом. Наполеон потянул к себе всю курицу, кончил ее и, весь в поту от вкусной еды, оглянулся на руки Рустана, державшего походную флягу с остатком бордо.

- Да это, друзья мои, не бивачная закуска, а целый пир! - восторженно сказал Наполеон, допив в несколько приемов флягу. - Я так не ел и в Тюильри.

- Пора, ваше величество, осмелюсь сказать, - произнес Колонкур, - смеркается, мы здесь целый час.

Наполеон улыбнулся счастливою, блаженною улыбкой, протянул ноги на подставленный ему стул, безнадежно махнул рукой и, как сидел на диване, оперся головой о стену, закрыл глаза и в теплой, уютной, полуосвещенной комнате почти мгновенно заснул. Лица свиты вытянулись. Коленкур делал нетерпеливые знаки Раппу, Рапп - Дюроку, но все раболепно-почтительно замерли и, не смея пикнуть, молча ожидали пробуждения усталого Цезаря.

В тот же день, перед вечером, верстах в пяти от большой Виленской дороги, в густом лесу, подходившем к городку Ошмянам, показался отряд всадников. То была партия Фигнера. Усиленно проскакав сплошными трущобами и болотами, она стала бивакам в лесной чаще и, не разводя огней, решила до ночи собрать сведения, кто и в каком количестве занимает Ошмяны.

В городе, в крестьянском зипунишке и войлочной капелюхе, на дровнях лесника, прежде всех побывал сам Фигнер. Он, к изумлению, узнал, что здесь стоит пришедший накануне из Вильны отряд французской кавалерии. Ломая голову, зачем сюда пришли французы, он поспешил обратно к биваку, где, посоветовавшись с офицерами, разделил свою партию надвое и одну ее часть послал, также стороной и лесом, далее, к селению Медянке, а другой велел остаться при себе на месте. В Ошмяны же, для разведки, как велик французский отряд, он разрешил послать собственного ординарца Крама и стоявшего долгое время в Литве,

---

[54] Optime, superrime!

а потому знающего местный язык, старого казацкого урядника Мосеича. Путники уже в сумерки, вслед за каким-то обозом, на тех же дровнях въехали в город. Улицы были почти пусты, лавки и кабаки закрыты. Изредка только встречались прохожие и проезжие. Окна светились лишь в немногих домах.

У крайнего, с кретушами и длинными сараями, постоялого двора, при въезде в город, оказался большой конный французский пикет. Солдаты, как бы отдыхая, полулежали у забора, держа под уздцы, наготове лошадей. Они разговаривали и, очевидно, чего-то ожидали. Завидев их еще издали и плетясь пешком у санок, одетый дровосеком урядник Мосеич шепнул ординарцу, лежавшему в санях на куче дров:

- Ваше благородие, видите, сколько их? не вернуться ли?

- Ступай, - ответил также шепотом ординарец, - авось пропустят... зайду на постоялый двор, еще кое-что узнаем.

- Да мне не велено вас бросать.

- Ну, как знаешь, заезжай и сам; только не разом, попозже.

Ординарец, миновав стражу, встал и направился на постоялый двор к смежной, с чистыми светлицами рабочей избе. Урядник для отвода глаз направился с дровами окольными улицами на базарную площадь, а оттуда к мосту и, вывалив там дрова, так же потом завернул с санями в ворота постоялого двора. Не распрягая лошади, он поставил ее к яслям, под навес, взял у дворника сена и овса, всыпал овес в торбу, а сам прилег в сани, прислушиваясь к возне и говору на замолкавшем дворе. Окончательно стемнело.

XLII

Одетый мелким хуторянином, в бешмете на заячьем меху и в черной барашковой литовской шапке, ординарец Фигнера был - Аврора Крамалина. Сперва скитание в оставленной французами Москве, потом почти четырехнедельное пребывание в партизанском отряде сильно изменили Аврору. С коротко остриженными волосами и обветренным лицом, в казацком чекмене или в артиллерийском шпенцере, с пистолетом за поясом и в высоких сапогах, она походила на молоденького, только что выпущенного в армию кадета. Фигнер, щадя и оберегая вверенную ему Сеславиным Аврору, тщательно скрывал ее, известные ему, происхождение и пол и, ссылаясь на молодость и слабые силы принятого им юнкера, почти не отпускал ее от себя. Офицеры сперва звали новобранца - Крама-лин, а потом, со слов казаков, просто - Крам. Иные из них, в начале знакомства, стали было трунить над новым товарищем, говоря о нем: «Какой это воин? красная девочка!» Но Фигнер, намекнув на высокое родство и связи новобранца, так осадил насмешников, что все их остроты прекратились, и на юнкера никто уже не обращал особого внимания. Состоя в ординарцах у Фигнера, Аврора почти не сходила с коня. Все удивлялись ее неутомимому усердию к службе. Голодная, иззябшая, являясь с разведками и почти не отдохнув, она в постоянном, непонятном ей самой, лихорадочном возбуждении всегда была готова скакать с новым поручением.

Одно ее смущало: холодная, почти зверская жестокость ее командира с попавшими в его руки пленными. Тихий с виду и, казалось, добрый, Фигнер на ее глазах, любезно-мягко шутя и даже угощая голодных, достававшихся ему в добычу пленных, внимательно расспрашивал их о том, что ему было нужно, пересыпая шутками, записывал их показания и затем беспощадно их расстреливал. Однажды, - Аврора в особенности не могла этого забыть, - он собственноручно после такого допроса пристрелил из пистолета одного за другим пятерых моливших его о пощаде пленных.

- Зачем такая жестокость? - решилась тогда, не стерпев, спросить своего командира Аврора.

- Слушайте, Крам, - ответил он, ероша космы своих волос, - зачем же я буду их оставлять? ни богу свечка, ни черту кочерга! все равно перемерзли бы... не таскать же за собой...

Авроре у ошмянского постоялого двора, при виде жалобно жавшихся друг к другу с обернутыми тряпьем лицами и ногами итальянских солдат, вспомнилась другая сцена. За два дня перед тем Фигнер, с частью своей партии, также отлучился для особой разведки к местечку Сморгони. Возвратясь к остальным, он рассказал, что и как им сделано.

- Представь, - обратился он к гусарскому ротмистру, бывшему в его отряде, - только что мы выглянули из-за кустов, видим, у мельницы французская подвода с больными и ранеными, - очевидно, обломалась, отстала от своего обоза, и при ней такой солидный и важный, в густых эполетах, французский штаб-офицер... Мы вторые сутки брели лесом, без дорог, измучились, проголодались и вдруг - что же увидели? собачьи дети преспокойно развели костер и варят рисовую кашу. Ну, я их, разумеется, и потревожил; смял с налета, всех перевязал и начал укорять; такие вы, сякие, говорю, пришли к нам и еще хвалитесь просвещением, такие, мол, у вас писатели - Бомарше, Вольтер... а сами что наделали у нас? Их командир, в эполетах, вмешался и так заносчиво и гордо стал возражать. Ну, я не вытерпел и был принужден, разложив на снегу попонку, предварительно предать его телесному наказанию.

159

- Предварительно? - спросил ротмистр. - А после? что ты с ними сделал и куда их сбыл?

Фигнер на это молча сделал рукой такой знак, что Аврора вздрогнула и тогда же решила, при первом удобном случае, опять проситься обратно к Сеславину. Как она ни была возбуждена и вследствие того постоянно точно приподнята над всем, что видела и слышала, она не могла вынести жестоких выходок Фигнера. Более же всего Авроре остался памятен один случай в окрестностях Рославля. Фигнеру от начальства было приказано, ввиду начавшейся тогда оттепели, собрать и сжечь валявшиеся у этого города трупы лошадей и убитых и замерзших французов. Он, дав отдых своей команде, поручил это дело находившимся в его Отряде калмыкам и киргизам. Те стащили трупы в кучи, переложили их соломой и стали поджигать. Ряд страшных костров задымился и запылал по сторонам дороги. В это время из деревушки, близ Рославля, ехала в Смоленск проведать о своем томившемся там в плену муже помещица Микешина. Ее возок поравнялся с одною из приготовленных куч. Калмыки уже поджигали солому. Путница видела, как огонь быстро побежал кверху по соломе. Вдруг послышался голос кучера: «Матушка, Анна Дмитриевна! гляньте... жгут живых людей!» Микешина выглянула из возка и увидела, что солома наверху кучи приподнялась и сквозь нее сперва просунулась, судорожно двигаясь, живая рука, потом обезумевшее от ужаса живое лицо. Подозвав калмыков, поджигавших кучи, Микешина со слезами стала молить их спасти несчастного француза и за червонец купила его у них. Они вытащили несчастного из кучи и положили к ней в ноги . Возок поехал обратно, в деревушку Микешиных Платоново. Фигнер узнал о сердоболии калмыков. Он подозвал своего ординарца.

- Скачите, Крам, за возком, - сказал он Авроре, - остановите его и предложите этой почтенной госпоже возвратить спасенного ею мертвеца.

- Но, господин штаб-ротмистр, - ответила Аврора, - этот мертвый ожил.

- Не рассуждайте, юнкер! - строго объявил Фигнер. - Великодушие хорошо, но не здесь; я вам приказываю.

Аврора видела, каким блеском сверкнули серые глаза Фигнера, и более не возражала. «Я его брошу, брошу этого жестокосердого», - думала она, догоняя возок. Настигнув его, она окликнула кучера. Возок остановился.

- Сударыня, - сказала Аврора, нагнувшись к окну возка, - начальник здешних партизанов Фигнер просит вас возвратить взятого вами пленного.

Из-под полости, со дна возка приподнялась страшно исхудалая, с отмороженным лицом, жалкая фигура. Мертвенно-тусклые, впалые глаза с мольбой устремились на Аврору.

- О господин, господин... во имя бога, пощадите! - прохрипел француз.

- Мне не жить... но не мучьте, дайте мне умереть спокойно, дайте молиться за русских, моих спасителей.

Эти глаза и этот голос поразили Аврору. Она едва усидела на коне. Пленный не узнал ее. Она его узнала: то был ее недавний поклонник, взятый соотечественниками в плен, эмигрант Жерамб. Аврора молча повернула коня, хлестнула его и поскакала обратно к биваку, «Ну, что же? где выкупленный мертвец»? - спросил ее, улыбаясь, Фигнер. «Он вторично умер», - ответила, не глядя на него, Аврора.

Об этом Аврора вспомнила, пробираясь под лай цепного пса к рабочей избе постоялого двора. Она остановилась под сараем, в глубине двора. Здесь, впотьмах, она услышала разговор двух французских офицеров кавалерийского пикета, наблюдавших за своими солдатами, которые среди двора поили у колодца лошадей.

- Ну, страна, отверженная богом, - сказал один из них, - не верилось прежде; Россия - это нечеловеческий холод, бури и всякое горе... И несчастные зовут еще это отечеством![55]..

- Терпение, терпение! - ответил другой, с итальянским акцентом. К ним подошел третий французский офицер. Солдаты в это время повели лошадей за ворота. Свет фонаря от крыльца избы осветил лицо подошедшего.

- Это вы, Лапи? - спросил один из офицеров.

- Да, это я, - ответил подошедший. То был статный, смуглый и рослый уроженец Марселя, майор Лапи. Он, как о нем впоследствии говорили, стоял во главе недовольных сто тринадцатого полка и давно тайно предлагал расправиться с обманувшим их вождем французов.

- Что вы скажете? Ведь он действительно бросил армию и скачет... припоздал, по пути, в замке здешнего магната; ему тепло и сыто, а нам...

- Я скажу, что теперь настало время!.. Мы бросимся, переколем прикрытие...

Аврора далее не слышала. Сторожевой пес, рвавшийся с цепи на Мосеича и других двух путников, которые в это время въехали во двор, заглушил голос майора. Аврора, сказав несколько слов уряднику, пробралась в черную избу. Полуосвещенные ночником нары, лавки и печь были наполнены спящими рабочими и путниками. Сняв шапку и в недоумении озираясь по избе, Аврора думала: «От кого доведаться и кого расспросить? неужели ждут Наполеона? Боже! что я дала бы за час сна в этом тихом теплом углу!»

- Обогреться, паночку, соснуть? - отозвался выглянувший с печи бородатый, лет пятидесяти, но еще крепкий белорус-мужик.

- Да, - ответила Аврора, - мне бы до зари, пока рассветет.

---

[55] Et les malheureux appellent cela une patrie!

- С фольварка?

- Да...

- Можа, за рыбкой альбо мучицы?

- За рыбой...

- Ложись тута... тесно, а место есть! - сказал, отодвигаясь от стены, мужик. Он с печи протянул Авроре мозолистую, жесткую руку. Она влезла на нары, оттуда на верхнюю лежанку и протянулась рядом с мужиком, от зипуна которого приятно пахло льняною куделью и сенною трухой.

- Мы мельники, а тоже и куделью торгуем, - сказал, зевая, мужик. Примостив голову на свою барашковую шапку и прислушиваясь, все ли остальные спят, Аврора молчала; смолк и, как ей показалось, тут же заснул и мужик. В избе настала полная тишина. Только внизу, под лавками, где-то звенел сверчок да тараканы, тихо шурша, ползали вверх и вниз по стенам и печке. Долго так лежала Аврора, поджидая условного зова Мосеича, чтобы до начала зари выбраться из города. Она забылась и также задремала. Очнувшись от нервного сотрясения, она долго не могла понять, что с нею и где она. Понемногу она разглядела на лавке, у стола, худого и бледного итальянского солдата, которому другой солдат перевязывал посиневшую, отмороженную ногу. Они тихо разговаривали. Раненый, слушая товарища, злобно повторял: «Diavolo... vieni»[56]. В дверь вошел рослый, бородатый рабочий. Он растолкал спавших на нарах и на печи других рабочих. Все встали, крестясь и поглядывая на солдат, обулись и вышли. Итальянцы также оставили избу. Из сеней пахнуло свежим холодом. За окном заскрипел ночевавший во дворе с какой-то кладью обоз.

- Усе им, поганцам, по наряду вязуць! - тихо проговорил, точно про себя, лежавший возле Авроры мужик.

- Откуда везут?

- З Вильны.

- Куда?

- На сустречь их войску. Кажуть, - продолжал, оглядываясь, мужик, - ихнего Бонапарта доконали, и он чуть пятки унес, ув свои земли удрав.

- Не убежал еще, - произнесла Аврора, - его следят.

- Убяжить! яны, ироды, уси струсили: як огня, боятся казаков, а особь Сеславина, да есть еще такой Фигнер. Принес бы их господь!

- А ты, дедушка, за русских?

- Мы, паночку, исстари русские, православные тут; мельники, куделью торгуем.

---

[56] Дьявол... подойди (итал .)

162

Мужик опять замолчал. Еще какие-то мужики и баба встали, крестясь, из угла и, подобрав на спину котомки, вышли. В избе остались только Аврора, спавшее на печи чье-то дитя и мельник-мужик. Прошло более часа. Аврора не спала. Рой мыслей, одна тяжелее другой, преследовал и томил ее. Она перебирала в уме свои первый, неудачный шаг в партизанском отряде Фигнера, когда она поступила к нему в Астафьеве и, в крестьянской одежде, проникла в Москву. Фигнер был полон надеждою - пробраться в Кремль и убить Наполеона. Она надеялась получить аудиенцию у Даву и, если Перовский еще жив, вымолить у грозного маршала помилование ему, а себе дозволение - разделить с ним бедствия плена . Авроре живо припомнилась ночь, когда она и Фигнер, с телегою, как бы для продажи нагруженною мукой, пробрались через Крымский брод и Орлов луг в Москву и до утра скрывались в ее развалинах. С рассветом их поразила мертвая пустынность сгоревших улиц. Они с телегой направились в провиантское депо, к Кремлю. На Каменном мосту, как она помнила, их оглушил нежданный громовой взрыв; за ним раздались другой и третий. Громадные столбы дыма и всяких осколков поднялись над кремлевскими стенами, осыпав мост пылью и песком. По набережной, выплевывая изо рта мусор, в ужасе бежали немногие из обитателей уцелевших окрестных домов. От них странники узнали, что Наполеон с главными французскими силами в то утро оставил Москву, уводя с собою громадный обоз и пленных и приказав оставшемуся отряду взорвать Кремль.

XLIII

Аврора посетила в погорелой Бронной пепелище бабки, была и на Девичьем поле. Монахини Новодевичьего монастыря показали ей опустелую квартиру Даву и близ огородов - у берега Москвы-реки - место его страшных казней. Здесь-то, в слезах и отчаянии, Аврора поклялась до последней капли крови преследовать извергов, отнявших и убивших ее жениха. Она было оставила Фигнера и, приютившись у знакомой, пощаженной французами старушки, кастелянши Воспитательного дома, около двух недель оставалась в Москве, разыскивая Перовского между русскими и французскими больными и пленными. Не найдя его, она решила, что он погиб, опять пробралась в отряд Фигнера, рыскавшего в то время у путей отступления французов к Смоленску, и уже не покидала его. «Но, может быть, он жив? - думалось иногда Авроре о Перовском. -

163

Что, если в последнюю минуту его пощадили и теперь, измученного, по этой стуже, голодного и без теплой одежды, ведут, как тысячи других пленных?» Аврора на походе с трепетом прислушивалась к известиям из других отрядов и, едва до нее доносился слух об отбитых у неприятеля русских пленных, спешила искать среди них вестей о Перовском. Никто из тех, кого она спрашивала, не слышал о нем и не видел его ни в Москве, ни на пути.

Исполняя поручения неутомимого и почти не спавшего Фигнера, Аврора часто не понимала, зачем именно она здесь, среди этих лишений и в этой обстановке. если ее жениха нет более на свете? Для чего, бросив теплый родной кров и любящих ее бабку и сестру и забыв свой пол и свое, не особенно сильное, здоровье, она сегодня весь день не сходит с Зорьки, завтра мерзнет в ночной засаде, среди болот или в лесной глуши? На походе, у переправ через реки и ручьи, в дождь и холод, у костра, и в бессонные ночи, где-нибудь в овине или в полуобгорелой, раскрытой избе, ее преследовала одна заветная мечта - отплаты за любимого человека... В минуты такого раздумья, тайком от других Аврора вынимала с груди крошечный медальон с акварельным, на слоновой кости, портретом Перовского и, покрывая его поцелуями, долго вглядывалась в него. «Милый, милый, где ты? - шептала она. - Видишь ли ты свою, любящую тебя, Аврору?» В эти мгновения ее облегченным думам становилось понятно и ясно, зачем она здесь, в лесу, или на распутье заметенных снегом дорог Литвы, а не у бабки в Ярцеве или в Паншине и зачем на ней грубый казацкий чекмень или барании полушубок, а не шелковое, убранное кружевами и лентами платье. Картины недавнего прошлого счастия дразнили и мучили Аврору. Мысленно видя их и наслаждаясь ими, она не могла понять, что же именно ей, наконец, нужно и чего ей недостает? Мучительным сравнениям и сопоставлениям не было конца. «Как мне ни тяжело, - рассуждала она, - но все же у меня есть и защищающая меня от стужи одежда, и сносная пища, и свобода... А он, он, если и вправду жив, ежечасно мучится... Боже! каждый миг ждать гибели от разбитого, озлобленного, бегущего врага!..»

Аврора дремала на печи. Вдруг ей показалось, что ее зовут. Она приподняла голову, стала слушать.

- Это я, - раздался у ее изголовья тихий голос мужика, лежавшего на печи. В избе несколько как бы посветлело. У плеча Авроры яснее обрисовалась широкая, окладистая борода белоруса, его худое, благообразное лицо и добрые глаза, ласково смотревшие на нее. Посторонних, кроме ребенка, спавшего на печи, не было в избе.

- Паночку, а паночку, - обратился к Авроре, опершись на локоть, мужик. - Что я тебе скажу?

164

Аврора, присев, приготовилась его слушать.

- Ответь ты мне, - спросил мужик, - грешно убивать?

- Кого?

- Человека... ён ведь хоть и враг, тоже чувствует, с душой.

- Во время войны, в бою, не грешно, - ответила Аврора, вспоминая церковную службу в Чеплыгине и воззвание святого синода, - надо защищать родину, ее веру и честь.

- Убивают же и не в бою, - со вздохом проговорил мужик.

- Как? - спросила Аврора.

- А вот как. Мы исстари мельники, - произнес мужик, - перешли сюда из Себежа, - землица там скудна. Жили здесь тихо; только усе отняли эти ироды - хлебушко, усякую живность, свою и чужую муку: оставили, в чем были. Одной кудели, оголтелые, не тронули, им на что? не слопаешь! И как прожили мы это с успенья, не сказать... Отпустили они нас маленько, а тут с Кузьмы и Демьяна опять и пошли; видимо-невидимо, это як бросили Москву. Есть у нас тоже мельник и мне сват, Петра. Добыл он детям у соседа-жидка дойную козу: пусть, мол, хоть молочка попьют: и поехал это на днях сюда в город, к куму, за мучицей. Возвращается, полна хата гостей... Французы сидят вокруг стола; в печи огонь, а на столе горшки з усяким варевом. Жена, сама не своя, мечется, служит им. Ну, думает Петра, порешили козу. А они завидели его, смеются и его же давай угощать; сами, примечает, пьянешеньки. Что же тут делать? а у него никакого оружия. Аврора при этом вспомнила о своем пистолете и ощупала его на поясе, под бешметом .

- Посидел он в ними, - продолжал мужик, - и вызвал хозяйку в сени. Спрашивает: «Коза?» Она так и залилась слезами. «А дети?» - спрашивает и сам плачет. Она указала на кудель в сенях и говорит: «Я тута их спрятала». Вытащил он ребят из-под кудели, посадил их и жену в санки, а сам припер поленом дверь, говорит хозяйке: «Погоняй к куму», - да тут же запалил кудель и стал с дубиной у окна. Полохну-ли сени, повалил дым. Французы загалдели, ломятся в дверь, да не одолеют и полезли в окна. Какой просунет голову, Петра его и долбанёт... И недолго возились... Это вдруг все затрещало, и стал, о господи, один как есть огненный столб... Это скажи, грешно? накажут Петру на том свете?

- Бог его, дедушка, видно, простит, - ответила Аврора. Опять настало молчание. Сверчок над лавкой также затих. Не было слышно ни собачьего лая на дворе, ни шуршанья и возни тараканов. Аврора прилегла и, закрыв глаза, думала, скоро ли позовет Мосеич.

- Паночку, а паночку, - вдруг опять послышался голос, - что я тебе скажу?

- Говори, дедушка.

165

- За насильников бог, може, простит, а как ён тебя не трогал?

Аврора слушала.

- Было, ох, и со мною, - продолжал мужик, - ветрел я ноне, идучи сюда, глаз на глаз, одного ихнего окаянника-солдата; шел он полем, пеш, вижу, отстал от своих, ну и хромал; мы пошли с ним рядом. Он все что-то лопоче по-своему и показывае на рот, голодный, мол; а при боку сабля и в руках мушкет. Думаю, сколько ты, скурвин сын, загубил душ!

Мужик замолчал.

- Сели мы, - продолжал он, - я ему дал сухарь, смотрю на него, а он ест. И надумал я, - вырвал у него, будто в шутку, мушкет; вижу, помертвел, а сам смеется... хочет смехом разжалобить... Ну, думаю, бог тебе судья! показал ему этак-то рукою в поле, будто кто идет; он обернулся, а я ему тут, о господи, в спину и стрельнул ...

Мужик смолк. Молчала и Аврора.

- Грешно это? - спросил мужик. Аврора не отвечала. Ей вспомнилось пепелище Москвы, Девичье поле и место казней Даву. «И что ему нужно от меня? - думала она. - Не все ли равно? Теперь все погибло и все кончено... пусть же гибнут и они». В избе стало еще светлее; за окнами во дворе слышался говор и двигались люди.

- А я, панок, потому в Ошмяпы, - начал было, не слыша Авроры, мужик, - сюда, сказывают, идет генерал Платов с казаками... и я...

Он не договорил. Дверь из сеней отворилась, В избу вошел Мосеич. Осмотревшись и разглядев Аврору, а возле нее мужика, он остановился.

- Не бойся, это наш, - сказала Аврора, спустясь с печи и идя за Мосеичем в сени. - Что нового?

- Едем: они ждут своего Бонапарта.

- Где?

- Здесь.

- Ты почем знаешь?

- Все толкуют «анперёр!» и указывают па дорогу...

- Вывози санки; еще успеем доскакать к нашим.

Мосеич пошел за лошадью. Аврора вышла за ворота. Бледное утро едва начиналось; улица у постоялого двора была уже, однако, полна народа. Все в некотором смущении ждали Наполеона, опоздавшего, по расписанию, более чем на три часа.

166

XLIV

Бургомистр и другие, назначенные от французов, начальники города стояли впереди и, не спуская глаз с дороги на городском выгоне, сдержанно разговаривали. Народ, евреи и уличные мальчишки напирали сзади или, взобравшись на заборы и крыши соседних дворов, глядели оттуда на выстроившийся конный отряд. «Да, теперь уже, несомненно, ждут самого Наполеона, - подумала Аврора, - гонят его наши!» Ей вспомнился этот Наполеон, на картинке, убивающий оленя. Она, пробравшись ближе к конвою, узнала по голосу сидевшего впереди других, на серой лошади, итальянского майора, которого вечером близ нее назвали Лапи и который, как она убедилась из его слов, был готов посягнуть на жизнь Наполеона. Статный и смуглый, с густыми черными бакенами, майор мрачно с седла смотрел в ту сторону, куда были направлены взоры остальных. Его глаза, как ей показалось, горели ненавистью и злобой; нижняя часть лица, стянутого перевязью каски, судорожно вздрагивала.

- Так это - герцог Виченцский, а не император? - спросил его стоявший с ним рядом другой французский офицер.

- Терпение! может быть, и он, - сухо ответил Лапи. «О, если бы это был Наполеон! - подумала Аврора, отыскивая глазами Мосеича. - Не струсь этот офицер, бросься он в это мгновение на ожидаемого злодея, и общим бедствиям конец, мир был бы спасен...» Толпа, стоявшая у постоялого двора, мешала Мосеичу выехать из ворот. Он, показывая это знаками Авроре, выжидал, пока народ отодвинется. Аврора протиснулась еще далее и впереди кавалеристов увидела заготовленные для ожидаемых путников две четверни лошадей с разряженными в перья и в ленты почтарями.

- Я узнал, что не император, а Коленкур, он едет курьером в Париж, - сказал кто-то из конвоя вблизи Авроры, - стоило из-за того мерзнуть!

Иллюстрация

Вдруг толпа заволновалась и двинулась вперед. Теснимая напиравшими от забора, Аврора оглянулась на Мосеича. Того уже не было у ворот. С мыслью: «Где же он? надо ехать, дать знать нашим!» - Аврора взглянула вдоль улицы. В красноватом отблеске зари, на белой снеговой поляне выгона показались две черные двигавшиеся точки. Ближе и ближе. Впереди скакал верховой. Стал виден нырявший по ухабам круглый, со стеклами возок, за ним - крытые сани. Форейторы, прилегая к шеям измучившихся, взмыленных лошадей, махали бичами. Послышалась труба скакавшего впереди вестового. Тысячи мыслей с неимоверной быстротою пролетали в голове Авроры. Ей припомнились слова старосты Клима о французах, засыпанных в колодце, признания мужика-белоруса о подожженной избе и убитом голодном французском солдате. Авроре казалось, что она сама в эти мгновения вынуждена и должна что-то сделать, немедленно и бесповоротно предпринять, а что именно - она не могла дать себе отчета. «Насильник, насильник, - шептала она, - надругался над всем, что дорого и свято нам... ответишь!» Чувствуя непонятную, ужасающую торжественность минуты, она видела, как в толпе народа, еще недавно встречавшего Наполеона восторженными криками, все смотрели на него молча, с испуганно-смущенными лицами. При этом она с удивлением приметила, что и статный за мгновение мрачный и грозный, майор вдруг как-то преобразился и, вытянувшись с почтительною преданностью на лице, салютовал шпагою подъезжавшему возку. «Струсил!» - подумала с горькою усмешкой Аврора. Она разглядела в толпе благообразное и печально-недоумевающее лицо мужика, говорившего ей за несколько минут на печи: - «Паночку, а паночку, а что я тебе скажу?» Посеребренный инеем, с потертым волчьим мехом на окнах возок в этот миг подкатил к постоялому двору и остановился у заготовленной смены лошадей. «Герцог Виченцский или сам император?» - с дрожью вглядываясь в возок, подумала Аврора. Прямо перед нею в окне возка обрисовалось оливковое, с покрасневшим носом и гневными красивыми глазами лицо Наполеона. Аврора тотчас узнала его. «Так вот он, плебей-цезарь, коронованный солдат!» - сказала она себе, видя, как важный и толстый, с шарфом через плечо и с совершенно растерянными глазами бургомистр, подойдя к карете, стал с низкими поклонами ломаным французским языком говорить что-то просительное и жалобное, а ближайшие к нему горожане даже опустились рядом с ним на колени. Почтари иззябшими, дрожащими руками наскоро отпрягли прежних и впрягли новых лошадей. Новый конвой, с майором Лапи во главе, молодецки строился впереди и сзади экипажа.

- Eh bien, pourquoi ne partons nous pas? - громко спросил Наполеон, с досадой высунувшись из колымажки и не обращая внимания ни на бургомистра, ни на его речь. Толпа, разглядев ближе императора, стояла в том же мрачном[57] безмолвии. Офицеры метались, почтари торопливо садились на козлы и на лошадей. Авроре мгновенно вспомнилось ее детство, деревня дяди, бегущая собака и крики: «Бешеная! спасите!» «Да, вот что мне нужно! вот где выход! - с непонятною для себя и радостною решимостью вдруг сказала себе Аврора. - И неужели не казнят злодея? Базиль! храни тебя господь... а я...» Она, перекрестясь, опустила руку под

---

[57] Что же мы не едем?

бешмет, рванулась из-за тех, кто теснился к экипажам, выхватила из-под полы пистолет и взвела курок. Бургомистр в это мгновение крикнул: «Виват!» Толпа, кинувшись за отъезжавшим возком, также закричала. Наполеон небрежно-рассеянно посмотрел к стороне толпы. Его по-прежнему недовольные глаза на мгновение встретились с глазами Авроры. «А! видишь меня? знай же...» - подумала она и выстрелила. Клуб дыма поднялся перед нею и мешал ей видеть, удачен ли был ее выстрел. Она судорожно бросилась вперед, обгоняя толпу. Ей мучительно хотелось узнать, чем кончилось дело. Но отъезжавший конвой, по команде майора, полуоборотясь, направил дула карабинов в ту сторону, где, заглушенный криками толпы, послышался пистолетный выстрел и где бежал в бешмете невысокий и худенький шляхтич. Раздался громкий залп других выстрелов. В толпе повалилось несколько человек, в том числе выстреливший в императора шляхтич. Он, точно споткнувшись о что-нибудь и распластав руки, упал ничком и не двигался.

- Фанатик? - спросил, зевнув, Наполеон, усаживаясь глубже в подушки возка.

- Какой-нибудь сумасшедший! - ответил Коленкур, поднимая окно возка.

Толпа, увидев трупы, в безумном страхе бросилась по улицам. Одни запирались в своих домах, другие спешили уйти из города. Урядник Мосеич, оттертый толпой, успел в общем переполохе доехать переулком до выгона, подождал юнкера, подумал, что тот, по неосторожности, попал в плен, и, прячась за мельницами и огородами, поскакал к лесу.

Оставшийся за сменою итальянский конвой оцепил постоялый двор и улицу. Из толпы было схвачено несколько человек; арестовали и хозяина постоялого двора. Им стали делать допрос. Тела убитых внесли под навес сарая. Между ними был и мельник-литвин. Полуоборотясь к мертвой Авроре, он лежал с открытыми глазами и, как недавно, будто шептал ей:

- Папочку, а паночку!.. что я тебе скажу?

Мосеич достиг леса, куда незадолго перед тем явился с своим отрядом и Сеславин. Оба партизана бросились с двух сторон на Ошмяны. Итальянский конвой был захвачен. Фигнер узнал о смерти Крама. Ругаясь, кусая себе руки и проклиная неудачу, он решил тут же перестрелять арестованных. Сеславин воспротивился, говоря, что выгоднее всех взять в плен и от них доведаться о дальнейших намерениях неприятеля.

- Ну и возись с ними, пока на тебя же не наскочат другие, - сказал Фигнер. - Ох, уж эти неженки, идеологи!

- Да чем же идеологи? - спросил, вспыхнув, Сеславин. - Вам бы все крови.

- А вам сидеть бы только в кабинете да составлять сладкие и

чувствительные законы, - кричал Фигнер, - а эти законы первый ловкий разбойник бросит после вас в печь!

Сеславин стал было снова возражать, но раздосадованный Фигнер, не слушая его, крикнул своей команде строиться, сел на коня и поскакал за город. вперерез по Виленской дороге. Сеславин освободил корчмаря, разыскал помощника бургомистра и, пока его команда, развьючив лошадей, кормила их и наскоро сама закусывала, распорядился похоронами убитых.

- Слышал? - спросил адъютант Сеславина пожилой, с седыми усами, гусарский ротмистр, выйдя из постоялого, где закусывали остальные офицеры.

- Что такое?

- Убитый-то ординарец Фигнера, ну, этот юнкер Крам, как его звали, ведь оказался женщиной!

- Что ты? - удивился адъютант.

- Ей-богу. Синтянину первому сказали, а он - Александру Никитичу.

Адъютант Сеславина, Квашнин, месяц тому назад, под Красным, поступивший в партизаны, обомлел при этих словах. «Крам, Крамалина! Ясно как день! - сказал себе Квашнин. - И я не догадался ранее!» Ему вспомнилось, как он, в вечер вступления французов в Москву, обещал Перовскому отыскать дом его невесты, Крамалиной, как он его нашел и получил от дворника записку этой девушки и, с целью отдать ее при первой встрече Перовскому, не расставался с нею. Пораженный услышанною вестью, он без памяти бросился в избу, куда между тем, в ожидании погребения, перенесли убитых.

- Да-с, господа, женщина, и притом такая героиня! - произнес, стоя у тела Авроры, Сеславин. - Теперь она покойница, тайны нет. Ее жизнь, как говорят, роман... когда-нибудь он раскроется. А пока на ней найден вот этот, с портретом, медальон. Вероятно, изображение ее милого.

Офицеры стали рассматривать портрет.

- Боже! так и есть.. это Василий Перовский! - вскрикнул, вглядываясь в портрет, Квашнин.

- Какой Перовский? - спросил Сеславии.

- Бывший, как и я вначале, адъютант Милорадовича; мы с ним от Бородина шли вплоть до Москвы... он на прощанье поведал мне о своей страсти.

- Так вы его знаете?

- Как не знать!

- Где же он?

- Попал, очевидно, как и я в то время, в плен, а жив ли и где именно - неизвестно.

- Ну, так как вы его знаете, - сказал Сеславин, - вот вам этот медальон, сохраните его. Если Перовский жив и вы когда-нибудь увидите его, отдайте ему... А теперь, господа, на коней и в путь.

Партизанский отряд Сеславина двинулся также по Виленской дороге. Квашнин при отъезде отрезал у Авроры прядь волос и, отирая слезы, спрятал их с медальоном за лацкан мундира. «Какое совпадение! Так вот где ей пришлось кончить жизнь! - мыслил он, миновав Ошмяны и снова с отрядом въезжая в придорожный лес. - Думал ли Перовский, думал ли я, что его невесте, этой московской милой барышне, танцевавшей прошлою весною на тамошних балах, любимице семьи, придется погибнуть в литовской трущобе?.. Никто ее здесь не знает, никто не пожалеет, и родная рука не бросит ей на безвестную могилу и горсти мерзлой земли». Слезы катились из глаз Квашнина, и он не помнил, как сидел на коне и как двигался среди товарищей по бесконечному дремучему лесу, охватившему его со всех сторон. Всадники ехали молча. Косматые ели и сосны, усыпанные снегом, казались Квашнину мрачными факельщиками, а партизанский отряд, с каркающими и перелетающими над ним воронами, - без конца двигающеюся траурною процессией.

XLV

Наполеон проехал Вильну в Екатеринин день, 24 ноября, а русскую границу - 26 ноября, в день святого Георгия. Эту границу император французов проехал в том жидовско-шляхетском возке, в котором по нем был сделан неудачный выстрел в Ошмянах. Подпрыгивая па ухабах в этом возке, Наполеон с досадой вспоминал торжественную прокламацию, изданную им несколько месяцев назад, при вступлении в неведомую для него в то время Россию. «Мои народы, мои союзники, мои друзья! - вещал тогда миру новый могучий Цезарь, - Россия увлечена роком. Потомки Чингисхана зовут нас на бой - тем лучше: разве мы уже не воины Аустерлица? Вперед! покажем силу Франции, перейдем Неман, внесем оружие в пределы России; отбросим эту новую дикую орду в прежнее се отечество, в Азию». Теперь Наполеон, вспоминая эти выражения, только подергивал плечами и молча хмурился. Его мыслей не покидал образ сожженной Москвы и его вынужденный позорный выход из ее грозных развалин. «Зато будет меня помнить этот дикий, надолго истребленный город!» - рассуждал Наполеон, убеждая себя, что он и никто другой сжег Москву. Его путь у границы лежал по кочковатому, замерзшему болоту.

На одном из толчков возок вдруг так подбросило, что император стукнулся шапкой о верх кузова и, если бы не ухватился за сидевшего рядом с ним Коленкура, его выбросило бы в распахнувшуюся дверку.

- От великого до смешного один шаг! - с горькою улыбкой сказал при этом Наполеон слова, повторенные им потом в Варшаве и ставшие с тех пор историческими. - Знаете, Коленкур, что мы такое теперь?

- Вы - тот же великий император, а я - ваш верный министр, - поспешил ответить ловкий придворный.

- Нет, мой друг, мы в эту минуту - жалкие, вытолкнутые за порог фортуной, проигравшиеся до нового счастья авантюристы!

А в то время как, не поспевая за убегавшим Наполеоном и падая от голода и страшной стужи, шли остатки его еще недавно бодрых и грозных легионов, в русских отрядах, которые без устали преследовали их и добивали, все ликовало и радовалось. В пограничных городах и местечках, куда, по пятам французов, вступали русские полки и батареи, шло непрерывное веселье и кутежи. Полковые хоры пели: «Гром победы раздавайся!» Жиды-факторы, еще на днях уверявшие французов, что все предметы продовольствия у них истощены, доставляли к услугам тех, кто теперь оказывался победителем, все, что угодно. Точно из-под земли, в городских трактирах, кавярнях и даже в местечковых корчмах появлялись в изобилии не только всякие съестные припасы, но даже редкие и тонкие вина. Стали хлопать пробки клико; полился где-то добытый и родной «шипунец» - донское-цимлянское. Офицеры-стихотворцы, вспоминая петербургские пирушки в ресторации Тардива, слагали распеваемые потом во всех полках и ротах сатирические куплеты на французов:

Пускай Тардив
В компот из слив
Мадеру подливает,
А Бонапарт,
С колодой карт,
Один в пасьянс играет...

Ободренные удачей солдаты не отставали в деле сочинительства от начальников. - «Все кузни исходил, не кован воротился!» - трунили пехотинцы над гибнущими французами. - «Ай, донцы-молодцы!» - гремели на походе пляшущие, с бубнами и терелками, солдатские хоры. У границы вся русская армия весело пела на морозе общую, где-то и кем-то сложенную песню:

За горами, за долами

Бонапарте с плясунами
Вздумал равен стать...

Сожженная в нашествие французов Москва стала понемногу оживать. Первый удар колокола, после пятинедельного молчания, вслед за выходом французов из города, раздался на церкви Петра и Павла, в Замоскворечье. Его сперва робкий, потом торжественно-громкий звон услышали другие уцелевшие, ближние и дальние, колокольни и стали ему вторить. Народ с радостным умилением бросился к церкви. Преосвященный Августин, войдя в очищенный от вражеского святотатства Архангельский собор, воскликнул: «Да воскреснет бог!» - и запел с причтом: «Христос воскресе!» Молва об освобождении Москвы быстро облетела окрестности. В город хлынули всякого рода рабочие, плотники, каменщики, столяры, штукатуры и маляры; за ними явились мелкие, а потом и крупные торговцы. Толковали, что в первую неделю пожаров в Москве сгорело, по счету полиции, до восьми тысяч домов; всего же за пять недель сгорело около тридцати тысяч зданий и осталось в целости не более тысячи домов. Из подгородних деревень стали подвозить лес для построек, припрятанные съестные припасы и всякий, из Москвы же увезенный, товар. Хозяева сожженных, разрушенных и ограбленных домов занялись возобновлением и поправкой истребленных и попорченных зданий. Застучал среди пустынных еще улиц топор, зазвенела пила. Цены на вновь подвезенные жизненные припасы сильно вздорожали.

- За этот-то хлебушко - и полтину? - шамкая, говорила продавцу столько времени голодавшая в каком-то подвале старушонка. - Да где же это видано? Христопродавцы вы, что ли?

- А тебя за язык нешто канатом тянут? - презрительно отвечал, постукивая на холоде ногой о ногу, кулак-продавец. - Хочь - бери, хочь - нет... не придушили французы, и за то, бабушка, богу благодарствуй!

Княгиня Шелешпанская с правнуком на зиму осталась в Паншине. Ксению с мужем она отпустила в Москву, поручив им осмотреть ее пепелище у Патриарших прудов и озаботиться возведением на нем нового дома. Снабженные деньгами из доходов княгини, Тропинины прибыли в Москву в конце декабря и с трудом добыли себе помещение из двух комнат у кого-то из знакомых в уцелевшем от пожара домишке на Плющихе. Илья Борисович вскоре нашел подрядчиков, заключил с ними условие и, хотя деньги сильно упали в цене - рубль ходил за чевертак, - занялся постройкой. Служба в сенате еще не начиналась. Съехавшиеся чиновники приводили в порядок дела, выброшенные французами из сенатских зданий и уцелевшие от костров. Стали снова выходить в свет восстановленные из-под пепла «Московские ведомости»; возвратились в Москву граф Растопчин и патриот-журналист Сергей Глинка, и снова появились среди москвичей разные жуиры, карточные игроки, аферисты, трактирные кутилы и покровители клубов и цыганок. На письма Тропининых к знакомым, служившим в армии и в штабе Кутузова, благополучна ли и где находится Аврора, ответов не получалось, так как русские войска вскоре миновали границу и, вслед за французами, вступили в Германию. Государь, по слухам, выехал в Вильну, день в день через полгода после своего выезда из нее при занятии ее французами. О Перовском долго не было никаких положительных сведений. Возвратившийся Растопчин утешил наконец Илью известием, что министр народного просвещения, граф Алексей Кириллович Разумовский, каким-то путем, через Англию, вошел в переписку с Талейраном и надеялся вскоре получить точные справки о задержанном в плену адъютанте Милорадовича, Василии Перовском. Растопчин отрекался тогда, в виду свежего пепелища, от сожжения Москвы, затевая статью: «Правда о Московском пожаре», которую остряки называли потом «Неправдою...», и пр.

В начале весны 1813 года Тропинин получил от одного из смоленских знакомых письмо, в котором тот извещал его, что недавно был в Рославле и узнал, что в окрестностях этого города, у помещицы Микешиной, проживает спасенный ею от партизанского костра пленный, Шарль Богез, известный москвичам под фамилией эмигранта Жерамба. В благодарность своей спасительнице он, когда-то учившийся в Италии живописи, хотя и отмороженными ногами и в чахотке, нарисовал масляными красками портрет ее мужа, бежавшего из плена в Смоленске незадолго до вторичного вступления туда Наполеона. По словам Жерамба, он видел Перовского в Москве, в день вступления туда французов, но о дальнейшей его судьбе ничего не знал.

Тропинин в три месяца на обгорелом каменном фундаменте успел выстроить новый деревянный, поместительный дом и хлопотал о возведении к весне временных служб. Ездя ежедневно на постройку с Плющихи на Патриаршие пруды, он направлялся напрямик, снеговыми дорожками, через сожженные и еще не огороженные дворы Бронной и других смежных улиц, стараясь угадать и представить себе очертания недавно еще стоявших тут и бесследно исчезнувших зданий. Извозчичьи санки мчались теперь в сумерки по местам, где каких-нибудь полгода назад, в стоявших здесь уютных и красивых домах, в званые вечера весело гремела музыка, пары танцующих носились в вальсе и котильоне и где все жило беспечно и мирно. Теперь тут, на обнаженных, покрытых снежными сугробами пустырях, раздавался у церквей и лавок лишь стук ночных сторожей да бегали стаями и выли голодные бродячие собаки. Разоренное семисотлетнее гнездо мало-помалу, собирая своих разлетевшихся обитателей, опять ладилось, чистилось, прибиралось и оживало к новой долголетней, беспечной, мирной жизни. И стали здесь опять щеголихи рядиться и выезжать; мужчины посещать обновленный клуб и цыганок; молодежь влюбляться и свататься; девицы выходить замуж. Лекаря, купцы, модистки и акушерки стали опять зарабатывать, как и прежде.

Наступил 1814 год. Отторгнутый так долго от родины и близких, Базиль Перовский все еще находился в числе пленных, уведенных французами из России и Германии. Пленных и в первое время содержали очень строго. Когда же пронеслась весть о наступлении на Францию шедших за русскою армией с криками: A Paris! a Paris!»[58] - союзников императора Александра Павловича, их подвергали всяческим лишениям и, в предупреждение сношений с иностранцами, постоянно переводили с места на место. Было начало февраля. Отряд пленных, в котором находился Базиль, вышел под охраной местного гарнизона из Орлеана в Блуа и далее, в Тур. Пленных вели на запад от Парижа, к которому стремительно близились союзники. Отряд шел берегом Луары. Погода стояла теплая и тихая. Солнце светило приветливо. На южных береговых откосах пробивалась молодая трава. С разлившихся озер и заводей Луары взлетали стаи уток и куликов. Берега реки начинали пестреть первыми вешними цветами. Кудрявые, белые облачка весело бежали по празднично-синему небу. Пленные подошли к городку Божанси. Здесь стало вдруг известно, что близ Орлеана, который они только что оставили и от которого отошли не более двух переходов, показались русские, что Орлеан в тот же день заняли казаки и что русских вскоре ждут и в Божанси. Перовский пришел в неописанное волнение. Пленных торопливо повели далее. По выходе из Божанси Базиль открыл свои мысли другому русскому пленному, добродушному и болезненному штаб-ротмистру Сомову, все тосковавшему о двухлетней почти разлуке с женой и детьми. После долгих переговоров он условился с ним, выждал, пока отряд на первом вечернем привале заснул, и оба они бежали обратно в Орлеан. Беглецы по пути встретили подростка-пастуха и, уверив его, что они - отсталые из партии новобранцев, упросили его быть их проводником до города, Наполеоновских конскриптов все тогда жалели. «Отсталые или беглые? как им не помочь?» - подумал подросток и повел их виноградниками и лесами. Голодные, измученные беглецы к рассвету следующего дня снова приблизились к Орлеану и в утренних сумерках, с холма, радостно увидели городские фонари, догоравшие на каменном мосту через Луару.

---

[58] В Париж! в Париж! (франц.)

- А далее видите? - указал им за город проводник. - То биваки русских! остерегайтесь!

Едва пленники двинулись, их приметил стоявший по ею сторону города французский пикет. Они бросились в реку, переплыли ее и скрылись в смежном лесу. Стража, для очищения совести, дала по ним в полумгле залп из ружей. Император Александр Павлович достиг заветной цели. Он с своими союзниками, пруссаками и австрийцами, разбив у ворот Парижа последних защитников Наполеона, вступил в сдавшуюся ему на капитуляцию столицу Франции. Непрошеный визит Наполеона в Москву был отплачен визитом Александра в Париж. Русский император 19 марта 1814 года въехал в Париж через Пантенские ворота и Сен-Жерменское предместье, верхом на светло-сером коне, по имени Эклипс. Этот конь был ему подарен Коленкуром в бытность последнего послом в Петербурге. Александр, в противоположность Наполеону, нес с собою мир. Французы восторженно сыпали белые розы и лилии под ноги русского царя, ехавшего по бульварам в сопровождении прусского короля и пышной, дотоле здесь не виданной свиты из тысячи офицеров и генералов разных чинов и народностей. Зрители махали платками и кричали: - Vive Alexandre! vivent les Russes![59] «Да неужели же это те самые дикари, потомки полчищ Чингисхана, о которых нам твердили такие ужасы? - удивленно спрашивали себя парижане и парижанки, разглядывая нарядные и молодцеватые русские полки, шедшие по бульварам к Елисейским полям. - Нет! Это не татары пустыни! это наши спасители! vivent les Russes! viv e Alexandre! abas ie tyran!»[60].

Весело зажили русские в Париже. Начальство и офицеры посещали театры, кофейни, клубы и танцевальные вечера. У дома Талейрана, где поместился император Александр, по целым дням стояли толпы народа, встречавшие и провожавшие русского царя радостными восклицаниями. У подъезда этого дома и на Елисейских полях, где расположилась биваком русская гвардия, по ночам раздавались русские и немецкие оклики: «Кто идет?» и «Wer da?»[61]. В немецком лагере, опорожняя бочками плохое парижское пиво, восторженно кричали «Vater Blucher, lebel»[62] Французы изумлялись великодушию своих победителей. В оперном театре готовили аллегорическую пьесу «Торжество Траяна». Русскому губернатору Парижа, генералу Сакену, на каждом шагу делали шумные овации. Сенат голосовал лишение престола Наполеона и его династии. Все русское входило в большую моду.

---

[59] Да здравствует Александр! да здравствуют русские! (франц.)
[60] Да здравствуют русские! да здравствует Александр! долой тирана! (франц.)
[61] Кто там? (нем.)
[62] «Да здравствует отец Блюхер!»

XLVI

Стоял теплый, ясный вечер. В небольшом парижском ресторане, в улице Сент-Оноре, после дружеского, с возлиянием, обеда засиделись вокруг стола несколько русских офицеров. Все были довольны хорошими винами, вкусным обедом и собственным отличным настроением духа. Говорили, не переставая, об испытанных треволнениях похода, о сражениях в Германии и Франции и о предстоявшем окончании войны. Собеседники угощали товарища, которому хотели этим оказать особенное внимание. Это был очень худой, курчавый и сильно загорелый средних лет полковник в казацком кафтане, с трубкою в руке, нагайкою через плечо и в гусарской фуражке. Особого хмеля в присутствовавших не замечалось. Они были просто счастливы и веселы. Между ними более других говорил и, размахивая руками, то и дело смеялся черноволосый молодой офицер в адъютантской форме. Заговорили о женщинах и о любви. Черноволосый офицер стал излагать свое мнение и доказывал, что любовь - единственное истинное и прочное блаженство на земле.

- А знаете, Квашнин, - обратился к нему человек с нагайкой, которого присутствовавшие угощали, - я вас давно слушаю... Вы так милы, но, извините, увлекаетесь. По-моему, на свете нет ничего прочно-существенного и положительного.

- Как так? - удивился разрумянившийся и взъерошенный от волнения и собственных речей Квашнин. - Я от души скажу - вы замечательный и храбрый офицер... кто теперь не знает знаменитого партизана Сеславина? Но вы уж очень мрачно смотрите на жизнь, а женщин, извините и меня, вы совсем, по-видимому, не знаете...

Сеславин улыбнулся.

- Ничуть, - сказал он, - все в мире - одни грезы... По искреннему моему убеждению, - и это подтверждают многие умные люди, - все на свете, как бы это яснее выразить? - есть, собственно... ничто.

«Гм! - подумал па это Квашнии, - твоему другу Фигнеру не удалось убить Наполеона, а тебе взять этого Наполеона в плен живьем, вот ты л злобствуешь, хандришь».

- Позвольте, однако, а герой наших дней? - произнес он, подливая себе и товарищам вина. - Я говорю о созданном могучею здешнею революцией величайшем, хотя теперь и несчастном, военном гении... И он тоже мечта? Этот человек был причиной Бородинской битвы, боя гигантов, а Бородино вызвало появление русских с Дона, Оки и Невы - где же? в столице мира, в Париже...

- Эх вы, юноша, юноша, - сказал Сеславин, - вы с похвалой упомянули о здешней революции. А знаете ли, что она такое? Сказав это, Сеславин, как бы раздумав продолжать, молча стал набивать табаком свою пожелтелую, прокуренную пенковую трубку, которую он, в честь прославленного прусского генерала, назвал «Блюхером».

- Говорите, говорите! - воскликнули прочие собеседники, сдвигаясь ближе к Сеславину.

- Ничего в жизни я так не презирал и ненавидел, как спекулянтов на счет человеческого блага, - произнес Сеславин, - а главные спекулянты пока на этот счет - французы... Не прыгайте и не машите руками, Квашнин: не стыжусь я этого мнения, как и того, что обо мне и о покойном Фигнере плели столько небылиц.

- Ах, боже мой, что вы! - ответил Квашнин, - я ничего ни о вас, ни о нем и не говорил дурного.

- Разберите здешних излюбленных мудрецов, - продолжал Сеславин, потягивая дым из своего «Блюхера». - Сентиментальные с виду сегодня, хотя вчера кровожадные в душе, как тигры, эти прославленные герои революции, с мадригалами на устах, с посошком в руке и с полевыми ландышами на шляпе, недавно еще звали своих соотечественников, а за ними и весь мир, то есть и вас, Квашнин, да и меня, - в новую Аркадию, пасти овечек и мирно наслаждаться сельским воздухом, у ручейка, питаясь медом и молоком. А чем тогда же кончили? Маратом и Робеспьером, всеобщею гильотиной, казнью родного короля и коронованием ловкого и грубого, разгадавшего их солдата, да притом еще и не француза, а корсиканца.

- В чем же, по-вашему, истинное счастье на земле? - спросил пожилой и высокий подполковник из штабных, Синтянин, о котором товарищи говорили, что он во время войны почувствовал призвание к поэзии и стал, как партизан Давыдов, писать стихи. - В чем прочные радости на земле?

- В любви! - не выдержав, опять вскрикнул Квашнин. - Что может быть выше истинной чистой страсти?..

- Счастья нет на свете, - повторил Сеславин. - Вы лучше спросите меня, в чем главные муки в жизни?

- Говорите, мы слушаем, - отозвались голоса.

- Я объясню примером, - сказал Сеславин. - Граф Растопчин знал в молодости одну, ныне уже старую и, вероятно, покойную, московскую барыню. Он однажды при мне о ней выразился, что Данте в своем «Аде» забыл отвести для подобных лиц особое, весьма важное отделение. Сеславин рассказал уже известную остроту графа о грешницах, которые мучатся сознанием того, что пропустили в жизни случай безнаказанно согрешить по оплошности, трусости или простоте.

Дружный хохот слушателей покрыл слова рассказчика.

- Не смейтесь, однако, господа, - заключил Сеславин, - боль тайных душевных мук ближе всего понятна тому, кто испытал особенно жестокую насмешку судьбы... кто, как бедный, утонувший в Эльбе наш товарищ Фигнер, вызывался лично, глаз на глаз, избавить мир от всесветного изверга, имел к тому случай и этого не достиг...

Сеславин смолк. Замолчали и остальные собеседники.

- А могу ли я, Александр Никитич, узнать, кто эта растопчинская барыня? - спросил, подмигивая другим, Квашнин.

- Дело было давно, - ответил Сеславин, - когда я, в один из отпусков, гостил в Москве, у родных, где бывал Растопчин... Повторяю, этой особы, по-видимому, уже нет на свете, и ее здесь, вероятно, не знают. Это княгиня Шелешпанская.

- Как? она? - удивился Квашнин. - Да ведь это бабка покойного партизана вашего отряда, девицы Крамалиной. В ее доме у Патриарших прудов я был в день занятия французами Москвы, помните, когда я было попал в плен? А Крамалина, господа, вы, разумеется, слышали, неудачно стреляла по Наполеону в Ошмянах и при этом убита.

Тем, кто не знал подробностей об этом событии, Квашнин рассказал об Авроре и о Перовском.

- Перовский? - спросил в свой черед подполковник Синтянин. - Постойте, да ведь он жив!.. именно жив!

- Жив Василий Перовский? - вскрикнул, бледнея, Квашнин.

- Да, я видел нашего Сомова, - ответил Синтянин, - он с ним, здесь уже, бежал из Орлеана, и оба вчера явились в Париж, измученные, полуживые.

- Вы не ошибаетесь? - спросил, не веря своим ушам, Квашнин.

- Нисколько... Да вот что... вы знаете, где бивак нашего полка?

- Знаю, знаю.

- Ну и отлично... спросите там штаб-ротмистра Сомова; он тоже, повторяю, был в плену, и его теперь у нас приютили... он вас проведет к Перовскому. Как же, и я знаю этого Перовского; мне и ему наш доктор Миртов, накануне Бородинского боя, как теперь помню, доказывал, что лучше умереть сразу, в битве, чем мучиться и потом умереть в госпитале.

- А сам Миртов, кстати, жив? - спросил кто-то.

- Жив, но полтора года валялся в разных больницах; все просил отрезать ему ноги, однако выздоровел, догнал армию уже на Рейне, и опять у него своя отличная палатка с походною перинкой, чайник и к услугам всех пунш... Одно горе: такой красавец, жуир, а ходит на костылях.

Квашнин, дослушав Синтянина, бросился в слезах ему на шею, на радости обнял и прочих, в том числе и Сеславина, смотревшего на него теперь с ласковою, снисходительною улыбкой, выскочил на улицу и стремглав пустился к биваку русской гвардии, на Елисейские поля. «Боже

179

мой, - думал он, - я увижу наконец его... Но как ему сообщить печальную, тяжкую весть? как передать? У меня неразлучно на груди ее записочка, волосы и портрет ее жениха... Бедный! А сколько времени он ожидал этой свободы и своего возврата, мечтал увидеть ее, обнять! Говорить ли? убить ли страшною истиной человека, который теперь счастлив своею любовью и надеждами, счастлив всем тем, чему, как сейчас беспощадно уверяли меня, имя - ничто? Нет, пусть он узнает! Пусть образ погибшей любимой и его любившей женщины светит ему в остальной жизни тихою, хотя и недосягаемою, путеводною звездой». Квашнин отыскал Сомова и, по его указанию, отправился в переулок у Елисейских полей. Здесь он вошел в небольшой двор, окруженный развесистыми каштанами. Сквозь деревья виднелся невысокий, под черепицей, уютный павильон, где было отведено помещение трем больным русским офицерам. Двое из них, по словам привратника, ушли перед вечером прогуляться в город; третий, особенно, по-видимому, недомогавший, был дома. Квашнин, мимо хозяйских покоев, робко приблизился к двери из сеней налево и постучал. Ему ответили: «Entrez!.. Войдите!..» Он отворил дверь в небольшую, опрятно прибранную комнату. Заходившее солнце приветливо освещало в этой комнате стол с разбросанными газетами, два простых стула и кровать под белым, чистым одеялом. На кровати виднелся в штатском платье, очевидно, с чужого плеча, худой и бледный, с густо отросшею черною бородою, незнакомый человек. Он полулежал, опершись на подушки и глядя в раскрытую перед ним газету. Увидев гостя, незнакомец медленно поднялся, шагнул к двери и замер. В его строгих, сухо-удивленных глазах Квашнину вдруг блеснуло нечто близкое, где-то и когда-то им виденное.

- Неужели Квашнин? - тихо спросил, боясь обознаться и внутренне радуясь, незнакомец.

- А вы... неужели Перовский? - спросил едва помня себя Квашнин. Гость и хозяин бросились в объятия друг друга.

- Голубчик, ах, голубчик! - твердил, глотая слезы и удивляя ими растерянного Перовского, Квашнин. - Не верьте! жизнь - радость! Она выше всего, выше всякого горя!

Он передал Перовскому о судьбе Авроры.

XLVII

Прошло много времени, прошло сорок лет. Был 1853 год.

Русский отряд направлялся в третий со времени Петра Великого, решительный поход в Среднюю Азию. Во главе отряда шел военный генерал-губернатор Оренбургского края, шестидесятилетний, еще бодрый на вид, но уже с слабым здоровьем, страдавший одышкой, генерал-адъютант, вскоре затем граф, Василий Алексеевич Перовский. В его отряде находился молоденький, белокурый и еще безусый офицер в адъютантской форме, как говорили, крестник генерал-губернатора. Последний, доверяя ему часть своей переписки, оказывал ему особое расположение. Это был внук Ксении, Павел Николаевич Тропинин. Недавно из кадетского корпуса, он был тайно влюблен где-то в Москве и, состоя при начальнике отряда, с нетерпением ждал конца экспедиции, чтобы ехать и жениться на любимой девушке. Среди невзгод и тяжестей походов командир отряда, покончив с текущими приемами и распоряжениями, любил беседовать с юношей-крестником о судьбах дикой пустыни, по которой они в это время шли и в глубине которой, сто двадцать пять лет назад, разбитым и покоренным хивинским ханом был так предательски перерезан весь русский отряд князя Бековича-Черкасского. Под войлочной кибиткой, у спасительного самовара, старым командиром отряда нередко делались поминки о более близкой поре - великой эпопее двенадцатого года, когда рассказчику пришлось вынести тяжелый плен. В седоусом, суровом, а иногда даже деспотически-желчном генерал-адъютанте, всегда сосредоточенном, сдержанном и большею частью молчаливом, в эти мгновения пробуждался образ всеми забытого, некогда молодого, говорливого и юношески-откровенного Базиля Перовского. Оставшийся по смерть холостым, он любил вспоминать немногих уцелевших своих сослуживцев и приятелей двенадцатого года и диктовал крестнику задушевные письма к ним в Россию.

- Неисчерпаемая, великая эпопея, - говорил, вспоминая двенадцатый год, Перовский, - станет на много лет и на много рассказов. И как подумаешь, голубчик Павлик, все это некогда было и жило: весь этот мир двигался, радовался, любил, наслаждался, пел, танцевал и плакал. Все эти незнакомые новому времени, но когда-то близкие нам весельчаки и печальники, счастливые и несчастные, имели свое утро, свой полдень и вечер. Теперь они, в большинстве, поглощены смертью... И нам, старым караульщикам, отрадно заглянуть в эту ночь и помянуть добрым словом почивших под ее завесой... Дорогие, далекие покойники.

Но не всех былых приятелей одинаково поминал в душе Перовскпй. Никому незримая и неведомая, глубокая сердечная рана жгла его и сушила вечною, несмолкаемою болью. Эту рану и эти страдания знали только немногие, ближайшие его друзья, в том числе старый его сослуживец, «певец в стане русских воинов» - Жуковский. Последний посвятил когда-то Василию Алексеевичу Перовскому трогательное послание:

> Я вижу - молодость твоя
> В прекрасном цвете умирает,
> И страсть, убийца бытия,
> Тебя безмолвно убивает...
>
> Я часто на лице твоем
> Ловлю души твоей движенья;
> Болезнь любви - без утоленья
> - Изображается па нем.

Перовский часто вспоминал ту, которую он полюбил в лучшие жизненные годы и которая, из-за любви к нему, погибла. Укоры совести он нередко срывал на крутом, а подчас и жестоком исполнении долга; был беспощаден к измене и расстреливал предателей так же спокойно, как когда-то его самого хотел расстрелять Даву. Двадцать восьмого июля 1853 года после неимоверных усилий была взята штурмом кокандская крепость Акмечеть, названная впоследствии фортом «Перовский». Путь в Туркестан, Хиву, Бухару и позже к Мерву был проложен. Однажды вечером Павел Тропинин, в кибитке главнокомандующего, перед этою крепостью, сказал своему крестному, что в минувшую зиму, едучи на курьерских, по его вызову, оренбургскою степью, он едва не замерз и спасся от смерти только благодаря сибирскому оленьему тулупу и русским валенкам.

- Валенкам? - спросил Перовский. - Дело знакомое... И меня в двенадцатом году также спасли валенки... И представь мою радость - товарищ по плену, великодушно ссудивший меня этою обувью, жив и здравствует доныне.

- Кто же это? - спросил Павлик.

- Бывший крепостной одной графини. Он тогда ранее меня бежал из плена и прямо на Волгу, в плавни; назвался другим именем, остался там и торгует рыбой в Самаре.

- В Самаре? Вот бы повидать, как поеду назад.

- Что же, отыщи его. Имя ему Семен Никодимыч. Год назад он узнал о моем назначении в Оренбург и являлся с предложением подряда. Седая бородища - по пояс; женат, имеет внуков, стал раскольником, начетчик и усердный богомолец; но подчас тот же, каким я его знал, живой, подвижной Сенька Кудиныч и даже не забыл одной своей песни про сову, которою потешал измученных французами пленных. Он тогда был сосватан и, с горя, смело-отчаянно бежал к невесте.

- Сосватан? - спросил, залившись румянцем и меняясь в лице, Павлик.
- Да, а что? разве?..

Павлик собрался с духом. Заикаясь, он объявил графу, что и он жених, и просил у него благословения и отпуска. Перовский откинулся на спинку складного стула, на котором сидел, и долго, ласково смотрел на юношу.

- Что же, Павлуша, с богом! - проговорил он. - Хотя я остался всю жизнь холостым - понимаю тебя... с богом! завтра же можешь ехать, А благословение я тебе дам особое!

Он обнял крестника.

- Ты не помнишь, разумеется, своей бабки, Ксении Валерьяновны? - сказал он.

- Она умерла, когда мой отец еще не был женат, - ответил Павлуша.

- Была еще у тебя прабабка, княгиня Шелешпанская; все боялась грозы, а умерла мирно, незаметно уснув в кресле, за пасьянсом, в своей деревне, когда наши входили в Париж.

- О ней что-то рассказывали.

- Ну да... а слышал ты, что у нее была еще другая, незамужняя внучка... красавица Аврора? Знаешь ли, твой отец был похож на нее, и ты ее слегка напоминаешь.

- Что-то, помнится, говорили и о ней, - ответил Павлуша, - кажется, она была в партизанах... и чем-то отличилась...

«Кажется! - подумал со вздохом Перовский. - Вот они, наши предания и наша история...»

- Иди же, голубчик, с богом! - произнес он. - Готовься, уедешь, а я кое-что тебе поищу...

Отпустив крестника, Перовский наглухо запахнул полы своей кибитки, зажег свечу, достал из чемодана небольшую, окованную серебром походную шкатулку, раскрыл ее и задумался. В отдельном, потайном ящичке шкатулки, между особенно дорогими для него вещами, было несколько засохших цветков сирени, пожелтевших писем, в бумажке - прядь черных женских волос, образок в серебре и оброненный на последнем свидании платок Авроры. Перовскому как живая вспомнилась Аврора, Москва, дом и сад у Патриарших прудов и последняя встреча с невестой. Он долго сидел над раскрытою шкатулкой, роняя на эти цветы, волосы и письма горячие и искренние слезы. «Владычица моя, владычица!» - шептал он, покрывая поцелуями бренные остатки дорогой старины. Взяв образок, он запер шкатулку и, оправясь, вышел из кибитки. Павлик, дремля на циновке, полулежал у входа.

- Ты еще здесь? - сказал, увидя его, Перовский, - Пойдем, прогуляемся.
Они миновали охранный пикет и мимо лагеря, вдоль серых, глиняных

стен только что разгромленной крепости, направились по плоскому берегу Сырдарьи. Душный, знойный вечер тяжело висел над пустынною равниной. В сумерках кое-где желтели наметы бродячего песку. Вокруг зеленоватых, отражавших звезды, горько-соленых луж, как воспаленные глазные веки, краснели болотные лишаи, тощий камыш и полынь. Высоко в воздухе что-то шуршало и двигалось. То, шелестя сухими крыльями, неслись на жалкие остатки трав и камышей бесчисленные, прожорливые полчища саранчи. Перовскому припомнилось нашествие Наполеона.

- Вот тебе мое благословение, - сказал он, надевая на шею крестника образок покрова божьей матери, - я этому образу усердно когда-то молился в походе... молись и ты.

Перовский и Павел Тропинин прошли еще несколько шагов. Целый мир мучительных и сладких воспоминаний наполнял мысли Василия Алексеевича.

- Ты счастлив, ты спешишь к невесте, - сказал Перовский, снова остановись и слушая над головою пролет шуршавших крыльями воздушных армий, - я мне, по поводу твоего счастья, припомнилось одно сердечное горе; некоторых из прикосновенных к нему лиц давно уже нет на свете, но мне эта история особенно памятна и близка...

И Перовский, бродя по песку, не называя имен, рассказал крестнику повесть любви своей и Авроры.

www.ingramcontent.com/pod-product-compliance
Lightning Source LLC
Chambersburg PA
CBHW021402090426

42742CB00009B/964